대학생활과 진로탐색

| 김경진 정은희 허현자 한상희 |

양성원

/머/리/말/

이 책은 대학생활과 진로설계에 관한 안내서이다. 오랜 시간 동안 대학입시를 목표로 공부해 온 학생들에게 대학은 새로운 출발점이 된다. 대학생활을 하며 진로를 선택하고 미래를 준비하는 과정에서 다양한 도전과 선택을 경험하게 될 것이다. 이 책은 대학생이 된 여러분이 이 과정을 보다 원활하게 진행하고 자신의 목표를 달성할 수 있도록 돕기 위해 집필되었다.

대학생활은 더 많은 지식과 기술을 습득하는 것뿐만 아니라, 새로운 환경에서 자신을 발견하고 발전시키는 시기이다. 이 책은 여러분이 이전과는 다른 학습 환경과 다양한 관계 속에서 하루하루의 일상을 풍요롭게 경험하고 미래의 진로를 명확히 설정할 수 있도록 도와줄 것이다. 또한 취업과 경력 관리에 필요한 중요한 정보와 지침을 제공하여 여러분이 대학을 졸업하고 성공적인 진로를 개척할 수 있도록 도울 것이다.

이 책은 4차 산업혁명이라는 시대적 변화 속에서 여러분의 대학생활을 지원하고, 미래를 계획하며 발전하는 데 필요한 도구와 지식을 제공하는 데 중점을 두었다. 인공지능, 로봇공학, 빅데이터 등의 기술이 빠르게 발전하고 자동화가 진행되면서 이로 인해 기존의 직업들이 사라지고 새로운 직업들이 생겨나고 있다. 이전과는 달라진 노동시장에서 어떤 직업들이 미래에 성장하고 어떤 직업들이 사라질 것인지를 파악하는 것이 중요한 시기이다. 여러분은 이 책을 통해 진로목표를 설정하고, 이를 실현하기 위해 길러야 할 능력은 무엇인지를 이해하며 자신만의 길을 찾아가기를 기대한다.

마지막으로, 여러분의 대학생활과 진로설계 여정이 풍요롭고 의미 있는 것으로 가득하길 바란다. 새로운 지식과 경험, 새로운 관계들을 통해 여러분의 자아를 발견하고 성인으로 성장하는 시기가 될 것이다. 이 책을 통해 여러분의 밝은 미래와 행복한 삶을 응원하고 지원하고자 한다.

2024년 1월

저자 일동

/ 차 / 례 /

Chapter 01

슬기로운 대학생활

학습목표

1. 이전의 학교생활과 대학생활의 차이점을 설명할 수 있다.
2. 대학생활의 적응전략을 제시할 수 있다.
3. 대학생활을 위한 학습전략을 제시할 수 있다.

01

인생에서 행복은 목표를 세우고 그것을
달성하기 위해 힘쓸 때 생긴다.

-나폴레온 힐-

1. 대학생활의 특징

한국사회에서는 대학에 대한 학생들과 학부모들의 관심이 대단하다. 입시철이 다가오면 올해 대학입시는 어떻게 진행되는지부터 수학능력시험 당일에는 수험장의 모습까지 방송해 주는 우리 사회에서 대학에 대한 관심은 입시에 상당히 집중되어 있다. 어린 시절부터 원하는 대학에 가기 위해 열심히 공부해야 한다는 이야기는 심심치 않게 들어 왔을 터이다. 힘든 고3 수험생활을 마치고 입학통지서를 받는 순간 드디어 대학생이 됐다는 기쁨과 새로운 학교생활에 대한 기대와 설렘으로 그동안의 고생은 기억 저편으로 희미해지기 시작한다. 그동안 수험생으로 지내면서 참고 미루었던 일들을 한꺼번에 다 할 수 있는 때가 왔다는 자유와 흥분의 마음으로, 이제 성인으로 내가 하고 싶은 일이라면 무엇이든 다 할 수 있을 것만 같다.

하지만, 초등학교부터 고등학교까지 12년 동안의 긴 학교생활 동안 '대학'에 대한 많은 이야기들을 들어 왔음에도 불구하고 정작 대학생활에 대해서는 정보를 많이 듣지 못한 상태로 입학하는 경우가 대부분이다. 대학생활의 시작은 이전의 학교생활과 확연히 다르다. 예전에는 배정된 반에서 담임선생님의 지도하에 정해진 시간표에 따라 한 교실에서 수업을 듣고, 정해진 시간에 식사를 하고 조회와 종례를 통해 필요한 사항을 전달받았다. 출결은 학교생활의 기본이었고 이를 지키지 않거나 학교생활을 성실히 하지 않으면 담임선생님과 개인 상담을 하고 경우에 따라 부모님을 학교에 모시고 와야 했다.

그러나 대학생활은 이전의 학교생활과 상당히 다르다. 집 근처로 배정받아 다니던 초·중고등학교와 달리 대학은 본인의 지원에 따라 시·도를 넘나들어 다닐 수도 있다. 그러다 보니 이전보다는 통학시간이 길어지는 것이 보통이다. 통학이 가능한 거리를 벗어나 진학하였다면 낯선 지역에서 아는 사람도 별로 없는 상태에서 기숙사생활을 하거나 학교 근처에서 자취를 할 수도 있다. 이 경우 식사를 비롯하여 청소와 빨래 등 일상생활을 위한 활동도 스스로 챙겨야 한다.

대학 졸업을 위해 들어야 할 수업과 출석, 그리고 다른 졸업요건에 대한 규정은 명확하지만 이를 실행하고 그 결과를 달성하는 것은 전적으로 여러분에게 달려 있다. 졸업학점과 한 학기 수강할 수 있는 학점은 정해져 있지만 어떤 과목을 몇 학점 수강하느냐는 여러분의 의지에 달려 있다. 고등학교 때처럼 생활지도를 해 주시는 담임선생님도 없고 같은 반 친구들도 없다. 대학에서는 학과 교수님들과 전공생들이 수업시간에 마주했다 흩어지고, 때론 선후배들과 같이 수업을 듣기도 한다.

친구를 사귀고 함께 어울려 수업을 듣고 스터디를 하면서 무리지어 다닐 수도 있다. 반면, 혼자서 수업을 듣고 개인 활동에 중심을 두고 학교생활을 할 수도 있다. 동아리 활동이나 학생회 활동 등 교내활동에 비중을 둘 수도 있고 수업 후 아르바이트를 하거나 자신의 관심사에 따라 학교 밖 활동에 비중을 두고 대학생활을 할 수 있다. 이 모든 것이 여러분의 선택에 달려 있다.

또한 최근 대학에는 다양한 연령대의 신입생들이 늘어나고 있다. 직장생활을 먼저 시작하고 나중에 대학에 입학한 사람, 군대를 먼저 다녀오고 입학한 사람, 대학 졸업 후 새로운 진로를 찾아 다시 대학에 입학한 사람, 경력단절 여성, 고령자 등 각자의 꿈과 목표를 이루기 위해 대학 신입생으로 들어오는 사람들이 늘고 있다. 대학으로 진학하는 순간, 새로운 세계와 경험이 여러분을 기다리고 있다. 대학생활은 고등학교와는 많은 차이점을 가지고 있으며, 이 차이점을 이해하고 적응하는 것은 새로운 환경에서 성공적으로 적응하는 데 도움이 될 것이다. 이제 고등학교 생활과 대학생활의 주요 차이점을 구체적으로 살펴보자.

1) 학업의 자율성

고등학교에서는 교사와 학부모의 감독과 지도 아래 학업을 수행하는 것이 일반적이다. 그러나 대학에서는 학업적인 자율성이 크게 중요해진다. 여러분은 자신의 수업을 선택하고, 과제를 관리하고, 공부할 시간을 스스로 조절해야 한다. 따라서 대학에서는 책임감과 시간 관리 능력이 더욱 중요해진다.

2) 수업 구성과 규모

고등학교에서는 주로 고정된 시간표와 한 학급을 기준으로 하는 수업을 진행한다. 그리고 교재를 중심으로 이론 수업을 한다. 하지만 대학에서는 주로 강의와 조별토론 형식의 수업, 그리고 조별로 수행하는 프로젝트 등이 이루어진다. 수업 규모도 소규모 강의부터 대형 강의까지 다양하다. 기본적으로 고등학교 시절보다 더 많은 자율성과 참여를 요구하며, 이러한 대학 강의에서의 학습 방식에 빨리 익숙해지는 것이 대학생활 전반에 있어 도움이 된다.

3) 시험과 평가 방식

고등학교에서는 주로 시험과 수행평가 방식을 통해 여러분의 학업성취도를 평가한다. 입시를 앞두고 있기에 개인별 성취에 대한 평가로 이루어진다. 반면에 대학에서는 평가 방식이 다양해진다. 소논문, 프로젝트, 발표, 그룹 프로젝트, 포트폴리오, 시험 등 여러 형식의 평가가 이루어지며, 평가 요소들이 다양한 학습 능력과 기술을 요구한다. 특히 개인별 시험과 과제 외에 조별 토론과 조별 수행 과제가 있어 협업을 통한 과정과 결과물을 평가한다.

4) 사회적 다양성과 자유

대학은 다양한 연령, 경험, 지역, 문화, 종교, 관심사를 가진 사람들이 모여 다양성을 형성하는 공간이다. 고등학교보다는 자유롭고 개방적인 분위기가 특징이며, 다양한 학술 동아리, 문화적 행사, 사회 참여 기회 등을 통해 다양한 경험과 관계를 형성할 수 있다. 그리고 해외에서 온 교환학생이나 유학생들과 교류할 수 있으며, 국내 대학의 학점교류를 통해 타 대학 학생들과도 교류할 수 있어 대인관계의 폭을 넓힐 수 있다.

5) 자기 주도적 학습

대학에서는 수업 시간 이외에도 개인적인 학습과 실기에 시간을 할애해야 한다. 저마다 다양한 형태의 고등학교를 졸업하였고 다양한 입시 방식을 거쳐 입학하였기에 선수학습 정도가 다르고 학습역량 또한 차이가 있다. 또한 전공과 관련된 자격증 취득을 위해 스스로 계획을 세우고 일정에 맞추어 시험 준비를 하여야 한다. 따라서 자기 주도적 학습은 대학생활에서 중요한 요소이며, 학교 수업과 더불어 필요한 어학이나 자격 등을 포함하여 독자적인 학습 계획을 세우고 실천해야 한다.

6) 경제적 인식과 책임

대학생활은 종종 학업 외에도 경제적인 독립과 책임이 필요할 수 있다. 가정의 경제적 여유와 상관없이 자신이 대학생활을 함에 있어 필요한 학비, 생활비, 거주비 등이 얼마나 필요한지 알고 관리하여야 한다. 국가장학금과 교내 장학금을 신청하고 아르바이트를 하는 등 경제적 측면에서도 스스로 책임을 져야 한다.

이러한 차이점들은 대학생활이 이전의 학교생활과는 다른 독특하고 흥미로운 도전임을 보여 준다. 대학생활을 통해 점진적으로 자기개발능력, 의사소통능력, 대인

관계능력 등을 발전시키는 것이 중요하다. 자신을 둘러싼 환경의 변화를 적극적으로 수용하고, 새로운 경험과 기회를 추구함으로써 대학생활을 풍요롭게 만들어 보자. 새로운 환경에서의 도전은 여러분의 성장과 성공으로 이어질 수 있다.

대학생활을 위한 추천도서

'대학교 수업 중엔 화장실에 다녀와도 될까?',
'교수님께 추천서를 받아야 하는데 어떻게 해야 하지?',
'교수님께 이메일을 보내야 하는데 어떻게 써야 하지?'

대학진학을 위한 입시 관련 책은 많지만 막상 합격 후의 대학생활을 위한 책은 많지 않다. 더 나아가 대학의 기본적인 존재 이유를 상기시키며 학문에 초점을 맞춘 책은 더더욱 없다.

상당히 긴 시간 동안의 대학 입학을 염두에 두고 공부해 왔으나, 대학생활을 어떻게 할 것인가에 대한 고민은 이제 시작이다. 고등학교처럼 대학에서도 교수님이 강의실 전반을 관리하고, 게시판을 운영하고, 과제를 확인해 주며, 모든 학생이 시험을 잘 볼 수 있도록 세심하게 관리해 줄 거라 생각한다. 하지만 대학과 대학의 교수는 신입생들이 생각하는 것과는 전혀 다르다.

『교수님, 이거 시험에 나와요?』는 미국 프린스턴대학교 출판사에서 2019년 발행한 『Will this be on the test?』를 번역한 책이다. 이 책은 대학 신입생들이 겪는 낯설음에서 시작한다. 어떻게 하면 대학 과정을 최대한 활용할 수 있는지, 학문을 위한 관계 형성을 어떻게 해야 하는지, 미래를 위해 자신의 능력을 어떻게 개발해 나가야 하는지에 대한 답변을 매우 구체적이고 명확하게 제시하고 있다.

이 책은 대학 교수가 겪은 신입생들과의 일화를 다양한 삽화와 함께 제시하고 있다. 특히 학생들이 대학생활에서 필요한 △강의계획서를 통해 정보를 얻고, △온-오프라인 강의를 효과적으로 준비하는 방법, △오피스아워 활용 및 이메일 에티켓 등 교수와 원활하게 소통하는 방법, △좋은 성적을 받기 위한 실질적인 팁, △대학생활을 스스로 관리하는 방법 등을 교수의 관점에서 설명하고 있어 학교생활 적응에 도움이 될 것으로 기대된다.

참고: 교보문고, 인터파크 도서.

2. 대학생활을 위한 적응전략

1) 스스로 찾아보고 결정하기

대학생활이 이전의 학교생활과 크게 다른 점은 자신의 일을 스스로 계획하고 실천하고 그 결과에 대해 책임져야 한다는 것이다. 그동안 학교생활에서 해결해야 할 문제나 선택에 있어 부모님에게 의지하면서 지냈다면 이제는 독립해야 한다. 학교생활에 필요한 정보를 스스로 찾고 여러 가지 대안들 중에서 내가 좋아하는 방식, 내가 잘하는 것들을 고르고 선택하는 연습을 해야 한다. 부모님과 담임선생님이 학교생활을 관리하고 점검하였다면 이제는 스스로가 학교생활을 관리해야 한다.

2) 학교를 적극 활용하기

대학은 적극적으로 참여하는 학생이 많은 것을 얻어 갈 수 있는 곳이다. 같은 등록금을 내고 누구는 수업을 듣고 학점을 취득하는 것으로 대학생활을 마무리하지만, 누군가는 학교의 지원 프로그램을 통해서 등록금 이상의 혜택을 받는다. 그러기 위해서는 학교 홈페이지에 자주 접속하여 익숙해질 필요가 있다. 학교 홈페이지에서는 학교의 학칙과 졸업요건부터 시작하여 학생들을 지원하는 각 행정부서의 담당업무와 공지사항을 볼 수 있다. 교내외 장학금을 비롯하여 근로장학생 선발, 교환학생 프로그램 등 재학시절 누릴 수 있는 각종 정보들도 학교 홈페이지에서 찾아볼 수 있다. 그리고 학과 사무실과 게시판의 공지를 자주 확인한다. 학과 행사 일정과 전공 관련 외부 행사, 아르바이트 모집, 취업의뢰 등을 알 수 있고 전공생으로서 소속감을 가지고 학교생활에 임할 수 있다.

3) 지도교수님 찾아가기

초 · 중고등학교와 달리 담임선생님은 없지만 학교에 따라 학과 교수님이 전공생들을 나누어 지도하도록 담당하는 제도가 있다. 학교생활을 하면서 어려운 점이나 전공과 관련하여 궁금한 점을 교수님과 상의할 수 있다. 대학에서 수업방식이나 내용을 따라가기가 어려운 경우에는 해당 교과의 담당 교수님께 여쭈어 보는 것을 권한다. 학생들은 교수님을 찾아가 상담을 하거나 수업을 따라가는 데 어려움이 있다는 이야기를 하는 것이 부정적으로 보일까 걱정하여 혼자 고민하는 경우가 있는데 그럴 필요가 없다. 그만큼 본인이 적극적으로 학교생활을 하고 있으며 수업에 관심이 많다는 것을 의미하기 때문이다. 강의계획서나 학기 초 수업시간을 통해 교수님과 상담 가능한 시간이 언제인지 확인하고 미리 약속을 잡아 찾아가길 권한다.

4) 적극적인 사회적 관계 구축

대학생활은 새로운 사람들과의 만남이 많은 시기이다. 첫 수업에서 만난 같은 과 전공생이나 타과 수강생과 적극적으로 대화를 시도하고 다양한 사람들과의 관계를 형성하는 것이 필요하다. 대학생활을 통해 새로운 친구와 선배들을 사귀고 유대감을 형성하면 낯선 학교생활에 적응하기가 쉽다. 그리고 다른 환경에서 지내온 또래들의 생각과 행동에서 서로 배울 수 있고 때로는 나와 다름에 대해 인정하고 존중하는 법을 배울 수 있다. 무엇보다 대학생활의 기본인 학업과 관련하여 학교의 지원 체계나 프로그램에 대한 정보를 공유할 수 있고, 전공스터디와 자격증 스터디 등 도움이 될 만한 사회적 네트워크를 구축할 수 있다.

5) 학습방식의 차이 이해하기

대학은 이전의 학교들과 다른 공부방식의 차이가 있다. 그동안 교과서에서 정답을 찾는 방식에 익숙하였겠지만, 이제는 하나의 현상에 대해 서로 다른 관점을 가진 여러 학자들의 이론을 배우게 된다. 서로 경쟁하는 다양한 관점과 이론들을 배우고 그중 어떤 것이 더 타당한가를 논리적으로 설명하는 방식에 익숙해지기 위해서는 연습이 필요하다. 수업에서 배운 것들을 사회현상과 연결하여 생각해 보거나 자신의 경험을 통해 그 사례를 찾아보는 연습, 여러 이론들의 특징을 비교·분석하고 장점과 한계점을 설명하는 연습, 자신의 생각을 글로 표현하는 연습, 사람들 앞에서 자신의 생각을 밝히고 그 이유를 설명하는 연습이 필요하다.

6) 자기 관리와 삶의 균형 유지

대학생활은 학업 이외에 아르바이트, 취업을 위한 준비와 여러 가지 활동이 많다. 수업을 위한 과제와 발표 등이 대부분 중간고사와 기말고사 시기에 몰려 있기에 평소 계획을 세워 일정대로 잘 관리해야 할 필요가 있다. 아르바이트나 취미활동 등 다른 일상의 활동을 우선시하다 시험이 다가오거나 학교행사와 개인적인 일정이 맞지 않을 경우 압박으로 인해 스트레스를 받을 수 있다. 신체적, 정신적 건강을 유지하기 위해 충분한 수면, 균형 잡힌 식단, 규칙적인 운동 등을 실천하면 스트레스 관리와 에너지 유지에 도움이 된다. 학업과 여가 활동, 인간관계에 적절한 균형을 유지하면서 자신의 가치와 욕구를 실현할 수 있어야 한다.

대학생활 자기점검표

문항	전혀 그렇지 않다 (1점)	그렇지 않다 (2점)	보통이다 (3점)	약간 그렇다 (4점)	매우 그렇다 (5점)
1. 나는 학교 홈페이지에 자주 접속한다.					
2. 나는 학과 게시판을 자주 확인한다.					
3. 나는 학과 사무실에 자주 들린다.					
4. 나는 학사일정을 잘 파악하고 있다.					
5. 나는 학교 도서관을 자주 이용한다.					
6. 나는 수업 시간에 지각 · 결석을 하지 않는다.					
7. 나는 조별과제에 적극 참여한다.					
8. 나는 학과 교수님들과 자주 소통한다.					
9. 나는 선후배들과 자주 어울리는 편이다.					
10. 나는 학과 친구들과 학교 밖에서도 자주 어울린다.					
11. 나는 졸업을 위한 요건을 잘 알고 있다.					
12. 나는 교내 장학금에 대해 잘 알고 있다.					
13. 나는 교내 취업지원 프로그램에 대해 잘 알고 있다.					
14. 나는 학과 취업률에 대해 알고 있다.					
15. 나는 교내 아르바이트에 관심이 있다.					
합계					
총점					

[진단결과]

- 69점 이상: 적극적으로 대학생활을 아주 잘하고 있음
- 68~57점: 대체로 대학생활을 잘하고 있음
- 56~45점: 보통
- 44점: 이하 노력이 필요함

3. 대학생활을 위한 학습전략

1) 노트필기

대학 수업에서 효과적인 노트 필기는 학업 성취를 도모하고 학습 경험을 최대한 활용하는 데 중요한 역할을 한다. 예전에는 주로 노트나 책에 필기를 하였다면 요즘은 스마트기기를 활용하여 노트 필기를 하는 경우도 많다. 교과목의 특성이나 자신이 선호하는 하는 방식에 따라 선택하면 된다. 이 글에서는 대학 신입생들을 대상으로 효과적인 대학 수업 노트 필기 방법을 소개하고자 한다. 이러한 방법들을 적용하여 수업 내용을 정확하게 기록하고, 복습과 시험 대비에 효과적으로 활용할 수 있을 것이다.

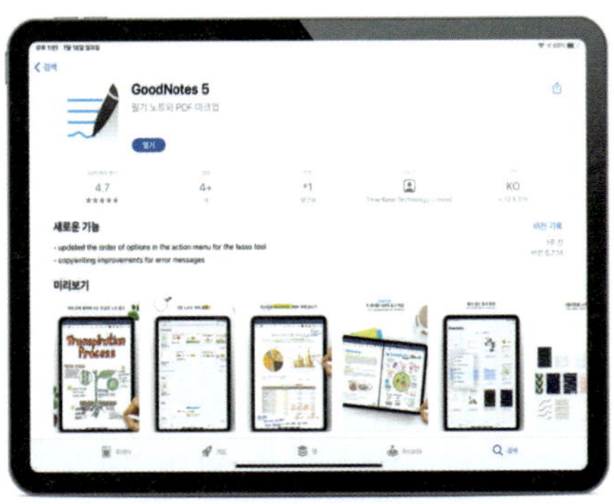

〈굿노트 예시〉

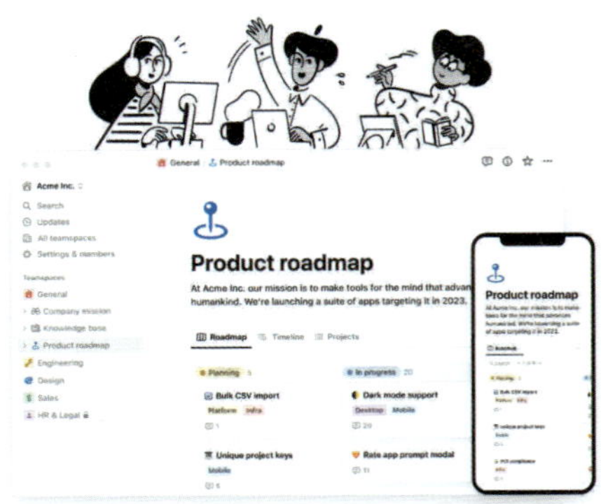

〈노션 예시〉

(1) 체계적인 구성

수업 시작 전에 노트북이나 노트에 수업 날짜, 강의 제목, 과목 정보 등을 기록한다. 수업 내용을 정리할 때는 목차 형식으로 구성하고, 중요한 키워드, 개념, 예시, 설명 등을 강조한다. 구분을 위해 번호를 붙이거나 부제 등을 사용하여 체계적으로 정리하는 것이 도움이 된다.

(2) 핵심 내용 기록

강의 중에는 핵심적인 내용에 초점을 맞추어 기록해야 한다. 간혹 강의 내용을 전체적으로 다 필기하는 학생들이 있는데 받아쓰기에 치중하는 것보다는 수업을 들으며 이해한 내용을 정리하는 것이 좋다. 이론적인 개념, 주요 사례, 예시, 중요한 공식 등은 명확하게 작성한다. 그리고 교수님이 강조한 부분이나 예상 문제에 대해서도 특별히 기록해 두면 나중에 복습 시 도움이 된다. 또한 동료 학생들이 질문한 내용도 간략히 정리하는 것이 좋다.

(3) 약속된 기호와 약어 사용

강의에 집중하면서 중요한 핵심을 기록하기 위해 약속된 기호와 약어를 사용한다. 예를 들어, "="는 "동일하다"는 의미이고, "&"는 "그리고"를 의미한다. 필요하다면 자신만의 약어나 표시를 만들어서 사용해도 좋다. 단, 약어나 표시를 사용할 때는 나중에 본인이 알아볼 수 있도록 통일성 있게 사용한다.

(4) 그림과 다이어그램 활용

시각적인 정보는 기억력을 향상시키고 복습 시 도움이 된다. 개념을 이해하기 위해 그림, 다이어그램, 차트, 플로우차트 등을 사용하자. 수식이나 그래프의 경우에는 필요한 부분만 기록하고, 노트에 나머지 부분을 그림으로 그려 두는 것도 좋은 방법이다.

(5) 질문과 의문 기록

수업 중에 생각해 볼 만한 질문이나 이해하기 어려운 부분에 대한 의문점을 노트에 기록해 둔다. 이를 통해 수업이 끝난 후 교수님에게 질문을 하거나, 과제 작성 시 아이디어를 발전시킬 수 있다. 질문과 의문을 기록하는 것은 자신의 학습에 적극적으로 참여하고, 깊은 이해를 도모하는 데 도움이 된다. 그리고 시험이나 과제에서 이를 활용한다면 다른 학생들과 차별화되는 결과물을 제출할 수 있다.

(6) 복습과 정리

수업이 끝난 후, 노트를 정리하고 복습하는 시간을 꼭 가진다. 수업 중 필기한 내용을 보며 내용을 복습하고, 필요한 부분을 보충하거나 수정한다. 또한, 수업 노트를 과제나 시험 대비에 활용하기 위해 개념과 예시를 요약하여 정리하는 것이 좋다. 평소에 이러한 방식으로 정리하고 복습을 한다면 시험 기간에 시간적으로 여유가 생기고, 시험을 위한 정리본을 별도로 만들지 않아도 된다.

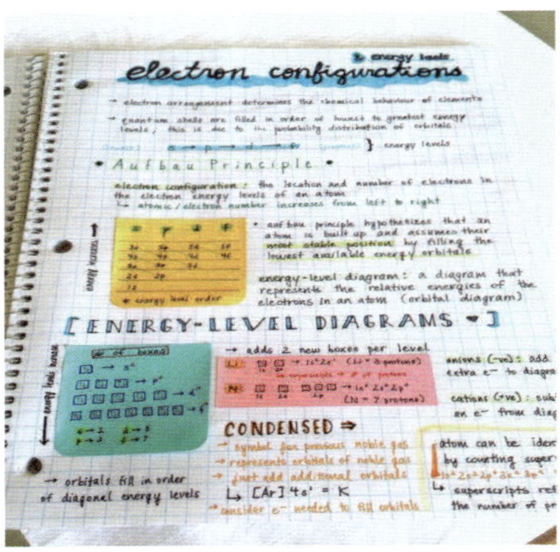

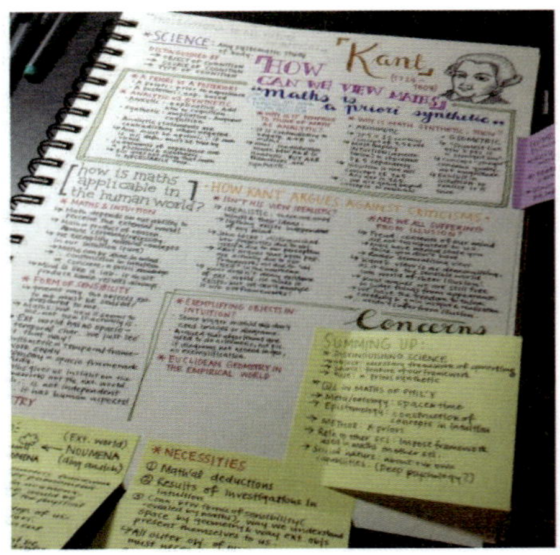

출처: 핀터레스트.

효과적인 대학 수업 노트 필기는 학업 성취와 학습 경험을 향상시키는 데 큰 도움이 된다. 수업내용을 체계적으로 구성하고, 수업의 핵심 내용을 기록하는 것은 자신이 수업을 얼마나 이해했는가를 알 수 있는 방법이다. 특히 강의 내용과 교재에 있는 내용을 자신의 언어로 정리하는 것은 장기기억에 도움이 된다. 약속된 기호와 약어의 사용, 그림과 다이어그램의 활용, 질문과 의문의 기록, 그리고 복습과 정리를 통해 노트 필기의 효과를 극대화할 수 있다. 앞에서 제시한 방법들을 실제로 활용하여 대학생활에서 학습 성과를 이뤄 보자.

2) 리포트 작성법

(1) 리포트(Report)의 개념

리포트는 제출을 요구하는 기관이나 교수자의 요구에 따른 조사나 연구 내용을 간략한 문서로 일정한 형식을 갖추어 작성한 글을 의미한다. 보통 대학에서는 보고서 또는 과제물이라고 칭한다. 특정 주제에 대하여 스스로 자료를 찾아 충분히 공부한 후 논리적으로 서술하여 제출하는 소논문 형식의 보고서를 말한다. 교수가 학생들에게 내 주는 과제물로써 학생 개개인에게 개별적으로 부과하여 제출하게 하거나 조별과제의 형태로 소그룹이 협업을 통해 결과물을 제출하는 방식이 있다. 리포트는 학생에게는 작성과정을 통해 스스로 학습할 수 있는 방법인 동시에 교수에게는 해당 교과목의 학업 성취도를 평가하는 평가의 방법으로도 사용된다.

(2) 리포트의 교육적 목표

대학수업에서는 다양한 전공과 교과목에 따라 여러 형태의 리포트를 작성하게 된다. 자연과학 분야 전공에서는 실험실습의 보고서 형태로 리포트를 작성하고, 미술이나 음악 등 전공에서는 작품전시회나 연주회 등에 대한 감상문의 형태로 리포트를 작성한다. 실기를 강조하는 전공과 교과목에서는 작업의 과정이나 결과물을 정리하여 리포트를 작성하기도 한다. 때로는 교생실습이나 기업실습 동안의 활동과 학습한 내용을 리포트로 작성하여 출석 수업의 형태로 활용하기도 한다. 다양한 방식으로 작성되는 리포트를 통해 학생들은 해당 과목에 대한 이해도를 높이고 학생들의 자율적인 학습능력을 향상시키는 계기로 활동된다.

리포트를 작성하기 위해서는 전공 서적이나 관련 자료를 읽어야 하기에 심화, 확장된 지식을 얻을 수 있다. 수업시간에 배운 내용을 바탕으로 하나의 주제에 대하여 스스로 조사하고 요약·정리하면서 본인의 생각을 발전시키는, 이른바 연구하는 능력을 기를 수 있다. 자신의 견해를 논리적으로 전개하는 과정에서 타당한 근거를 제시하며 이를 글로 표현하는 능력을 향상시킬 수 있다.

(3) 리포트 작성 시 주의사항

리포트는 수업 중 배운 내용을 스스로 심도 있게 학습하는 과정이다. 그러므로 해당 교과의 교수가 제시하는 주제에 부합하는 내용을 작성해야 한다. 서적, 논문, 연구보고서, 통계자료, 신문기사 등 다양한 자료를 활용할 수 있다. 단, 리포트 작성 시 참고하는 자료는 해당 교과의 내용과 관련성이 있는 것 중에서도 신뢰할 만한 자료이어야 한다. 좋은 자료를 찾았다고 해서 그 내용을 그대로 옮겨 리포트를 작성하는 것은 바람직하지 않다. 필요한 정보를 적절히 인용하고 본인의 생각을 제시한 리포트가 좋은 리포트이다.

학생들이 리포트를 작성하며 흔하게 하는 실수가 있다. 출처가 불분명한 인터넷 검색 내용이나 개인 블로그의 내용을 참고하여 리포트를 작성하는 것이 바로 그 예다. 인터넷 검색은 다양한 자료에 쉽게 접근할 수 있다는 장점이 있다. 하지만 검색을 통해 얻은 자료가 100% 신뢰할 만한 자료라 할 수 없다. 그리고 가장 최악의 경우는 인터넷 유료 사이트에서 판매하는 리포트를 구매하여 제출하거나 소위 짜깁기하는 경우이다. 리포트 주제에 대해 잘 몰라 자신감이 떨어진 경우나 글을 쓰는 것에 대한 부담감이 심한 경우 이러한 유혹을 느끼기 쉽다. 너무 잘하려고 부담감을 갖지 말고 자신이 공부하고 이해한 내용을 글로 적어 본다는 느낌으로 문장을 쓰는 것이 좋다. 그리고 난 후 점차 글을 보태고 다듬는 과정을 반복하여 원하는 수준의 글로 완성하는 것이다.

(4) 리포트 작성법

리포트의 구성 요소는 리포트의 성격이나 내용에 따라 달라질 수 있지만 대학에서 작성하는 리포트의 경우 일반적으로 다음과 같이 구성된다.

① 표지

- 제목, 수업명, 교수님 성함, 전공, 학번, 이름 등 작성자의 기본 정보를 작성한다.
- 중앙에 여백이 많은 경우 학교 로고를 배치하거나 과제와 관련된 이미지를 배치한다.

② 목차

- 일반적으로 목차는 내용을 쉽게 유추할 수 있도록 서론, 본론, 결론, 참고문헌 순으로 기호와 함께 정렬한다.
- 교수님이 정해 준 리포트의 형식과 분량이 있다면 범위 내에서 작성한다.
- 리포트의 분량이 많은 때는 각 항목마다 오른쪽에 페이지를 기재한다.

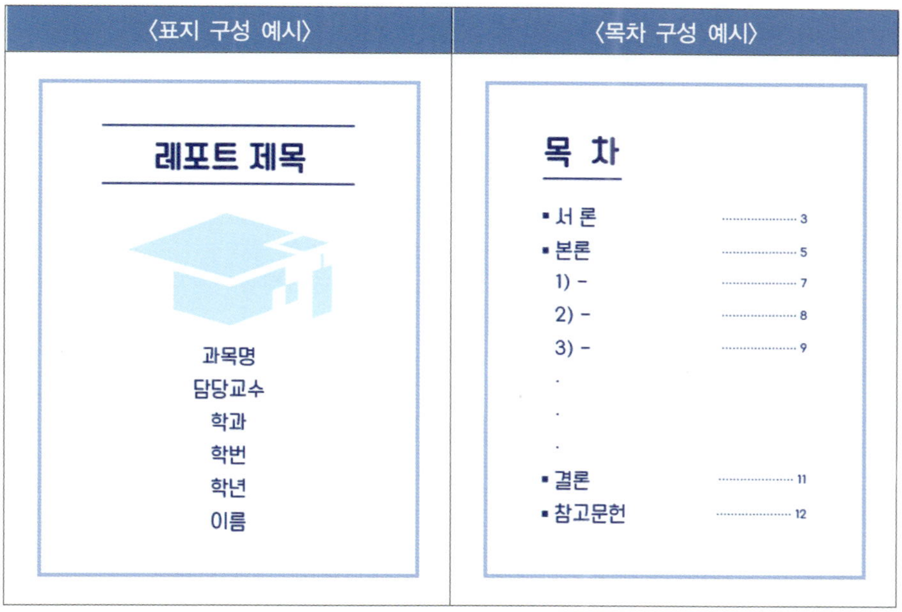

출처: 한국장학재단 네이버 포스트, 대학 신입생 꿀팁(2022.03.30.).

③ 내용구성

구분	내용
서론	주제 소개 및 선정 이유 주제에 대한 최근 동향이나 이슈 본론에 나올 내용을 간략하게 소개
본론	주제에 대한 연구 내용과 과정 배웠던 내용을 최대한 적용 근거 자료를 활용하여 자신의 의견을 논리적으로 개진
결론	연구결과 및 의의 도출 결과에 대한 나의 생각 과제를 통해 배운 점
참고문헌	리포트를 작성하면서 참고했거나 인용한 자료들과 그 출처를 정리 단행본, 논문, 통계자료, 신문기사, 웹사이트 주소 등

④ 리포트 작성 시 자료 찾기

- 단행본, 학술지, 논문, 신문자료, 통계자료 등 다양한 자료 검색
- 출처가 명확한 자료인지 확인
- 최신 자료인지 생성된 연도 확인하기
- 대학 도서관을 통한 검색 활용하기

⑤ 참고자료 표기방법

구분	표기방법
논문	저자, 「논문명」(논문이 실린 책 이름, 잡지일 경우 발행 횟수, 발행연도), 인용 ex) 황종연, 「여성소설과 전설의 우물」, (문학동네, 1995. 가을호), 54–55쪽
인터넷자료	저자, 사이트 이름, “검색어”, 인터넷 주소, 참고날짜 ex) 박흥신, 원코리아, “고구려사 문제 해결법”, (주소), 2018.09.17.
국내외 단행본	저자, 「서명」, 출판지: 출판사, 출판연도, 인용한 쪽 수 ex) Darko Suvin, Metamorphoses of Science Fiction, London: Yale university Press, 1979, p78
국내외 논문	저자, 논문명, 논문이 실린 책 이름, 발행연도, 인용한 쪽 수 ex) Philippe Homon, The Major of Realist Discourse, Realism, London and New York: Longman, 1992. p53–54
단행본	저자, 「책이름」, 출판사, 출판연도, 인용한 쪽 수 ex) 이삼형 외, 「국어교육학」, 서울: 소명출판, 2000, 69쪽
백과사전	필자명, 항목, 「사전이름」, 출판사(출판연도) ex) 김유진, 태국, 「경제백과」, 가나출판사(2017)
번역본	저자, 역자, 「서명」, 출판지: 출판사, 출판연도, 인용한 쪽 수 ex) E.H.Carr, 김택현 역, 「역사란 무엇인가」, 서울: 까치, 1997, 17–18쪽
신문기사	저자, 「기사명」, 신문명, 연원일, 게재면 ex) 이민하, 「잔인한 4월 대비 전략은?」, 한국경제, 2019.09.27., 3편

출처: 매거진한경, 대학생 레포트 참고자료 표기법(2018.10.10.).

Chapter 02

행복한 삶을 위한 자기이해

학습목표

1. 자기이해의 두 가지 관점인 성장모델과 약점모델을 설명할 수 있다.
2. MBTI 유형을 활용하여 자신을 분석할 수 있다.
3. Johari's Window를 활용하여 자신을 분석할 수 있다.

02

어떤 일을 하고 싶은가 자기 스스로 찾아내고 전력을 다해 몰두하라. 다른 사람보다 한 걸음 앞서고 싶으면, 자기 장래의 계획은 자기가 정해야 한다. 알맞게 몰두할 수 있는 일에서 의욕과 힘을 찾아내어 성공을 향한 길로 나아가라.

-그레이엄 벨-

1. 자기이해의 관점

자기이해란 자신을 깊이 이해하고 자아를 탐구하는 과정을 말한다. 이는 우리가 개인적인 성장과 삶의 의미를 발견하는 데에 핵심적인 역할을 한다. 자기를 이해하고 탐색하는 것은 더 나은 삶을 살고, 자기와 주변 세계와의 관계를 개선하며, 내재적인 잠재력을 개발하는 데에 도움이 된다. 있는 그대로의 자기를 이해하는 것, 이를 위한 자기 탐색은 결코 일회적인 과정이 아니다. 삶이 변화하고 발전함에 따라 우리 자신을 지속적으로 탐구하고 이해하는 것이 중요하다. 우리의 삶이 진행형이기에 늘 현시점에서 자기를 바라보는 것이 필요하다. 자기이해를 통해 우리는 더 큰 자아를 발견하고, 세상과 더 의미 있는 연결을 형성할 수 있다. 그런 의미에서 자기이해와 자아의 탐색은 지속적으로 지향해야 할 인생의 여정이라 할 수 있다.

자기이해를 통해 우리는 자신의 가치와 한계를 인식할 수 있다. 이를 통해 자신의 강점과 약점을 파악하고 발전시킬 수 있으며, 더 나은 방향으로 성장할 수 있다. 자아를 탐색하면서 내면에 어떤 감정들이 숨어 있고, 이러한 감정들이 어떻게 자신의 행동과 의사결정에 영향을 미치는지 이해할 수 있다. 이러한 감정들을 인식하고 관리하는 것은 감정적인 지혜를 쌓는 데에 도움이 된다. 자기 탐색을 통해 우리는 무엇이 우리에게 정말 중요한지를 파악할 수 있다. 개인적인 가치와 목표를 더욱 명확히 정의함으로써, 우리는 보다 의미 있는 삶을 살 수 있고 우리의 노력을 더욱 효과적으로 이끌어 갈 수 있다.

또한 자기이해를 위한 자아탐색의 과정은 자기에 대한 수용과 자존감 강화에 도움이 된다. 우리는 우리 자신을 받아들이고 사랑함으로써 내적인 안정과 만족감을 찾을 수 있다. 이는 자기 자신을 대하는 마음가짐뿐만이 아니라 타인과의 관계에도 영향을 미친다. 자기이해를 통해 우리는 다른 사람들과의 관계에서 발생하는 갈등이나 문제를 더 잘 이해하고 해결할 수 있다. 우리 자신의 행동과 반응에 대해 더 신중해지며, 다른 사람들과 더 나은 소통과 이해를 이룰 수 있기 때문이다. 우리가 삶의 여러 측면에서 자아를 더 잘 이해하고 개선하는 과정을 통해, 더 풍요로운 인생을 살아갈 수 있다.

대학생활은 여러분들에게 많은 변화와 도전을 가져다줄 것이다. 이전과는 달리 더 많은 자유와 책임이 주어지며, 새로운 사람들과 만나고 다양한 경험을 할 수 있을 것이다. 이런 새로운 환경에서 자기이해의 중요성은 절대적이다. 새로운 환경에서 자신이 어떤 감정을 느끼는지, 새로운 사람들 사이에서 어떻게 반응하는지, 어떤 가치를 따르며 행동하는지 스스로 살피는 것이 필요하다. 지금의 자기를 이해하고 성인으로서의 삶을 향해 더 나아가는 데에 큰 도움이 되기 때문에 자기이해를 향상시키는 것은 중요한 과정이다.

다양한 자기이해 프로그램

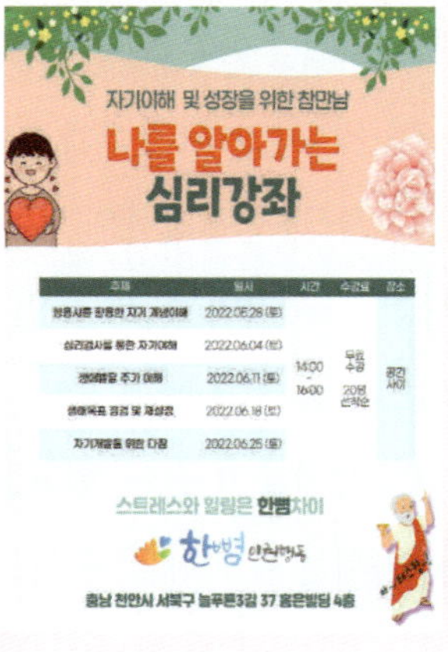

이러한 자기이해를 능력적인 측면에서 살펴본다면 두 가지 주요 관점인 '약점모델(Weakness Model)'과 '강점모델(Strength Model)'이 있다. 오랜 기간 동안 심리학은 약점모델을 중심으로 연구되어 오면서 개인의 약점을 보완하고 개선하는 것에 초점을 두었다. 그러나 셀리그만(Seligman)은 심리학에 대해 "인간의 약점, 장애에 대한 것만이 아니라 인간의 강점과 덕성에 대한 학문"이기도 하다며 개인이 지닌 최선의 역량을 이끌어 내는 것에 관심을 두었다. 이때 강점은 긍정적인 특질뿐만 아니라 타고난 능력이나 지식과 기술로 길러진 재능으로도 정의할 수 있다.

(1) 약점모델(Weakness Model)

약점모델은 주로 개인의 약점과 부족한 점에 초점을 맞추어 자기이해를 증진하는 방법이다. 이 모델은 개인이 자신의 약한 점을 인식하고 인정함으로써, 개선할 수 있는 부분을 찾아낼 수 있도록 도와준다. 자신의 약점을 이해하고 받아들이는 것은 자신을 더 현실적으로 평가하고, 더 나은 방향으로 성장할 수 있도록 한다. 정신분석학의 창시자인 프로이트(Sigmund Freud)는 인간의 행동과 정신 현상에 대해 심리학적으로 탐구하였다. 그의 이론 중 하나인 "방어기제(Defense Mechanisms)"는 약점모델과 관련하여 자주 언급된다. 이는 개인들이 자신의 부정적인 감정과 심리적 충돌을 다루는 방식을 설명한다.

(2) 강점모델(Strength Model)

강점모델은 주로 개인의 강점과 장점에 집중하여 자기이해를 강화하는 방법이다. 이 모델은 개인이 자신의 강한 점을 발견하고 이를 잘 활용함으로써 더 뛰어난 성과를 이룰 수 있도록 도와준다. 자신의 강점을 인식하고 이용하는 것은 개인의 자신감과 성과를 향상시키는 데 도움이 된다. 클리프턴(Donald O. Clifton)은 긍정심리학(Positive Psychology)의 선구자 중 한 명으로 강점모델의 기반을 마련했다. 그는 "Strengths Finder"라는 도구를 개발하여 개인의 강점을 발견하고 이를 활용해 성과를 극대화할 수 있도록 지원했다.

약점모델의 장점	강점모델의 장점
• **자기반성과 성장:** 약점을 이해하고 인정함으로써, 그에 따른 개선 방안을 모색하며 자기 발전에 기여 • **효율적인 자기 개선:** 약점에 집중함으로써, 개인의 능력을 향상시킬 수 있음 • **겸손과 협력:** 자신의 약점을 이해하고 다른 사람의 도움을 받는 경험을 통해 더 나은 협력이 가능	• **자기 자신에 대한 긍정적인 인식:** 강점에 집중함으로써, 개인은 자신을 더욱 긍정적으로 인식 • **탁월한 성과와 자신감:** 강점을 이용하여 뛰어난 성과를 이루면서 자신에 대한 자신감을 증진 • **업무와 학업에서의 성공:** 강점을 활용하여 적합한 업무나 학업에 집중하면 높은 성과를 달성 가능

(3) 자신의 강점과 약점 파악 방법

- 시간을 내서 자기와 솔직하게 대화하기: 일기를 쓰거나 노트에 자신의 생각과 감정을 정리하는 것도 좋은 방법이다.
- 취미와 관심사 탐구: 다양한 취미와 관심사를 탐구하는 것을 통해 본인의 새로운 면모를 발견할 수 있다. 독서, 운동, 예술 등 다양한 분야를 살펴보는 것도 자기이해에 도움이 된다.
- 주변에서 피드백 받기: 가까운 친구나 가족으로부터 솔직한 피드백을 받아보는 것도 유용하다. 다른 사람들이 본인에 대해 어떻게 생각하는지 듣는 것은 새로운 관점을 얻는 데에 도움이 될 수 있다.

강점모델 추천 도서

2. Johari's Window를 통한 자기이해

1) 조하리의 창

학창시절 미술 시간을 생각해 보자. 손을 그릴 때 평면적으로 단순하게 그리면 실물과 유사하다고 보지 않는다. 여러 각도에서 관찰하고 세밀하게 묘사하고 음영을 주어 입체적으로 그릴수록 실제에 가깝다. 우리 자신에 대한 이해도 마찬가지이다. 우리가 인식하고 있는 자신에 대한 이해는 나의 일부분이다.

조하리의 창은 나를 여러 관점에서 보게 해 주는 자기이해의 도구이다. 미국의 심리학자인 조셉 루프트(Joseph Luft)와 해리 잉햄(Harry Ingham)의 이름을 합성하여 Johari로 이름 붙인 '조하리의 창(Johari's window)'은 자신과 다른 사람의 두 가지 관점을 통해 파악해 보는 자기인식의 모델이다. 조셉 루프트와 해리 잉햄은 사람들이 자신에 대해 얼마나 알고 있는지, 다른 사람들이 알고 있는 것과 얼마나 일치하는지 측정하는 데 도움이 되는 테스트를 고안했다. 마음의 창인 조하리의 창을 통해 보면 자신의 생각, 감정, 경험, 소망, 기대, 가족사항, 취미, 종교, 교우관계, 장 · 단점 등 '자신에 관한 모든 것'을 포함하도록 구성되어 있다.

조셉 루프트

해리 잉햄

조하리의 창은 나란 사람을 공개된 자아, 눈먼 자아, 숨겨진 자아, 아무도 모르는 자아로 나누어 살펴볼 수 있다. 이 4가지 영역의 내용과 정도는 고정불변한 영역이 아니라 우리가 살면서 계속 변화한다. 만약, 내가 상대방에게 마음을 열고 나의 마음속 깊은 이야기들을 하기 시작한다면 내 마음의 숨겨진 자아는 줄어드는 동시에 공개된 자아는 늘어 간다. 살아가면서 새로운 사람들을 만나고 어떤 경험을 통해 그동안 아무도 모르는 미지의 자아가 드러날 수도 있다. 이렇게 드러난 자아는 나와 타인이 모두 인식하는 공개된 자아가 되기도 하고 타인은 인식하였지만 나는 아직도 모르는 눈먼 자아로 인식되기도 한다.

	내가 알고 있는 정보	내가 모르는 정보
상대방이 알고 있는 정보	개방의 창 공개된 자아 (open self)	맹목의 창 자기는 모르지만 다른 사람은 아는 자아(blind self)
상대방이 모르는 정보	비밀의 창 숨겨진 자아 (hidden self)	미지의 창 아무도 모르는 자기 (hidden self)

[그림 2-1] 조하리의 창

(1) 개방의 창: 공개된 자아(open self)

개방의 창은 나에 관한 정보를 나도 알고 있고, 다른 사람도 알고 있는 나에 관한 정보를 의미한다. 다시 말하면, 나와 다른 사람들이 서로 정보를 주고받을 수 있는 열려진 영역으로 함께 일하고 경험을 나눌 수 있는 영역이라는 점에서 공통영역이라고 한다. 이 창이 넓을수록 대체로 인간관계가 원만하며 자기표현을 적극적으로 잘하고, 사람들과 의사소통도 활발하다고 본다. 그러나 너무 많은 개인사를 여러 사람에게 보여 주는 성향이 있기에 관계에 따라 조절이 필요할 수 있다. 개방의 창이 넓은 사람은 자신의 생활 전반에서 주변 사람들과 의견을 주고받으며 다양한 정보를 접할 수 있다. 이는 직업 선택과 결정, 준비과정에서도 다양한 사람과 의견을 주고받음으로써 도움을 얻을 수 있다는 장점이 있다.

(2) 맹목의 창: 눈먼 자아(blind self)

맹목의 창으로 나에 대해 다른 사람들이 잘 알고 있지만 정작 나 자신은 모르고 있는 부분(blind spot)에 대한 영역이다. 마치 거울이 없이는 자신을 보지 못하는 것과 같이 자신의 이상한 행동습관, 자주 쓰는 언어나 비언어적 특징, 특이한 말투, 몸가짐, 독특한 성격 등 자신은 잘 모르고 있지만 다른 사람들은 잘 알고 있는 나의 모습에 관한 것이다. 꼭 부정적인 특징만 해당하는 것은 아니다. 자신이 능숙하게 잘하거나 익숙하여 장점으로 생각하지 않지만 다른 사람들이 긍정적으로 생각하는 부분들도 해당한다. 하지만 다른 사람들이 이런 것들에 대해 나에게 알려 주지 않는 한 나 자신은 그 영역을 알기 어렵다. 이 영역이 넓을수록 자기이해가 낮다고 볼 수 있다. 이 영역이 넓은 사람들 중에서 부정적 성향이 많을수록 다른 사람과 대립과 갈등이 발생하기 쉽다. 또한, 맹목의 창이 넓은 사람은 자신감이 있어 솔직하고, 자기주장을 잘하지만 지나친 경우에는 다른 사람의 입장이나 반응에 둔감하여 독선적이거나 눈치 없는 사람으로 보일 수 있다. 맹목의 창이 넓은 사람은 주변 사람의 피드백을 신중하게 듣고 그들의 조언이나 생각을 진지하게 받아들이는 자세가 중요하다.

(3) 비밀의 창: 숨겨진 자아(hidden self)

비밀의 창은 나에 관한 정보를 나는 잘 알고 있지만 다른 사람에게는 공개하지 않은 영역이다. 즉, 내가 말하기 두려워하는 나의 약점, 알릴 수 없는 나만의 비밀, 남몰래 지은 죄와 같이 고의적이든 고의적이 아니든 다른 사람에게는 숨기는 부분이다. 일상생활에서 별로 친하지 않은 인간관계이거나 새로운 집단에 들어갔을 때에는 이 영역이 매우 넓게 된다. 이 창은 나의 약점이나 비밀을 다른 사람에게 숨기는 부분으로, 이 창이 넓은 사람은 신중해 보이기는 하지만 자기표현과 타인과의 교류가 적어 고독해 보일 수 있다. 그러나 내가 약점이나 문제점으로 생각하는 것이 다른 사람은 그렇게 보이지 않을 수도 있다. 또한, 약점이나 문제점을 표현함으로써 도움을 받을 수도 있고 위로와 지지를 통해 더 친한 인간관계를 맺을 수도 있다. 비밀의 창이 넓은 사람은 자신의 고민과 문제점을 좀 더 개방함으로써 주변 사람의 도움과 지원을 받는 것이 중요하다.

(4) 미지의 창: 숨겨진 자아(hidden self)

미지의 창은 어떤 정보가 나 자신은 물론 다른 사람에게도 알려지지 않는 영역이다. 예컨대, 무의식적인 부분이나 잊고 지냈던 어린 시절의 경험 또는 심리적 외상 등은 남들이 모르는 것은 당연하고 나 자신도 모르는 것이다. 이런 것들은 깊은 무의식 속에 자리 잡고 있어서 심리치료, 충격적 경험, 우발적 사건, 아주 극적인 통찰을 통해 알아낼 수 있다. 이 창이 넓은 사람은 삶에서 고립되어 자신의 모습에 해 알지 못하고 다른 사람과의 접촉도 불편해할 수 있다. 이 창이 넓다는 것은 반대로 이야기하면 자신과 타인이 아는 나의 영역이 적다는 이야기이다. 따라서 이 창이 넓은 사람은 적극적이며 긍정적인 태도를 가지고 인간관계의 개선과 이를 통한 자기표현 및 통찰을 추구해야 한다. 미지의 창이 넓은 사람은 직업과 관련하여 빨리 고민이 해결되지 않으면 이를 회피하거나 포기하고 다른 일에 빠져 버리는 경우가 있다. 이 경우 자신의 삶과 관심, 가치 등에 대해 생각하고 용기를 가지고 주변 사람과 대화하고 자기이해를 위한 노력을 시작해야 한다.

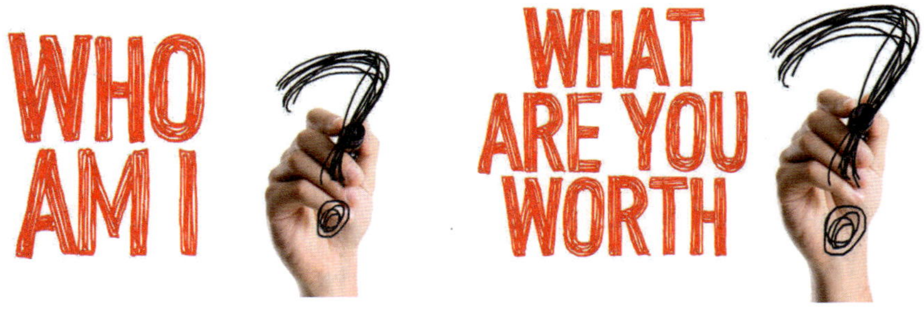

2) Johari's Window를 통한 자기이해 활동

(1) 단계 1: 형용사 선택

1. 사람의 성격이나 태도를 나타내는 형용사 목록 57개를 제공한다.
2. 57개 형용사 목록에서 자신에게 어울리는 형용사 6개를 선택하여 적는다.
3. 57개 형용사 목록에서 조원 각자에게 어울리는 형용사 6개를 선택하여 적는다.

(2) 단계 2: 형용사 구분하기

1. 조별로 구성된 학생들은 자신이 선택한 6개의 형용사를 조원들과 공유한다.
2. 조원들이 자신에 대해 선정한 단어를 놓고 다음과 같이 분류 작업한다.
   - 자신이 고른 단어와 조원들이 나에 대해 고른 단어 중 일치하는 단어는 '열린 창'에 넣는다.
   - 자신은 골랐지만 조원들이 나에 대해 선택하지 않은 단어는 '숨겨진 창'에 넣는다.
   - 조원들은 자신에 대해 적절한 단어라고 골랐는데 자신은 선택하지 않은 단어는 '보이지 않는 창'에 넣는다.
   - 자신과 조원 모두 선택하지 않은 단어 중 자신이 앞으로 갖추고 싶은 단어 6개를 '미지의 창'에 넣는다.

Worksheet 1 ▸ 조하리의 창에서 활용하는 형용사 57개

번호	형용사	뜻	번호	형용사	뜻
1	able	재능 있는	29	logical	논리적인
2	accepting	솔직한	30	loving	다정한
3	adaptable	융통성 있는	31	mature	성숙한
4	bold	대담한	32	modest	겸손한
5	black	사악한	33	nervous	겁이 많은
6	brave	용감한	34	observant	주의 깊은
7	calm	침착한	35	organized	체계적인
8	caring	친절함	36	patient	참을성 있는
9	cheerful	쾌활한	37	powerful	강한
10	clever	영리한	38	proud	거만한
11	complex	까다로운	39	quiet	조용한
12	confident	자신감 있는	40	reflective	생각이 깊은
13	dependable	믿음직한	41	relaxed	편안한
14	dignified	위엄 있는	42	religious	종교적인
15	empathetic	이해심 있는	43	responsive	민감한
16	energetic	활동적인	44	searching	철저한
17	extroverted	외향적인	45	self-assertive	자기주장이 강한
18	friendly	우정 어린	46	self-conscious	자의식이 강한
19	giving	마음이 넓은	47	sensible	현명한
20	happy	행복한	48	sentimental	감상적인
21	helpful	도움이 되는	49	shy	수줍은
22	idealistic	이상주의	50	silly	어리석은
23	independent	독자적인	51	spontaneous	자발적인
24	ingenious	독창적인	52	sympathetic	호감이 가는
25	intelligent	총명한	53	tense	신경이 날카로운
26	introverted	내성적인	54	trustworthy	신뢰할 수 있는
27	kind	친절한	55	warm	따뜻한
28	knowledgeable	유식한	56	wise	슬기로운
			57	witty	재치 있는

Worksheet 2 ▸ 조하리의 창에 해당하는 단어를 기입하시오.

※ 각 창마다 동일한 단어가 여러 번 나올 경우 횟수를 기입

예) 개방의 창 영역에 '다정한'이 3번 나온 경우 → 다정한(3)

	내가 알고 있는 정보	내가 모르는 정보
상대방이 알고 있는 정보	개방의 창 공개된 자아(open self)	맹목의 창 눈먼 자아(blind self)
상대방이 모르는 정보	비밀의 창 숨겨진 자아(hidden self)	미지의 창 숨겨진 자아(hidden self)

▸ 조하리의 창 활동소감

3. MBTI를 통한 자기이해

1) MBTI 검사

MBTI(Myers-Briggs Type Indicator)는 성격 유형 검사로서, 칼 융(Carl Jung)의 심리학 이론을 기반으로 이사벨 브릭스 마이어스(Isabel Briggs Myers)와 캐서린 쿡 브릭스(Catherine Cook Briggs)가 개발한 자기보고서식 검사이다. 융은 인간행동이 그 다양성으로 인해 종잡을 수 없는 것같이 보여도 사실은 질서정연하고 일관된 경향이 있다고 가정한다. 그리고 인간의 다양성은 개인의 인식과 판단하는 특징이 다르기 때문이라고 보았다. 이러한 융의 심리학을 기반으로 개발된 MBTI는 사람들이 기질, 성격, 행동 양식 등의 측면에서 다양한 유형으로 분류되는 것을 설명하고 이해하는 데 도움이 된다.

〈표 2-1〉 MBTI 성격유형 간이 검사

1. 다음 각 번호별로 제시되어 있는 두 개의 문장을 읽고 나에게 보다 많이 해당되는 것에 ∨한다.
2. ∨개수를 세어 합계란에 쓰고 점수가 큰 쪽의 유형을 □ 안에 쓴다.
3. □ 안에 쓴 영어 알파벳을 맨 나중에 차례대로 4가지를 붙여 쓴다.

번호	E 유형	표시	I 유형	표시
1	나는 여러 친구들과 많이 사귀는 편이다.		나는 몇 명의 친구들과 깊이 사귀는 편이다.	
2	계발활동을 갈 때 새로운 친구들을 만나는 것이 신난다.		새로운 계발활동 부서에 갈 때 처음 보는 친구들과 앞으로 어떻게 지낼까 걱정이다.	
3	처음 보는 친구들을 만나면 내가 먼저 말한다.		처음 보는 친구들을 만나면 다른 친구가 나에게 먼저 말한다.	
4	나의 생각이나 느낌을 다른 사람에게 이야기하는 편이다.		나의 생각이나 느낌을 내 마음 속에 간직하는 편이다.	
5	나는 친구들과 함께하는 놀이가 좋다.		나는 나 혼자 재미있게 하는 놀이가 좋다.	
6	나는 많은 친구들에게 이야기하길 좋아한다.		나는 친한 친구들에게 이야기하기를 좋아한다.	
7	친구들과 함께 공부하면 잘 된다.		나 혼자 공부하면 더 잘 된다.	
8	나는 나의 생각과 느낌을 말로 표현하는 것이 편하다.		나는 나의 생각과 느낌을 글로 표현하는 것이 편하다.	
9	주위 사람들은 내가 활발하다고 말한다.		주위 사람들은 내가 얌전하다고 말한다.	
	합 계		합 계	
나의 에너지 방향은? □				

번호	S 유형	표시	N 유형	표시
1	나는 친구들에게 내가 직접 보고 들은 것에 대해 얘기하는 것을 좋아한다.		난 친구들에게 내가 상상한 것을 이야기하는 것을 좋아한다.	
2	나는 실제로 있었던 사람이나 사실에 대한 책을 좋아한다.		나는 상상으로 지어낸 이야기를 좋아한다.	
3	어려운 일에 부딪히면 하던 일을 잘 못한다.		어려운 일에 부딪히면 도전하고 싶은 마음이 생긴다.	
4	나는 무엇을 할 때 전에 배웠던 대로 하는 것이 편하다.		나는 무엇을 할 때 새로운 방법을 생각해서 해 볼 때 더 재미있다.	
5	나는 그려진 그림에 색칠하기를 좋아한다.		나는 이야기 지어내기를 좋아한다.	
6	나는 현재에 최선을 다하는 것이 중요하다고 생각한다.		나는 미래에 대한 꿈을 갖는 것이 중요하다고 생각한다.	
7	나는 선생님이 가르쳐 주신 방법대로 하는 편이다.		나는 나 스스로 나만의 방법을 만들어서 하는 편이다.	
8	내가 좋아하는 책은 읽은 것이라도 또 읽는다.		나는 새로운 다른 책을 읽는 것이 좋다.	
9	나는 부지런하고 성실하다는 얘기를 듣는 편이다.		나는 기발하고 엉뚱하다는 얘기를 듣는 편이다.	
	합 계		합 계	

나의 인식 기능은? □

번호	T 유형	표시	F 유형	표시
1	나는 불공평한 것이 가장 나쁘다고 생각한다.		나는 다른 사람의 마음에 상처를 주는 것이 가장 나쁘다고 생각한다.	
2	나는 공부 잘하는 실력 있는 학생으로 인정받고 싶다.		나는 친구들 사이에서 인기가 좋은 학생으로 인정받고 싶다.	
3	우리 편이 지면 다음번에는 이기도록 계획을 짠다.		우리 편이 지면 '다음에 이기면 되지'하면 서 친구들의 기분을 좋게 해 준다.	
4	친구의 잘못된 점은 지적해 주는 편이다.		친구의 잘못된 점을 지적해 주면 친구가 어떻게 생각할까 걱정이 돼서 말하지 않는 편이다.	
5	나는 공평한 사람이 되고 싶다.		나는 친절한 사람이 되고 싶다.	
6	달리기에서 이기면 기분이 아주 좋다.		달리기에서 이기면 기분은 좋지만 진 사람은 기분이 어떨까 생각한다.	
7	나는 똑똑한 사람으로 인정받고 싶다.		나는 따뜻한 사람으로 인정받고 싶다.	
8	도둑질을 하는 학생은 벌을 받아야 한다고 생각한다.		도둑질을 하는 학생은 도둑질을 하지 않도록 도움을 받아야 한다고 생각한다.	
9	벌금을 받을 때는 규칙대로 정확하게 받아야 한다.		벌금을 받을 때는 상황에 따라 그 사람의 사정을 고려해서 받아야 한다.	
	합 계		합 계	

나의 판단 기능은? □

번호	J 유형	표시	P 유형	표시
1	내가 해야 할 일을 먼저 하고 논다.		내가 할 수 있는 일이라면 먼저 재미있게 놀고 난 후에 해도 괜찮다.	
2	수업 계획에 따라 차근차근 가르쳐 주시는 선생님이 좋다.		그때그때마다 우리가 좋아하는 것에 맞추어 수업내용을 바꾸어서 가르치는 선생님이 좋다	
3	나는 정리정돈 된 깨끗한 방이 좋다.		나는 내 마음대로 흩어 놓을 수 있는 방이 좋다.	
4	하기 쉽게 잘 짜여진 숙제를 나는 좋아한다.		새로운 방법으로 하는 숙제를 나는 좋아한다.	
5	자전거를 탈 때 어디로 갈지 미리 생각하고 탄다.		자전거를 탈 때 그냥 달리고 나서 어디로 갈지 생각한다.	
6	나는 일기장이나 과제물을 잘 챙기는 편이다.		나는 일기장이나 과제물을 잘 잊어 먹는 편이다.	
7	무엇을 공부해야 할지 자세히 가르쳐 주시는 선생님이 좋다.		우리들 스스로 공부할 것을 선택하도록 맡기시는 선생님이 좋다.	
8	게임의 규칙은 절대로 바뀌어서는 안된다.		게임의 규칙은 경우에 따라 바뀔 수 있다.	
9	나는 일을 계획적으로 해내는 편이다.		나는 일을 그때그때 해내는 편이다.	
합 계			합 계	

나의 생활양식은? □

2) MBTI 검사 해석

(1) 선호경향

① 외향형(E) 내향형(I)

에너지의 방향이 외부로 향하는 사람은 외향형, 내부로 향하는 사람은 내향형이다.

② 감각형(S) 직관형(T)

감각형은 오감을 통한 관찰 가능한 사실이나 사건을 더 잘 인식하는 반면 직관형은 육감을 통해 의식의 영역을 넘어서서 어떤 사실이나 사건의 이면에 감추어진 의미나 관계 또는 가능성을 더 잘 인식한다.

③ 사고형(T) 감정형(F)

사고형은 논리적인 결과를 바탕으로 의사결정을 하는 반면 감정형은 개인적이거나 사회적 가치를 바탕으로 하는 감정에 따라 결정을 하려는 경향이 있다.

④ 판단형(J) 인식형(P)

판단형은 치밀하게 계획하여 일정에 맞추어 일을 진행하며 상황을 통제하고 조정하는 것이 능숙한 반면 직관형은 계획과 일정보다는 상황에 따라 순발력을 발휘하면서 융통성 있게 일을 진행하는 것을 선호한다.

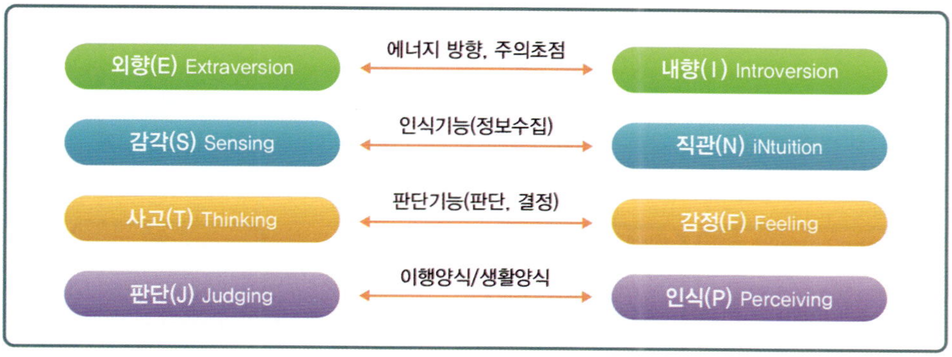

출처: 한국MBTI연구소(www.mbti.co.kr).

[그림 2-2] MBTI 4가지 선호경향

(2) 선호경향의 특징

외향형(E)	내향형(I)
• 사람을 만나고 활동할 때 에너지가 생긴다. • 다양한 사람들과 폭넓은 관계를 형성한다. • 말을 통한 의사소통 방식을 선호한다. • 생동감 넘치고 활동적이다.	• 혼자 조용히 있을 때 에너지가 충전된다. • 소수의 사람들과 밀접한 관계를 형성한다. • 글을 통한 의사소통 방식을 선호한다. • 조용하고 신중하다.
감각형(S)	**직관형(N)**
• 오감을 통해 직접 경험한 정보를 더 잘 받아들인다. • 구체적으로 표현한다. • 현재에 초점을 둔다. • 실용성을 추구하고 현실적이다. • 전통적인 가치를 중요하게 여긴다.	• 이론적이고 개념적인 정보를 더 잘 받아들인다. • 추상적으로 표현한다. • 과거, 현재, 미래를 전체적으로 살펴본다. • 미래의 가능성이 중요하다. • 새로운 변화를 시도하고자 한다.
사고형(T)	**감정형(F)**
• 의사결정을 할 때 인과관계를 파악하여 객관적으로 판단한다. • 원리원칙이 중요하고 이성적이다. • 진실과 사실에 주된 관심을 갖는다. • 무엇이 잘못되었는지 잘 분석한다. • 목표 달성이 사람들과의 관계보다 앞선다.	• 의사결정을 할 때 주관적 가치에 근거해 무엇이 중요한지 판단한다. • 주관적 가치가 중요하고 감성적이다. • 사람들과의 관계에 주된 관심을 갖는다. • 다른 사람들의 의견에 잘 공감한다. • 사람들과의 관계가 목표 달성보다 앞선다.

판단형(J)	인식형(P)
• 조직적이고 구조화된 환경을 선호한다. • 어떤 일을 하기 전 미리 계획을 세운다. • 미리미리 준비해서 여유롭게 끝낸다. • 분명한 목적의식과 방향을 갖고 있다. • 빠르게 결정하고자 한다.	• 새로운 것에 대해 유연하고 개방적이다. • 어떤 일을 먼저 시작하고 본다. • 마지막 순간에 집중해서 끝낸다. • 결정을 보류하고 정보를 수집하고자 한다.

출처: 김정택, 심혜숙(2007). 16가지 성격유형의 특성.

(3) 성격유형 분석

ISTJ 세상의 소금형 한번 시작한 일은 끝까지 해내는 사람들	**ISFJ** 임금 뒷편의 권력형 성실하고 온화하며 협조를 잘하는 사람들	**INFJ** 예언자형 사람과 관련된 뛰어난 통찰력을 가지고 있는 사람들	**INTJ** 과학자형 전체적인 부분을 조합하여 비전을 제시하는 사람들
ISTP 백과사전형 논리적이고 뛰어난 상황 적응력을 가지고 있는 사람들	**ISFP** 성인군자형 따뜻한 감성을 가지고 있는 겸손한 사람들	**INFP** 잔다르크형 이상적인 세상을 만들어 가는 사람들	**INTP** 아이디어 뱅크형 비평적인 관점을 가지고 있는 뛰어난 전략가들
ESTP 수완 좋은 활동가형 친구, 운동, 음식 등 다양한 활동을 선호하는 사람들	**ESFP** 사교적인 유형 분위기를 고조시키는 우호적 사람들	**ENFP** 스파크형 열정적으로 새로운 관계를 만드는 사람들	**ENTP** 발명가형 풍부한 상상력을 가지고 새로운 것에 도전하는 사람들
ESTJ 사업가형 사무적, 실용적, 현실적으로 일을 많이 하는 사람들	**ESFJ** 친선도모형 친절과 현실감을 바탕으로 타인에게 봉사하는 사람들	**ENFJ** 언변능숙형 타인의 성장을 도모하고 협동하는 사람들	**ENTJ** 지도자형 비전을 가지고 사람들을 활력적으로 이끌어 가는 사람들

출처: 김정택, 심혜숙(2007). 16가지 성격유형의 특성.

[그림 2-3] 16가지 성격유형 도표

MBTI 검사는 자신의 성격유형을 이해하고 긍정적인 자아개념을 확립하는 데 도움이 된다. 자신의 성격과 기호를 더 잘 이해하고 일상생활에서 자신이 선호하고 편안한 상황을 만들어 나갈 수 있다. 또한 어떠한 상황에서 자신이 조금 더 노력해야 할 점에 대해서도 참고할 수 있다. 본 검사를 통해 얻은 결과를 자기이해와 진로 선택에 어떻게 활용할 수 있는지 구체적으로 살펴보자.

① 자기이해를 통한 강점과 약점 인식

MBTI 검사 결과를 분석하여 자신의 성격 유형과 특징을 파악한다. 이를 통해 자신의 강점과 약점을 인식할 수 있다. 강점을 살려 미래의 진로와 직업 선택에 활용하고, 약점을 보완하는 방향으로 성장해 나가는 계획을 세워 보자.

② 진로와 직업 선택에 도움

MBTI 검사 결과는 여러분의 성격과 기호에 기반을 두고 어떤 진로와 직업이 적합할지에 대한 힌트를 준다. 자신의 성격 유형과 관련된 직업들을 탐색하고, 어떤 분야가 더 흥미로울지, 능력을 발휘할 수 있을지 생각해 보자. 자기에게 알맞은 진로를 찾는 데에 도움이 될 것이다.

③ 업무 환경에 따른 진로 선택에 도움

MBTI 검사 결과를 통해 여러분은 어떤 업무환경이 자신에게 적합한지 생각해 볼 수 있다. 예를 들어, 외향적인 사람들은 다른 사람들과 함께 일하는 것을 선호할 수 있고, 내향적인 사람들은 조용한 장소에서 단독으로 업무를 수행하는 것을 선호할 수 있다. 자신에게 맞는 업무환경을 찾아 더 효율적인 공부를 할 수 있다.

④ 스트레스 관리 및 대인관계 형성

MBTI 검사 결과는 여러분이 스트레스를 받을 때의 대처 방식을 이해하는 데에 도움을 줄 수 있다. 또한 타인의 성격 유형을 이해하고 존중하는 방법을 배우는 데에도 도움이 된다. 이는 앞으로 여러분이 진로를 선택함에 있어 업무상황에서 만날 수 있는 사람들을 예상해 보고 대인관계에서 발생하는 문제들과 대처방안에 대해 예측해 볼 수 있게 한다.

〈표 2-2〉 자신의 성격유형과 관련된 직업

성격 유형	특징	관련 직업
ISTJ	실제 사실에 대하여 정확하게 체계적으로 기억하며 일처리에 신중하며 책임감이 강하다.	회계, 법률, 생산, 건축, 의료, 사무직, 관리직 등
ISTP	말이 없으며 객관적으로 인생을 관찰하는 편이고 필요 이상으로 자신을 발휘하지 않는다.	법률, 경제, 마케팅, 판매통계 분야 등
ESTP	사실적이고 관대하며 개방적이고 사람이나 일에 대한 선입견이 별로 없다.	의사, 군인, 검사, 경찰관, 운동가 등
ESTJ	실질적이고 현실감이 뛰어나며 일을 조직하고 계획하여 추진시키는 능력이 있다.	사업가, 행정관리, 생산건축 등
ISFJ	책임감이 강하고 온정적이며 헌신적이고 침착하며 인내력이 강하다.	의료, 간호, 교직, 사무직, 사회사업 등
ISFP	말없이 다정하고 양털안감을 넣은 오버코트처럼 속마음이 따뜻하고 친절하다.	농장경영, 교통, 유흥업, 간호직, 비서직 등
ESFP	현실적이고 실제적이며 친절하다. 어떤 상황이든 잘 적응하며 수용력이 강하고 사교적이다.	의료판매, 교통, 유흥업, 간호직, 비서직 등
ESFJ	동정심이 많고 다른 사람에게 관심을 쏟으며 인화를 중시한다. 동료애가 많고 친절하다.	교직, 성직, 판매, 간호, 의료분야 등
INFJ	창의력, 통찰력이 뛰어나며 강한 직관력으로 말없이 타인에게 영향력을 미친다.	성직, 심리치료와 상담, 예술과 문학 분야 등
INFP	마음이 따뜻하고 조용하며 자신이 관계하는 일에 대하여 책임감이 강하고 성실하다.	언어, 학문, 문학, 상담 등
ENFP	온정적이고 창의적이며 항상 새로운 가능성을 찾고 시도한다.	상담, 교육, 저널리스트, 광고, 판매, 작가 등
ENFJ	민첩하고 동정심이 많고 사교적이며 인화를 중요시하고 참을성이 많다.	교직, 성직, 심리상담, 예술, 문학 등
INTJ	행동과 사고에 있어서 독창적이며 강한 직관력과 의지와 결단력, 인내심이 있다.	과학, 엔지니어링, 발명, 정치, 철학 등
INTP	과묵하나 관심이 있는 분야에 대해서는 말을 잘하며 이해가 빠르고 높은 직관력으로 통찰하는 재능과 지적 호기심이 많다.	순수과학, 연구, 수학, 엔지니어링, 경제, 철학, 심리학 등의 학문
ENTP	독창적이며 창의력이 풍부하고 넓은 안목을 갖고 있으며 다방면에 재능이 많다.	발명가, 과학자, 언론, 마켓팅, 컴퓨터 분석 등
ENTJ	활동적이고 솔직하며 결정력과 통솔력이 있고 장기적 계획과 거시적 안목을 선호한다.	판매업, 건축업, 선장, 군인, 경찰관 등

출처: 한국심리연구소(http://www.kpti.com).

Chapter 03

직업적 삶을 위한 자기탐색

학습목표

1. 직업인으로서 자기탐색의 중요성을 설명할 수 있다.
2. 심리검사를 통하여 자신의 직업흥미를 파악할 수 있다.
3. 심리검사를 통하여 자신의 직업적성을 파악할 수 있다.

03

길이 가깝다고 해도 가지 않으면 도달하지 못하며, 일이 작다고 해도 행하지 않으면 성취되지 않는다.

–순자–

1. 미래 직업인으로서 자기탐색

모든 사람이 자신의 적성과 흥미에 맞는 직업을 가지고 생활한다면 좋을 것이다. 대부분의 직업인들은 다음의 4가지 유형 중 하나에 해당한다. 첫 번째가 '금상첨화의 직업'이다. 이 유형은 자신이 좋아하면서 하고 싶어 하는 일을 직업으로 하면서 여기에 성취감과 보람을 느낄 수 있는 것은 물론 충분한 보상까지 얻을 수 있는 직업이다. 많은 사람이 이런 직업을 갈망하지만, 안타깝게도 금상첨화의 직업을 가지고 있는 사람은 현실에서 그리 많지 않다.

두 번째는 '유명무실한 직업'이다. 자신이 좋아하는 일, 하고 싶은 일을 열정을 가지고 한다. 하지만 아직은 돈도 명예도 따라오지 않는 직업이다. 그러나 미래를 기대할 수 있는 직업이다. 가수 연습생들을 보면 아이돌이 되기 위해 몇 년 동안 트레이닝을 받고 데뷔해도 무명생활을 하는 경우가 많다. 생계를 유지하기도 어려운 상황에서 꿈과 열정으로 버티었다는 이야기를 한다. 그 힘은 자신이 무대에서 빛나는 모습을 그리면서였다고 한다. 요즘 젊은 청년들이 자신의 아이디어를 가지고 스타트업을 할 때 대부분 이런 시기를 겪는다. 공통점은 주변에서 다들 걱정을 많이 한다는 점이다.

세 번째는 '천만다행인 직업'이다. 사회적으로 인정해 주고 부러워하는 직업으로 알려져 돈도 많이 벌고 명예도 얻었지만, 정작 나 자신은 일에 흥미를 느끼지 못하고 의무적으로 마지못해 하는 직업이다. 드라마에서 많이 보았을 것이다. 가업을 이으라는 부모님과 자신의 꿈을 이루려는 자식의 갈등이 자주 등장하는 경우다. 남들이 볼 때 입이 떡 벌어지는 기업의 후계자나 전문직이지만 정작 본인에게는 의무감일 뿐 자신에게 큰 의미가 없는 경우이다. 그런데 드라마와 또 다르게 재벌집 자제가 아닌 평범한 직장인들도 이런 상황에 놓인 경우가 의외로 많다. 실제 현실에서 직업을 선택할 때 좋은 직장, 좋은 직업이라 생각하여 치열한 경쟁을 거쳐 오랜 시간 노력을 하여 어렵게 취업하였는데 막상 해 보니 일에 흥미를 못 느끼는 경우도 있다. 최근 2030세대에게 인기가 있는 공무원, 공기업, 대기업의 경우에도 조기퇴사자가 늘고 있다. 이들이 공통적으로 하는 말은 '정말 자신이 하고 싶은 일을 찾겠다'라는 이야기다.

네 번째로 설상가상인 직업이 있다. 자신이 좋아하는 일도 아니고, 하고 싶은 일이 아니면서 돈도 명예도 따라 주지 않는 직업이다. 가장 신통치 못한 직업이면서 다수의 사람들이 가지고 있는 직업이기도 하다. 설상가상인 직업을 가지고 있는 사람들의 특징을 보면, 아주 적은 급여일지라도 월급이 나올 날만을 기다린다. 일에서는 도통 재미도, 흥미도, 참신한 맛도, 도전의욕도 느낄 수 없다. 지겨운 일이 되풀이되고 삶에 대한 열정도 시들해져 가고 무덤덤해진다. 그런데 중요한 것은 이런 직업일수록 시간은 빨리 지나간다는 것이다. 그리고 회사가 어려워지면 구조조정 상에서 최우선 순위가 될 확률이 높다.

직업을 선택할 때 사회적 평판이나 외적인 보상도 중요하다. 하지만 자신의 적성과 흥미를 고려한 직업을 선택하는 경우 만족도가 높고 힘든 상황이 왔을 때도 버틸 수 있다. 그리고 일이 즐거우니 더 배우고 알고 싶은 마음이 생겨 시간과 노력을 투자할 수 있다. 그래서 자신의 적성과 흥미를 이해하고 직업을 선택하는 것이 좋다. 하지만 현실적으로 모든 사람이 적성과 흥미에 맞는 직업을 가지고 있지는 않으며 그렇게 되기도 쉽지 않다. 그렇다면 우리는 어떻게 해야 할지 생각해 보자.

"MZ세대 직업가치 변화…발전가능성 · 안정성 → 근로소득 · 시간"

MZ세대(1980년대 초~2000년대 초 출생)가 직업을 선택할 때 중요시하는 가치가 개인의 발전 가능성보다는 근로소득과 시간으로 옮겨 가고 있다는 분석이 나왔다. 산업연구원은 대졸자 직업 이동경로 조사(GOMS)를 활용해 지난 12년간(2008~2019년) 누적 10만 4천 511명의 대학 졸업자를 대상으로 근로소득과 근로시간, 적성 · 흥미, 업무 난이도 등 16개 직업 가치 요인의 중요도 평가를 통해 변화를 분석한 결과 이같이 나타났다고 2일 밝혔다.

조사에 따르면 12년간 직업 가치 판단 시 중요도가 가장 크게 상승한 요인은 근로시간과 업무량이었다. 반대로 중요도 점수가 하락한 요인은 적성 · 흥미와 개인 발전 가능성, 고용 안정성 등이었다. 중요도 순위별로 보면 근로소득이 3위에서 1위로 상승했고 근로시간은 6위에서 2위로 올랐다. 반면 개인 발전 가능성은 1위에서 6위로 하락했고 고용 안정성은 2위에서 3위로 떨어졌다. 적성 · 흥미는 4위, 복리 후생은 5위를 유지했다.

또한 비수도권에서 수도권으로 이동한 청년층의 직업 가치 변화를 살펴보면 근로소득과 근로시간, 적성 · 흥미, 복리후생의 중요도가 상승했고 개인 발전 가능성과 고용 안정성은 감소한 것으로 나타났다. 같은 MZ세대 안에서도 차이가 존재했다. Z세대는 밀레니얼 세대(M세대)보다 지역 간 또는 수도권으로의 이동을 선택하는 비율이 높았고, 일자리 선택 시 고용 안정성보다 근로소득을 더 중요하게 평가하는 것으로 나타났다.

출처: 연합뉴스(2023.03.02.). MZ세대 직업가치 변화.

이 장에서는 직업인으로서 자신의 흥미와 적성을 이해하고 직업 선택 시 고려할 점에 대해 알아보도록 한다. 자기이해를 위한 다양한 자기탐색의 한 방법이 있는데 이 중 하나인 표준화된 검사 도구를 활용하여 자신에 대해 알아보고자 하다. 나의 성격, 적성, 지능, 흥미, 가치관 등 특성에 대하여 심리검사를 실시하여 알아보는 것이다. 표준화검사 도구의 장점은 나의 자아특성을 다른 사람과 객관적으로 비교해 볼 수 있는 척도를 제공한다는 점이다. 고용노동부 워크넷에서는 개인의 특성에 보다 적합한 진로 분야를 찾을 수 있도록 다양한 검사도구를 무료로 제공하고 있으니 적극 활용할 것을 권한다.

① 워크넷(www.work.go.kr) 회원가입

② 직업심리검사 선택

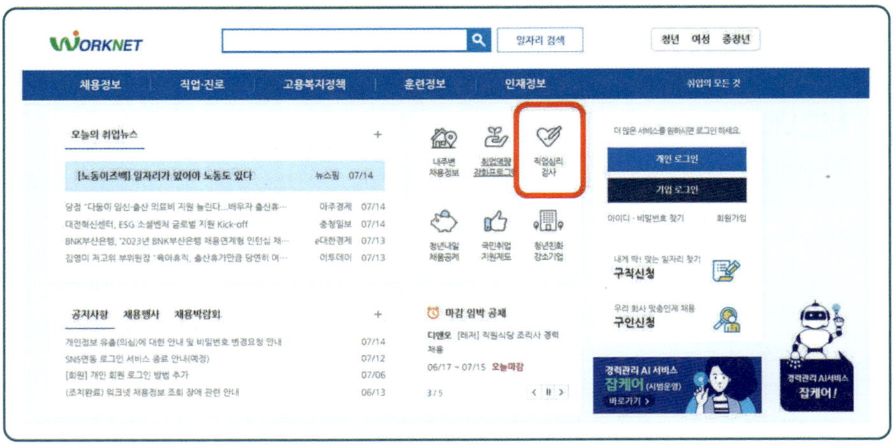

③ 직업 · 진로 선택 → 직업심리검사 → 성인용 심리검사 실시

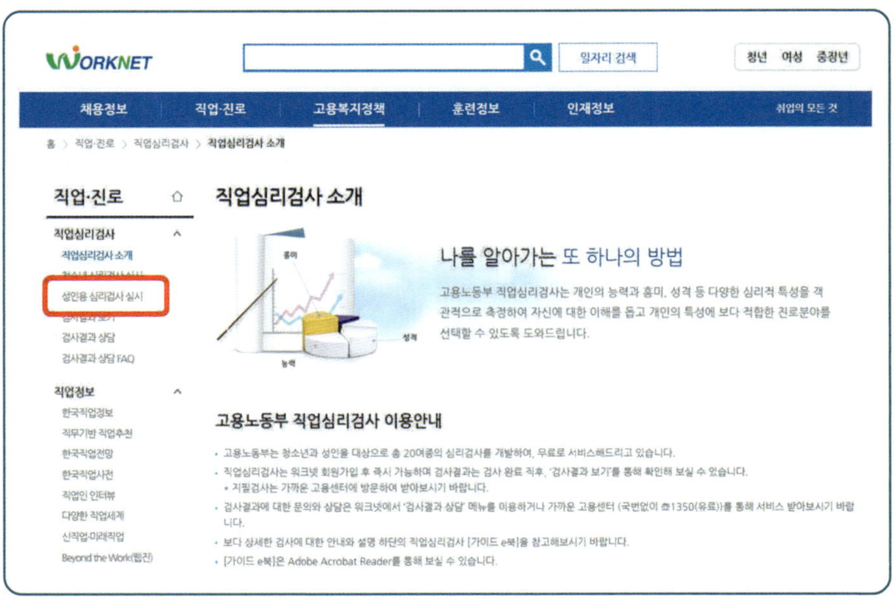

④ 성인용 심리검사 실시 → 심리검사 목록

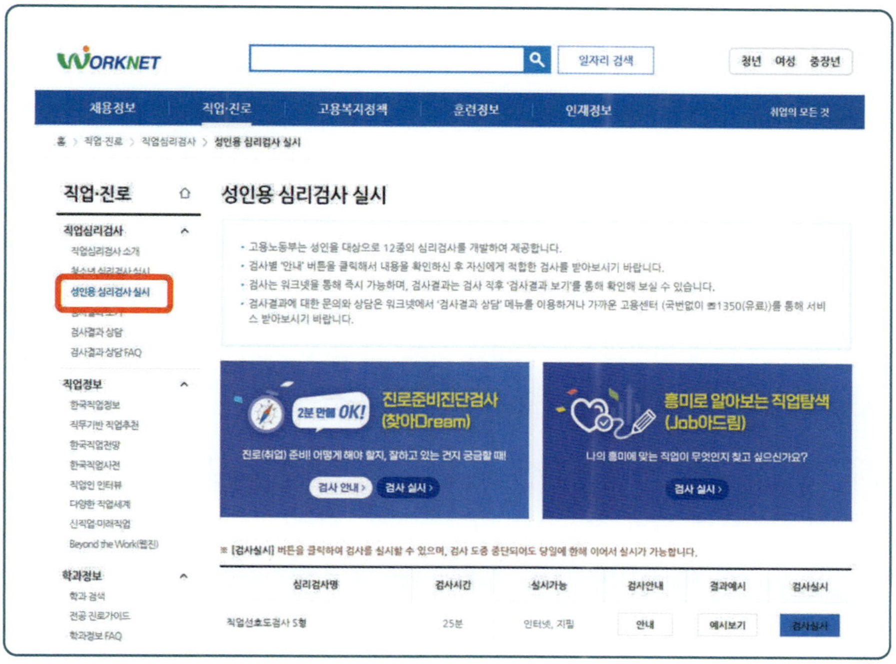

⑤ 직업선호도검사와 성인용적성검사 선택 실시

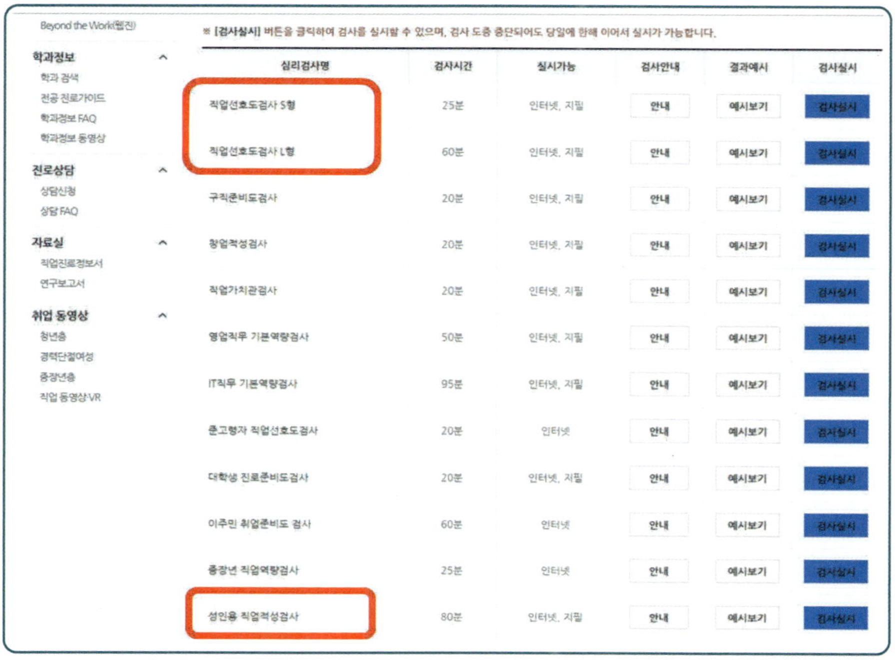

2. 직업과 나의 흥미탐색

1) 직업흥미

사람은 누구나 자신이 좋아하는 것과 싫어하는 것이 있다. 세상에는 많은 직업이 있는데 사람들은 직업에 관해서도 어떤 일을 하고 싶다거나 어떤 일은 하기 싫다고 말하며 자신의 선호를 나타낸다. 특정 직업을 콕 집어 좋다 싫다하는 경우도 있지만 특정 직군에 대해 전반적으로 흥미가 없을 수 있다. 직장인의 경우 하루에 최소 8시간을 근무한다. 직장으로 출퇴근을 하든 프리랜서로 집이나 카페에서 일을 하든 직업을 가지고 일하면서 보내는 시간은 삶에 비중이 크다. 그런 차원에서 자신의 진로를 결정하는 데 있어 자신이 좋아하는 일을 찾는다는 것은 매우 중요하다.

일반적으로 흥미(interest)란 어떤 특정한 활동에 참여하려는 경향성 또는 대상이나 사물에 대한 긍정적인 느낌으로 정의할 수 있다. 여러분이 "진로 측면에서 무엇을 좋아하는가, 싫어하는가?", 즉 잠재적으로 가치 있다고 생각하는 것에 주의를 기울이고 그것을 향해 나아가려는 일반적인 정서적 특성이다. 심리학에서는 흥미를 '어떤 대상에 특별한 관심이나 주의를 끌게 하는 감정'으로 정의하고 있다. 혹시 단체모임을 나간 경험이 있는가? 여러 이성이 있는데 그중 유독 관심이 가거나 아니면 나의 주의를 끄는 상대가 있다. 직업도 마찬가지이다. 여러 직업이 있는데 유독 관심이 가는 직업이 있다.

개인에 따라 흥미에 차이가 나는 것은 흥미가 자신의 주변 세계에 대한 폭넓은 이해와 새로운 활동의 시도를 통하여 유발되기 때문이다. 이처럼 흥미는 다양한 경험과 더불어 자신의 동기와 밀접한 관계를 맺으며 점차로 형성되고, 동기와 함께 인간행동의 방향과 강도를 결정하는 중요한 요인으로 작용한다. 어떤 일에 대해 흥미가 있어서 좋아하다 보면 그 속에서 가치를 발견하고 몰입하게 되며, 결국 의미 있는 성과를 거둘 수 있다. 그러므로 자신의 흥미가 무엇인가를 이해하는 것은 매우 중요하다.

직업흥미는 직업의 선택과 성공을 결정짓는 가장 중요한 요인 중 하나로 볼 수 있다. 직업에 따른 성취감과 만족감을 얻기 위해서는 인지적인 요인뿐만 아니라 흥미나 동기와 같은 정의적 요인도 같이 조화를 이루어야 한다. 인지적 요인이 일의 능률과 관련이 있다면, 정의적 요인은 일에 흥미를 느끼고 그 일에 대한 즐거움, 만족감, 행복감 등을 느끼게 하는 요인이다. 자신의 적성과 흥미에 맞는 직업을 선택하는 것은 개인적으로는 즐겁고 행복한 삶의 기본이 되며, 나아가 사회 국가적인 측면에서는 적재적소(適材適所)에 흥미와 자질을 가진 인재를 배치하여 일을 한다면 국가발전에 기여할 수 있으므로 매우 중요하다.

2) 직업흥미검사

직업흥미를 알아보기 위한 대표적인 검사로는 Holland 검사와 STRONG 직업흥미검사(SII; Strong Interest Inventory)가 있다. Holland 검사는 미국의 심리학자 존 홀랜드(John L. Holland)가 진로결정을 위해서 개발한 검사이다. Strong 검사는 에드워드 스트롱(Edward. K. Strong)에 의해 개발된 검사로 흥미를 측정하는 다양한 검사들 중에서 폭넓게 사용되고 있다. 두 검사 모두 홀랜드의 이론에 근거하고 있다.

Holland 직업 흥미 이론은 다음의 4가지 기본 가정을 주장하고 있다. 첫째, 대부분의 사람들은 실재적 유형(R), 탐구적 유형(I), 예술적 유형(A), 사회적 유형(S), 기업가적 유형(E), 관습적 유형(C) 중 한 가지 유형으로 분류할 수 있다. 둘째, 우리가 살아가는 생활환경 역시 실재적 환경(R), 탐구적 환경(I), 예술적 환경(A), 사회적 환경(S), 기업적 환경(E), 관습적 환경(C)의 6가지로 분류할 수 있다. 셋째, 사람들은 기술과 능력을 시험해 보고 자신의 태도와 가치를 표현하며, 기꺼이 문제와 역할을 수용할 수 있게 해 주는 환경을 찾기 마련이다. 즉, 실제적인 성격유형을 가진 사람은 실제적인 환경을 찾으려 하고, 사회적인 성격유형을 가진 사람은 사회적인 환경을 찾으려고 한다는 것이다. 또한, 어떤 유형의 환경은 그 환경에서 적절하다고 여겨지는 성격유형을 가진 사람을 찾기도 한다. 넷째, 개인의 행동은 자신의 성격과 환경 특성 간의 상호작용에 의해 결정된다. 그러므로 사람과 환경의 성격유형을 안다면 그 둘 간의 성과, 즉 직업선택, 직업적 성취, 역량, 직업적 만족 등에 대해서 예측할 수 있다고 본다.

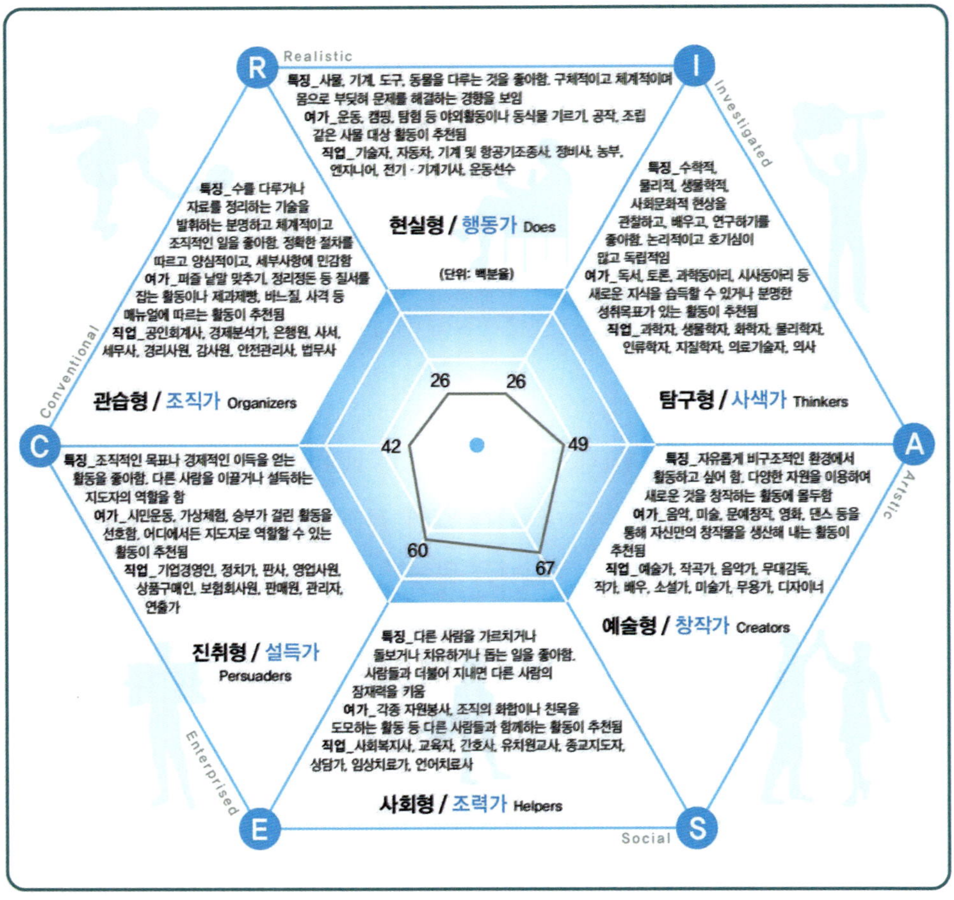

출처: 한국가이던스, MCI다면적 진로탐색검사 결과표.

Worksheet 1 ▸ 워크넷 직업선호도검사 유형해석

유형	내용
현실형 (R)	**현실형 점수가 높은 사람은 활동적이며 실물적인 일을 좋아합니다.** 명확하고 체계적이며 질서정연한 일을 좋아하고, 기존의 가치와 신념체계에 위배되지 않는 선에서 원리 원칙적으로 사고하고 명확한 방법을 사용하여 행동하는 경향이 강합니다. 전기나 기계, 공학계열 분야와 같이 실제적이고 규칙적인 행동양식이 존재하는 분야를 선호하는 편입니다. 사물을 다루고 조작하는 것을 좋아해 손재주가 있다는 평을 듣는 경우가 많으며 겸손하고 솔직하지만, 스스로 사회적인 영향력을 발휘해야 하는 일과 학문적이고 창의적인 일에 서툴다고 여기는 편입니다.
탐구형 (I)	**탐구형 점수가 높은 사람은 관찰하고 탐구하며 사고하는 일을 좋아합니다.** 현상을 비판적이고 분석적으로 관찰하고, 체계적이고 창조적으로 탐구하는 것을 좋아하는 반면, 규칙적이고 반복적인 활동이나 리더십을 발휘해야 하는 활동은 별로 좋아하지 않습니다. 인간적 감정이나 사회적 환경보다는 자연현상이나 사회현상에 대한 탐구활동에 대한 관심이 많습니다. 독립적이며 개방적인 태도로 정보를 수집하고 자료를 분석하며 현상에 대한 결론을 내리는 과정을 거쳐 문제를 해결하는 방식의 일을 선호합니다.
예술형 (A)	**예술형 점수가 높은 사람은 창의적이고 변화를 추구하는 일을 좋아합니다.** 창의적이고 유연한 사고를 즐겨하며 아름다움을 추구하는 경향이 강합니다. 틀에 박힌 일이나 같은 패턴의 일, 변화가 없이 틀에 맞추어 해야 하는 일을 별로 좋아하지 않습니다. 같은 사물이나 현상을 보고도 획일적으로 판단하지 않으며 상상력이 풍부하고 독창적인 편입니다. 예술적 감수성이 뛰어나고 능력을 발휘하며 즐기는 반면, 명확하고 규칙적인 활동이나 객관적 사실을 추구하는 활동에는 약한 편입니다. 개방적인 사고체계를 소유하고 있어 변화를 주도하고 추구하며 자신의 직감에 의존하여 문제를 해결하려는 경향도 있습니다.
사회형 (S)	**사회형 점수가 높은 사람은 사람들과 교류하고 협력하는 일을 좋아합니다.** 타인의 문제를 듣고 공감하고, 도와주고, 치료해 주는 것을 선호하며 사람을 상대하는 활동에 능숙합니다. 일반적으로 이타적이며 자애롭고 배려심이 깊은 인물로 평가를 받습니다. 사물을 지향하기보다는 사람과 사람 사이의 관계에 주목하는 경향이 강하여, 다른 사람들에게 어떤 사실을 가르쳐 주고 도와주거나 지원해 주는 활동을 좋아합니다.
진취형 (E)	**진취형 점수가 높은 사람은 목표를 정하고 성취하도록 이끄는 것을 좋아합니다.** 자신이 기획하고 목표설정한 것을 실행시키는 데 탁월한 능력을 보이는 유형입니다. 개인과 조직의 목표를 달성하거나 경제적인 이익을 추구하기 위한 활동을 선호하며, 타인에게 영향력을 발휘하는 일을 하고 싶어 합니다. 계획하고 목표설정하며 추진하고 있는 일을 성공적으로 이끌기 위해 다른 사람들을 설득하거나 협상을 하는 등 사회성을 발휘하기도 합니다.
관습형 (C)	**관습형 점수가 높은 사람은 조직적이고 안정적이며 체계적인 일을 좋아합니다.** 조직적이고 체계적이며 규칙과 시스템이 잡혀 있는 일을 좋아하고, 규정이나 시스템 등이 없이 불확실하고 애매하며 시시각각 변화하는 일을 피하려는 경향이 강합니다. 수립되어 있는 시스템에 적응하여 규칙에 맞게 성실하고 분명하면서도 체계적으로 일을 하는 것을 좋아하여, 서류 작성 및 기록 등과 같은 사무적인 일에 능력을 발휘합니다. 문제 상황에서 변화를 추구하거나 비판하기보다는 조심스럽고 체계적으로 해결계획을 세우는 편입니다.

Worksheet 2 ▸ 나의 워크넷 직업선호도검사 분석하기

① 워크넷 직업선호도검사를 실시한다.

② 워크넷 직업선호도검사 결과지를 출력한다.

③ 자신의 흥미코드 2자리와 각각의 유형에 대한 특징을 적는다.

코드1:	코드2:
• 유형의 특징	• 유형의 특징

④ 육각형의 크기와 모양에 대한 특징과 의미를 적는다.

크기	모양
• 특징 • 의미	• 특징 • 의미

⑤ 워크넷 직업선호도검사에서 나온 유형에 해당하는 직업을 적는다.

워크넷 추천직업	추천직업 중 나의 관심직업

⑥ 추천직업은 아니지만 내가 관심 있는 직업을 적고 자신의 흥미유형과 관련하여 설명해 보자.

3. 직업과 나의 적성탐색

1) 직업적성

적성(aptitude)은 "개인이 무슨 잠재능력을 지녔을까? 무엇을 잘할 수 있는가?" 하는 것에 초점이 있다. 즉, 어떤 과제나 임무를 수행하는 데 있어서 개인에게 요구되는 특수한 능력이나 잠재능력을 말한다. 좁은 의미에서 적성은 학습을 해낼 수 있는 인간의 지적 능력을 가리키는 말이나, 넓은 의미에서는 지적 활동을 요구하는 분야에서 개인이 발휘하는 미래 가능성이 어떠한가를 측정하고 판단하려는 의미도 포함한다. 적성은 타고난 능력이나 소질 또는 지능을 의미하기도 하는데, 이것은 각 개인마다 다르다. 따라서 자신이 스스로 이를 발견하고 잘 개발시켜 나가는 것이 중요하다.

적성은 후천적으로 학습 경험, 적응력, 인내력, 동기 등과 같은 환경적 요인의 영향을 받아 형성되기도 한다. 개인과 주변 환경 간의 상호작용에 의해 폭넓은 이해와 새로운 활동의 시도를 통하여 계발될 수 있다. 그러므로 자신의 경험을 탐색하거나 어떤 일을 하고 싶은지 생각하는 것은 자신의 적성을 이해하고 계발하는 데 도움을 줄 수 있다. 직업은 개인의 경제적인 자기 충족의 수단일 뿐만 아니라 행복과 보람을 느낄 수 있게 하는 자기실현의 방법이기도 하다. 사람들은 자신이 좋아하고 잘할 수 있는 일을 할 때 만족감도 크다. 그러므로 자신의 적성을 제대로 파악하고 직업을 선택하는 것은 자신의 행복한 미래를 위해 반드시 거쳐야 할 과정이다.

첫 직장 유지하거나 퇴사하는 이유 1위는 '직무적성'
직장인 86% "취업 후에도 진로 고민"

취업 플랫폼 잡코리아가 경력 10년 미만의 직장인 715명을 대상으로 '첫 직장을 유지 또는 퇴사하는 이유'에 대해 설문조사한 결과, 이들의 51%가 '첫 직장에서 퇴사했다'고 답했다. 직장인이 첫 직장에서 계속 근무하거나 떠나는 가장 큰 이유는 '직무 적성' 때문인 것으로 나타났다.

이 외에는 △새로운 일을 하기 위해서(13.7%) △복지제도가 좋지 않아서(11.5%) △상사/동료와의 관계가 좋지 않아서(11.0%) △일을 하면서 배울 점이 없다는 생각이 들어서(11.0%) 순으로 첫 직장을 퇴사한 이유를 꼽았다.

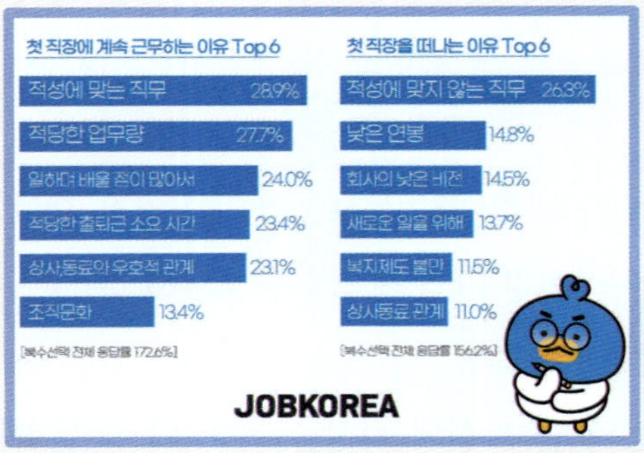

첫 직장에 계속 다니고 있다고 답한 직장인(49.0%)도 첫 직장을 유지하는 이유 1위로 '직무적성'을 꼽았다.

잡코리아 관계자는 "적성에 맞는 직무분야에서 직업을 선택하는 것이 직장생활에 대한 만족도를 높이고 직업을 유지하기 위해 매우 중요한 것으로 보인다"고 말했다.

출처: 워크투데이(http://www.worktoday.co.kr).

2) 직업적성검사

고용노동부 워크넷에서는 성인용 직업적성검사를 제공하고 있다. 18세 이상 성인을 대상으로 실시하며, 약 80분간의 시간제한이 있으며 직업적성을 종합적으로 판단하는 능력검사이다. 성인용 직업적성검사는 직업에서 요구하는 적성요인을 측정하여 개인의 능력과 직업에서 요구하는 능력이 최대한 일치(fit)하는 직업을 찾기 위해 개발된 검사이다. 이 검사를 통해 대학생 및 성인구직자들이 자신의 직업적성에 대한 이해를 높이고, 직업에서 요구하는 적성을 파악하여 효율적인 진로설계를 돕고자 개발되었다.

성인용 직업적성검사는 다음과 같은 특징을 지니고 있다. 첫째, 인지적 능력 측정검사이다. 성인용 직업적성검사는 적성능력을 직업에서의 직무수행과 관련된 인지적 능력으로 정의하여 측정하는 검사이다. 지, 정, 의로 구분되는 인간의 속성 중 인지적 능력은 학업이나 직무수행과 밀접한 관련이 있으며, 얼마나 잘 수행하느냐의 능력(ability)의 속성을 갖는다. 둘째, 최대수행능력검사이다. 최대수행능력검사는 정답이 있는 문항으로 구성되며 주어진 시간 내에 최대한의 능력을 발휘하여 정답을 얼마나 맞추는가에 따라 결과가 측정된다. 셋째, 성인용 직업적성검사는 개인이 받은 검사점수와 직업별 재직자들의 점수를 상호 비교함으로 실제 데이터에 근거한 직업추천이 가능하다는 특징을 갖고 있다. 넷째, 대학생/성인 맞춤형 결과표를 제공한다. 대학생은 전공별 적성능력과의 비교가 가능하고, 성인은 이전 직업이나 현재 직업에서의 적성능력과 비교가 가능하다는 장점을 갖는다.

〈성인용 적성검사 요인의 의미〉

적성 요인	의미	하위검사
언어력	일상생활에서 사용되는 다양한 단어의 의미를 정확히 알고 글로 표현된 문장들의 내용을 올바르게 파악하는 능력	어휘력 문장독해력
수리력	사칙연산을 이용하여 수리적 문제들을 풀어내고 일상생활에서 접하는 통계적 자료(표와 그래프)들의 의미를 정확하게 해석하는 능력	계산력 자료해석력
추리력	주어진 정보를 종합해서 이들 간의 관계를 논리적으로 추론해 내는 능력	수열추리 Ⅰ 수열추리 Ⅱ 도형추리
공간지각력	물체를 회전시키거나 재배열했을 때 변화된 모습을 머릿속에 그릴 수 있으며, 공간 속에서 위치나 방향을 정확히 파악하는 능력	조각맞추기 그림맞추기
사물지각력	서로 다른 사물들 간의 유사점이나 차이점을 빠르고 정확하게 지각하는 능력	지각속도
상황판단력	실생활에서 자주 당면하는 문제나 갈등 상황에서 문제를 해결하기 위한 여러 가지 가능한 방법들 중, 보다 바람직한 대안을 판단하는 능력	상황판단력
기계능력	기계의 작동원리나 사물의 운동 원리를 정확히 이해하는 능력	기계능력
집중력	작업을 방해하는 자극이 존재함에도 불구하고 정신을 한 곳에 집중하여 지속적으로 문제를 해결할 수 있는 능력	집중력
색채지각력	서로 다른 두 가지 색을 혼합하였을 때의 색을 유추할 수 있는 능력	색혼합 색구분

적성 요인	의미	하위검사
문제해결능력	문제 및 장애요소를 해결하기 위해 논리적 사고와 올바른 의사결정 과정을 통해 구체적인 행동으로 연계될 수 있는 해결방안을 찾아내는 능력	문제해결능력
사고유창력	주어진 상황에서 짧은 시간 내에 서로 다른 많은 아이디어를 개발해 내는 능력	사고유창력

출처: 워크넷, 대학생 및 성인의 자기이해 및 직업탐색 가이드 e-book.

〈적성요인 검사결과 예시〉

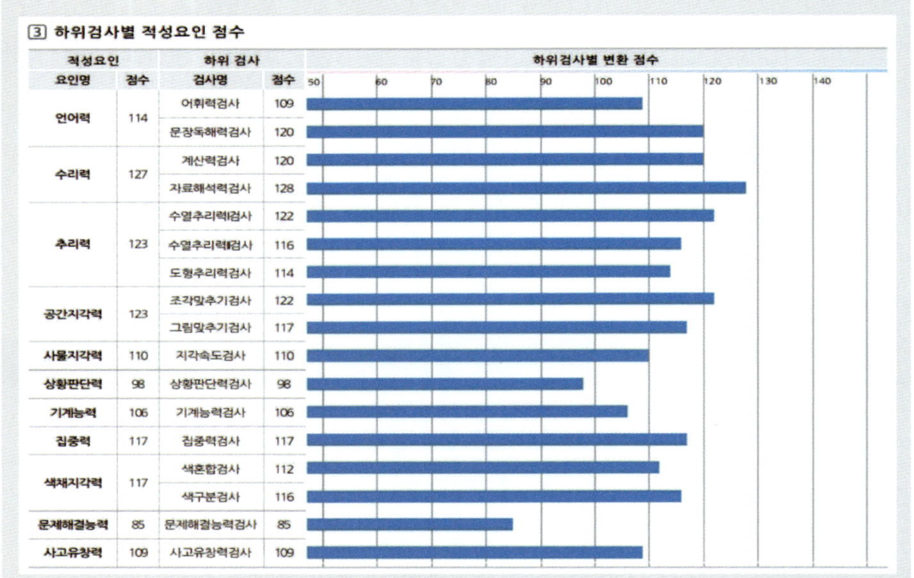
③ 하위검사별 적성요인 점수

적성요인		하위 검사		하위검사별 변환 점수
요인명	점수	검사명	점수	50 60 70 80 90 100 110 120 130 140
언어력	114	어휘력검사	109	
		문장독해력검사	120	
수리력	127	계산력검사	120	
		자료해석력검사	128	
추리력	123	수열추리력Ⅰ검사	122	
		수열추리력Ⅱ검사	116	
		도형추리력검사	114	
공간지각력	123	조각맞추기검사	122	
		그림맞추기검사	117	
사물지각력	110	지각속도검사	110	
상황판단력	98	상황판단력검사	98	
기계능력	106	기계능력검사	106	
집중력	117	집중력검사	117	
색채지각력	117	색혼합검사	112	
		색구분검사	116	
문제해결능력	85	문제해결능력검사	85	
사고유창력	109	사고유창력검사	109	

출처: 사이버진로교육센터, 성인용 직업적성검사 실시요람.

직업적성검사를 통해 개인이 미처 인식하지 못한 잠재능력을 발견할 수 있다. 또한 자신의 능력에 적합한 직업을 추천해 줌으로써 대학생, 그리고 취업을 희망하는 개인들과 이직 혹은 전직을 원하는 구직자들이 자신에게 적합한지를 탐색하고 선택하는 데 도움을 줄 수 있다. 개인의 발현된 능력과 잠재적인 능력에 대한 정보를 통해 자신의 진로에 대한 보다 선명한 목표를 설정하고 미래의 진로 계획 수립에 도움을 준다.

3) 워크넷 성인용 직업적성검사 실시

Worksheet 1

<table>
<tr><td>검사 실시일</td><td colspan="3">년 월 일</td></tr>
<tr><td>측정
적성
요인</td><td>적성요인</td><td>수준</td><td>특징</td></tr>
<tr><td rowspan="3">점수가 높은
3개 적성</td><td></td><td></td><td></td></tr>
<tr><td></td><td></td><td></td></tr>
<tr><td></td><td></td><td></td></tr>
<tr><td rowspan="3">점수가 낮은
3개 적성</td><td></td><td></td><td></td></tr>
<tr><td></td><td></td><td></td></tr>
<tr><td></td><td></td><td></td></tr>
<tr><td colspan="4">추천 직업</td></tr>
<tr><td>최적합 직업</td><td colspan="3"></td></tr>
<tr><td>적합 직업</td><td colspan="3"></td></tr>
<tr><td>추천 직업
특징 분석</td><td colspan="3"></td></tr>
</table>

Worksheet 2

적성점수 비교	직업명	해당 직업에서 요구하는 능력 수준 분석
최적합 직업		• 최적합 직업에서 높은 적성 요인 3가지와 수준
희망직업1		• 희망직업1에서 높은 적성 요인 3가지와 수준
희망직업2		• 희망직업2에서 높은 적성 요인 3가지와 수준
진로목표 설정 시 고려할 점		

Chapter 04

4차 산업시대 직업이해

학습목표

1. 4차 산업혁명시대의 핵심키워드를 이해할 수 있다.
2. 키워드로 미래 유망 기술에 따른 직업세계를 파악할 수 있다.
3. 미래일자리에 필요한 역량에 대해 설명할 수 있다.

04

행복의 비밀은 자기가 좋아하는 일을 하는 것이 아니라 자기가 하는 일을 좋아하는 것이다.

-제임스 베리-

1. 키워드로 보는 4차 산업

최근의 대학생활은 입학하여 기쁨을 누리는 것도 잠시이고, 미래를 위한 대비로 캠퍼스의 낭만을 즐길 새가 없다고 이야기를 하기도 한다. 과거와 비교했을 때 경제와 산업의 성장이 크게 이뤄졌지만, 그만큼의 발전에 따른 변화 속도에 적응하는 것이 녹록치 않은 현실이다. 갈수록 취업준비가 복잡해지고 어려워지고 있지만, 그럼에도 우리는 시대에 맞춰 함께 발맞추어 나가야 한다. 비단 취업준비생들만의 고민은 아니다. 기업들 역시 최근 국내외 노동시장의 급속한 변화 속도에 대처하고 적응할 수 있는 인재들을 필요로 하고 그런 인재를 선발하기 위해 각고의 노력을 기울이고 있다.

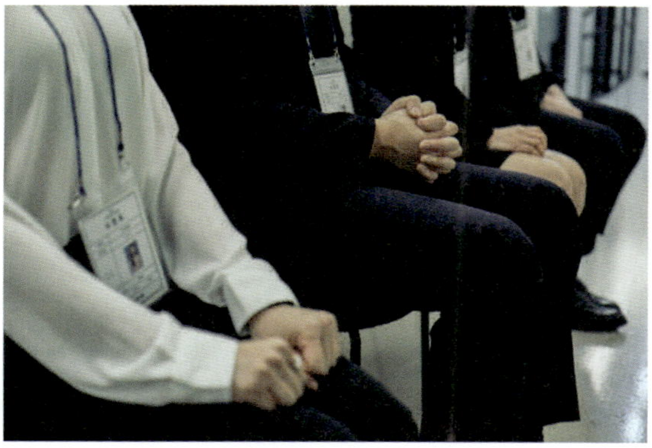

한편, 이제 우리는 '코로나-19'라는 팬데믹을 겪으며, 모든 산업들과 우리의 일상 영역들이 비대면 서비스로 전환되거나 점점 확대되고 있다. 이처럼 포스트 코로나 이후의 경제 및 사회구조 전환, 새로운 비즈니스 기회가 계속 넓어지고 있는 실정이다. 이러한 변화도 잘 주시하고 변화에 맞춰 세심하게 준비해 나가야 할 것이다. 특히, 디지털 전환의 가속화로 근무공간의 다변화 및 근무시간의 유연화에 따른 새로운 고용형태도 등장하고 있다.

급변하는 4차 산업혁명 시대에 평생직장이 아닌 평생직업의 개념으로 자신을 개척해 나가야 한다. 평생직업인의 자세가 요구되고 있고 이러한 시대적 흐름에 맞추어 직업을 따라 유랑하는 유목민이라는 뜻의 '잡노마드(jobnomard)'라는 단어도 이젠 익숙한 단어로 쓰이고 있다. 현시대에 걸맞게 우리는 자신의 능력을 능동적으로 변화시키고 창조적으로 만들어 가야 한다. 저마다의 방향과 보폭은 다를지라도 우리는 미래 사회의 인재가 되기 위한 발자취를 오늘도 한 발자국씩 디뎌 가야 할 것이다.

본 장에서는 4차 산업혁명의 키워드를 이해하고, 세계의 기술 발전 등 시대적 흐름과 더불어 미래에 유망한 직업이 무엇인지를 살펴보고, 무엇을 준비해야 하며, 또 어떻게 예측해 나가야 하는지를 살펴보고자 한다.

1) 산업혁명의 변천

산업혁명은 우리에게 익숙한 단어인 만큼 그 역사는 오래전에 시작되었다. 18세기 후반 급격한 산업 생산력의 증대로 영국에서 시작된 사회 · 경제 구조의 획기적인 변화가 산업혁명의 첫 시작이 되었다. 이후 19세기 유럽과 북미로 확산되었으며, 영국의 역사학자 토인비(Toynbee)가 『18세기 영국 산업혁명 강의』에서 산업혁명을 언급하면서 이 용어가 널리 사용되었다고 한다.

증기기관과 기계의 결합으로 1차 산업혁명이 본격적으로 시작되었고, 전기에너지와 컨베이어벨트 시스템을 기반으로 2차 산업혁명이 발달하였다. 3차 산업혁명은 컴퓨터의 개발과 정보통신 기술을 바탕으로 한 정보화혁명이었다. 이후 4차 산업혁명은 2016년 「다보스 세계경제포럼(WEF)」에서 제시된 개념이다. 당시의 발표는 세계인들과 관심과 더불어 새로운 세상을 이끌어 갈 주요 산업에 대한 청사진으로 미래 산업에 큰 기대를 가지게 되었다.

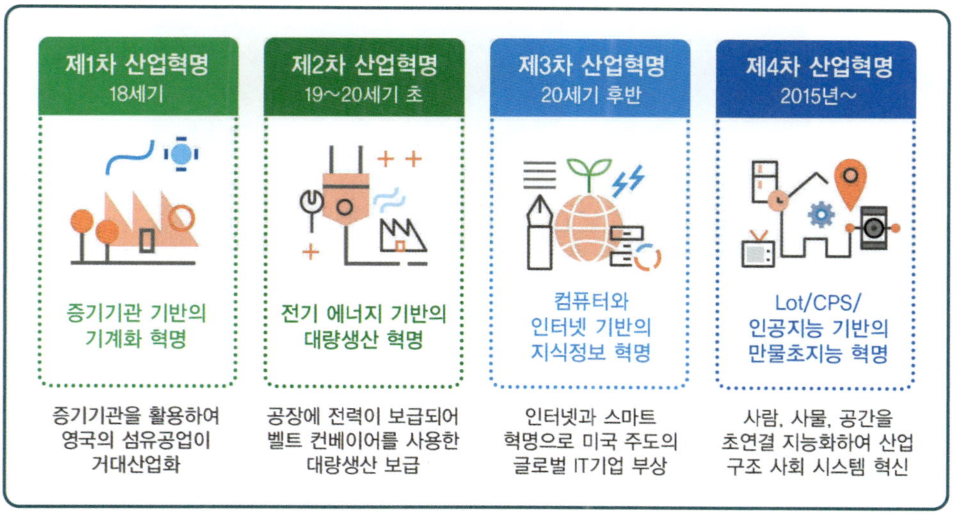

출처: 정보통신기술진흥센터(https://www.iitp.kr).

[그림 4-1] 산업혁명의 변천

2) 4차 산업혁명의 키워드

4차 산업혁명의 핵심은 인공지능, 빅데이터 등 디지털 기술로 촉발되는 초연결 기반의 지능화 혁명을 지칭한다. 4차 산업혁명은 사회, 산업 전반에 혁신적이 변화를 이뤄 냈고, 기술혁신으로 인해 고용구조, 직무, 필요한 인재상 등이 계속 변화하며 산업의 성장도 크게 잘 발전시키고 있다.

4차 산업혁명이 이전과 크게 다른 점이 있다면 변화의 속도와 융합이라 할 수 있다. 과거의 기술이 사람들이 충분히 적응할 수 있을 만큼 변화의 속도가 주어졌다면, 3차 산업혁명 이후로의 기술변화는 사람들이 기술에 미처 적응하기도 전에 새로운 기술이 덮쳐 오는 시대가 되었다. 기술적 동인이 속도와 범위에서 교육 분야는 물론, 국가시스템, 산업, 사회, 삶의 질 등 모든 영역에 혁명적 영향을 미치고 있다. 이에 더하여 인공지능이 다양한 전문성과 결합하면서 예상할 수 없는 형태로 진화될 것이다.

이와 같이 4차 산업혁명은 "'초연결성', '초지능화', '융합화'에 기반하여 모든 것이 상호 연결되고 보다 '지능화된 사회로 변화'"라고 종합해 볼 수 있다. 4차 산업혁명은 인류가 전혀 경험하지 못할 만큼 빠른 속도로 획기적인 기술의 진보와 전 산업 분야의 혁신적인 개편을 끊임없이 불러일으킬 것이다.

〈표 4-1〉 4차 산업혁명의 기반

초연결성	초지능화	융합화
ICT를 기반으로 하는 사물 인터넷(IoT) 및 만물 인터넷(IoE; Internet of Everything)의 진화를 통해 인간-인간, 인간-사물, 사물-사물을 대상으로 한 초연결성이 기하급수적으로 확대	인공지능(AI)과 빅데이터의 결합 · 연계를 통해 기술과 산업 구조의 초지능화가 강화	'초연결성', '초지능화'에 기반하여 기술 간, 산업 간, 사물-인간 간의 경계가 사라지는 '대 융합'의 시대 전망

4차 산업혁명의 기술은 계속 발전되어 오고 있다. 대표적인 핵심 기술로는 사물인터넷(IoT), 로봇 공학, 3D 프린팅, 빅데이터, 인공지능(AI) 등이 새로운 미래의 변화를 이끄는 5대 주요 기술로 꼽힌다.

(1) 사물인터넷

사물인터넷이란 하드웨어, 네트워크, 소프트 웨어 등 ICT 기술을 활용해 사람과 공간을 서로 연결하여 여기서 데이터를 생성 · 공유 · 활용하여 부가가치를 창출하는 것이다. 사물인터넷은 장비와 인프라의 현재 상황을 정확히 파악하고, 고장 등 향후 상태를 예측하여 적절한 대응방안을 처방함으로써 운영 효율성을 높이는 방식이다.

(2) 로봇 공학

로봇 공학은 로봇에 관한 과학이자 기술학으로, 컴퓨터 과학과 공학 등 여러 학문의 접점이자 연구 영역이다. 로봇 공학은 컴퓨터과학, 전자공학, 기계공학 등 관련 학문의 지식을 필요로 하며, 여러 유관 분야에서 다양한 지식의 도움을 받는다. 로봇 공학자들은 로봇 공학의 발전을 위해 의료용 로봇이나 생활 로봇, 탐험 로봇, 구조 로봇 등을 만들고 있다.

(3) 3D 프린팅

3D 프린팅이란 2D 혹은 3D의 이미지를 2차원 평면에 3차원의 형태로 인쇄하는 것을 의미한다. 현재 플라스틱 소재에 국한되었던 초기 단계에서 발전하여 나일론,

금속 등과 같은 소재로 범위가 확장되었다. 산업용 시제품뿐만 아니라 여러 방면에서 상용화단계로 발전하게 되었다. 의료계에서는 인공관절이나 인공장기를 만드는 등 환자에게 꼭 맞게 만들어야 하는 분야에서도 3D프린터를 활용하고 있다.

(4) 빅데이터

빅데이터는 오늘날 정보통신 분야에서 관심을 집중시키고 있는 분야이다. 빅데이터는 기존 데이터보다 규모가 매우 방대하여 기존의 방법이나 도구로는 저장 · 수집 · 분석 등이 어려운 정형 및 비정형 데이터들을 의미한다. 다양한 종류의 대규모 데이터는 현대 사회의 변화 방향에 대해 예측하여 효율적으로 대응할 수 있도록 하고 있다. 또한 개인에게도 맞춤형 정보를 제공하고 있다.

(5) 인공지능

인공지능은 4차 산업혁명을 대표하는 핵심기술이다. 정보기술의 발달과 고도화로 많은 산업분야에서 인공지능과 결합하는 시도가 활발하게 이루어지고 있다. 인공지능은 기계학습을 통하여 이미지와 소리를 인식하는 방식으로 다양한 분야에 적용되고 있다. 금융거래, 의료기술, 자율주행 자동차에 인공지능 기술이 융합되고 있다. 예를 들어, 구글은 이미 AI 음성비서 '구글어시턴트(Google Assistant)' 서비스를 제공하고 있으며, 인공지능 '시리(Shri)는 애플 휴대폰에서 서비스가 되고 있다.

〈표 4-2〉 4차 산업혁명의 핵심기술

4차 산업혁명의 핵심기술	내용
사물 인터넷 (IoT; Internet of Things)	사물에 센서를 부착, 네트워크 등을 통한 실시간 데이터 통신 기술 (IoT + 인공지능(AI) + 빅데이터 + 로봇 공학 = 스마트 공장)
로봇 공학 (Robotics)	로봇 공학에 생물학적 구조를 적용, 적응성 및 유연성을 향상시키는 기술 (로봇 공학 + 생명과학 = 병원 자동화 로봇)
3D 프린팅 (Additive manufacturing)	3D 설계도나 모델링 데이터를 바탕으로, 원료를 쌓아 물체를 만드는 제조 기술 (3D 프린팅 + 바이오 기술 = 인공 장기)
빅데이터 (Big Data)	대량의 데이터로부터 가치를 추출하고 결과를 분석하는 기술 (빅데이터 + 인공지능 + 의학 정보 = 개인 맞춤 의료)
인공지능 (AI)	사고 · 학습 등 인간의 지능 활동을 모방한 컴퓨터 기술 (인공지능 + 사물 인터넷 + 자동차 = 무인 자율 주행 자동차)

출처: 한국산업인력공단(2021). 진로교육4차 산업혁명 시대 미래 직업 체험.

2. 키워드로 보는 직업 세계의 변화

4차 산업혁명으로 미래 사회는 인간과 기계역할이 융합되어 직업세계에도 큰 변화를 줄 것이다. 더불어 핵가족화 혹은 1인 가구의 증가로 인간 사이의 감정 교류의 기회가 줄어들면서 사람을 이해하고 상호 교감을 나눌 수 있는 기술에 대한 관심과 수요도가 증가하고 있다. 2015년 MIT가 개발한 소셜 로봇 '테가'와 일본 소프트뱅크가 개발한 세계 최초 감정 인식 로봇 '페퍼'가 대표적인 예이다. 이와 같이 인간의 신체 기능과 지능을 강화하고 감정을 이해하는 로봇 기술의 발전으로 기계가 인간의 일자리를 상당 부분 대체하고 있다.

빠르고 정확하면서 쉬지 않고 일하는 기계와 우리는 어떻게 협력해야 할까? 이에 차별화되는 인간만의 고유 영역에 대한 논의가 중요해지고 있다. 즉, 먼저 인간과 인간 간의 소통 능력을 직접적으로 키워 가야 한다. 인간은 사회적 동물로써 죽을 때까지 타인과 소통과 협력을 이뤄 가며 살아가는 존재이다. 배움의 시절인 초, 중고, 대학교생활이 끝나고, 사회생활을 시작하게 되면 각자가 선택한 사회적 역할을 맡게 된다. 대학생활은 본격적인 사회생활을 시작하기 전의 준비기간이라고 볼 수 있다. 이 기간을 통해 자신을 깊이 있게 이해하고, 외부 세계에 대한 정보를 꾸준히 습득해 나가야 할 것이다.

또한, 직업을 갖게 되면 대부분의 사람들은 하루 일과 중 대부분의 시간을 직업적 활동을 위해 사용하기에 우리 삶에서 직업은 큰 비중을 차지한다. 그러기에 자신의 삶에서 경제적 측면 외에서도 일로써 행복감과 만족감을 누릴 수 있는 직업을 선택하도록 준비하고 노력해야 할 것이다. 자기 이해와 더불어 직업 세계를 충분히 이해하고 선택했을 때 보다 안정적이고 즐거운 직업생활을 유지할 수 있음을 기억하자.

1) 4차 산업시대의 직업 환경의 변화

과거 농경생활과 산업혁명을 거치면서 기술 진보로 인해 사라지게 된 직업들과 더불어 이전에 없던 새로운 직업들이 계속 만들어지는 직업세계의 변화를 이어오고 있다. 예를 들어, 컴퓨터 항법장치가 도입되면서 비행기에 조종사들과 함께 탑승해야 했던 항법사가 사라졌고, 컴퓨터의 활용 확대로 타자수, 타자기 제조원, 활판 인쇄원이 사라졌다. 반면에 웹 디자이너, 소프트웨어 프로그래머, 게임 프로그래머, 인터넷데이터 센터 서버 관리원 등 많은 컴퓨터와 인터넷 관련 직업이 생겼다.

이러한 4차 산업혁명의 기술의 진보와 더불어 2000년대 이후 경제성장에도 불구하고 일자리가 늘어나지 않는 '고용 없는 성장'을 거쳐 이제는 '저성장 저고용 구조'가 고착되어 이어지고 있다. 따라서 지금의 지능정보화사회에서는 기존의 노동이나 자본 중심의 생산요소가 덜 중요해지고, 다양한 제품과 서비스의 융합으로 이어지는 산업이 발전되고 있다.

결국은 지능화된 기계를 통해 자동화되어 우리의 노동영역이 축소되는 등 산업구조의 변화가 경제, 사회 전반에 혁신의 바람이 불어오고 있다. 사람이 조작하던 기계를 인공지능이 직접 운영하고, 인체에 컴퓨팅 기술을 적용하여 인간의 능력을 획기적으로 향상시키는 방식이 확대될 것이다. 기계화 및 자동화는 기존 직업의 고부가가치화를 만들고 인간에게 새로운 역할을 부여하는 형식으로 발전해 갈 수 있다. 예를 들면, 『LA타임스』는 지진 보도 알고리즘인 퀘이크봇(Quakebot)을 통해 지역 내 지진 관련 보도기사를 자동적으로 작성하고 있다. 이러한 로봇 저널리즘의 발전에 따라 향후에는 속보성 기사는 점차 로봇이 수행하게 되고, 기자는 창의력과 기획력이 필요한 탐사보도 등에서 가치 판단과 심층 취재를 통해 기사의 시사점 및 함의 향상에 집중할 것이라는 전망이 높다.

2) 미래 직업 세계의 변화

신생기술과 관련한 새로운 직군과 산업분야에서 일자리가 등장하고 고숙련 노동자에 대한 수요가 증가할 것이라는 예상도 있다. 작게는 사람들이 가진 소질과 관심의 결합에서부터 크게는 기술 또는 지식 간, 과학기술과 타 영역 간 연결하는 융합 현상은 직업 세계 전반에서도 일어날 것으로 예상된다. 또한 사람들의 소질이나 관심의 연결은 종종 새로운 직업을 등장시키고, 새로운 직업을 스스로 만드는 창직(job creation)의 요인이 되기도 한다. 이와 같이 대표적으로 예상되는 고용환경의 변화는 일자리의 양, 일자리의 질, 고용형태의 변화로 세 가지를 들 수 있다(미래창조과학부, 2017).

(1) 신산업분야와 자동화 업무 확대

일자리는 끊임없이 새롭게 만들어지고 있다. 양적인 측면에서는 자동화 업무가 확대되고 신산업분야 일자리의 발생이 높을 것으로 예측이 된다. 이는 비단 단순 반복적인 업무만을 의미하는 것이 아니다. 단순한 지적노동이나 중급사무업무, 정밀한 육체노동까지 자동화되어 고용구조의 양극화에 대한 우려도 깊다. 그럼에도 IT 관련 지능정보기술 분야 산업 인력수요는 증가하고, 과거 산업혁명 시기와 마찬가지로 기술 혁신에 따른 새로운 직업창출에 대한 낙관적 예측도 있다.

(2) 창의적 직무중심의 인재 필요

고부가가치를 만들어 내는 일자리의 역할이 점점 더 비중이 높아지고 있다. 일자리의 질적인 면에서는 기계나 인공지능이 대체할 수 없는 창의 직무중심으로의 업무에 대한 재편성에 대한 예측이 높다. 이에 따라 근로자의 역할은 자동화로 대체되기 어려운 창의적, 감성적 업무분야로 많이 집중되고 있다. 이러한 분야의 인력에 대한 가치가 상승하고, 기계로 대체되기 쉬운 정형적인 지적노동 및 육체노동은 인간과 기계 간 일자리 경쟁의 발생을 만들게 된다. 이로 인해 업무의 질과 대우가 낮아질 가능성도 있다.

(3) 탄력적 고용형태

전통적인 평생직장 개념의 약화로 유연한 고용 확대에 대한 예측이 높다. 즉, 탄력적으로 고용형태가 변화되고 있다. 예를 들어, 기업의 기능이 물류, 제조, 마케팅 등의 플랫폼을 통해 산업 간 경계가 없이 활용됨에 따라 고용형태도 해당 업무에 대한 기능 전문성 중심으로 단기고용 형태가 증가하고 있다. 이런 가운데 숙련 사무직의 경우에도 거래 계약 또는 프로젝트 기반으로 지식 노동을 제공하는 형태가 증가할 것이다. 이상과 같은 고용환경의 변화에 따라 '공유경제', 온라인과 오프라인이 결합되는 'O2O서비스' 등 플랫폼 기반의 서비스가 발전되면서 플랫폼을 기반으로 하는 1인 자영업자 같은 '플랫폼 종사자' 등 비전형적 고용이 지속적으로 확대될 것이다.

3. 미래 인재상과 핵심 역량

사회가 발전해 갈수록 구성원들의 삶의 질 향상에 대한 수요는 높아지고 시장 역시 공급자 중심에서 수요자 중심으로 중심추가 옮겨지게 된다. 관련 제품과 서비스를 개발하고 소비자에게 전달하는 과정이 보다 전문화되고 세분화되면서, 자연스럽게 직업들 또한 세분화될 것이다.

과학기술로 탄생할 새로운 직업은 현재 우리가 상상하지 못하는 영역에서 창출될 가능성이 높다. 불과 10년 전에는 없었으나 지금 각광받는 직업을 살펴보면, 대부분 기술 진보로 인해 새로운 영역을 구축한 경우에 속한다. 예를 들어, 드론 조종사는 드론 기술이 상용화됨에 따라 현실의 직업으로 부상한 것이다. 또한, 웰빙 열풍과 더불어 주 5일 근무제의 확산, 건강한 삶에 대한 관심증가, 고품질 서비스에 대한 수요증가로 관광 및 의료 서비스분야의 직업들이 각광받고 있으며, 항공우주공학, 생명공학 등의 관련 직업도 유망할 것으로 보인다.

1) 미래 일자리의 인재상

그렇다면, 미래의 일자리 환경에서 기업이 원하는 인재상은 어떤 역량이 필요할까? 한두 가지 역량으로 압축하여 정리하기는 어렵겠지만, 공통적으로 요구되는 핵심역량은 생각해 볼 수 있을 것이다. 기업들은 빨라지는 직업변화주기와 급격한 경쟁 환경 등으로 곧바로 현장에 투입하여 소통과 협력을 이뤄 자신의 역할을 수행하길 원하고 있다. 또한, 앞으로 단순 반복 작업은 인공지능, 로봇으로 대체됨에 따라 비판적 사고를 바탕으로 창의적 문제발견과 분야별 지식의 융합 활동으로 다양한 문제를 해결해 가는 능력을 보여 주기를 원한다.

미래에는 반복적이고 정형화된 문제를 해결하는 일들은 서서히 기계로 대체되고, 인간은 창의력이나 고도의 전문성을 발휘하는 고부가가치 업무에 집중하게 될 것이다. 미래 직업세계는 창의와 융합의 개념이 중심이 되어 지금까지 없었던 새로운 것을 창조할 수 있는 인재를 필요로 하고 있다. 그러기에 4차 산업혁명시대에 요구하는 인재상은 '현장에 대한 실무역량'과 '창의융합역량'을 모두 갖춘 사람이라고 말할 수 있을 것이다.

2) 4차 산업시대 일자리의 필요역량

대학생활을 통해 생각하는 힘과 문제해결력을 기를 수 있어야 한다. 협업과 소통을 통해 타인과 사회적 연대감을 만들어 내며 일을 해 나갈 수 있어야 한다. 또한, 기계언어를 배우는 시간도 꾸준히 투자해야 할 것이다. 코딩교육과 디지털 교육은 이제 누구나 선택이 아닌 필수의 시대가 된 것이다. 여기서는 4차 산업혁명시대의 필요역량으로 '문제 해결 역량', '대안 도출 역량', '협력적 소통 역량'을 중심으로 살펴보자.

(1) 문제 해결 역량

갈수록 보이는 문제가 아닌 보이지 않은 문제를 인식하는 것이 중요해지고 있다. 문제해결 역량은 미래의 보이지 않는 문제를 인식하고, 획일적인 시선에서 벗어나야 가능해진다. 인간 고유의 인문학적 · 감성적 · 비판적인 상황 해석을 더해 기계와 차별화된 관점으로 문제를 인식할 수 있는 능력을 가져야 한다. 즉, 유연하고 감성적인 인지력과 능동적 자료 탐색 및 학습 능력, 비판적 상황 해석력이 필요하다.

(2) 대안 도출 역량

정보가 넘치고 있는 사회에서 이제 정보를 얻는 일은 어렵지 않게 되었다. 정보와 정보 간의 연결을 통해 대안을 만들어 내는 것이 필요하다. 인간 개개인이 갖는 다양성을 조합하여 기계와 차별화된 대안을 탐색하고 도출할 수 있는 능력으로 구조화 · 설계된 휴먼 모니터링 능력, 타인과의 협력 능력, 협력적 의사결정 능력들이 포함된다.

(3) 협력적 소통 역량

각 팀원들과의 협력적 소통의 중요성이 강조된 것은 오래전이다. 이제는 인간과 인간의 협력뿐만 아니라, 기계를 이해하고 협력하는 방안을 찾아냄으로써 '기계를 이용하는 인간'이 되는 능력이 더 추가적으로 필요해졌다. 이에 디지털 문해력, 정교한 첨단기술 조작 능력, 휴먼-컴퓨터 조합력을 향상시켜야 한다.

〈표 4-3〉 4차 산업혁명시대에 필요역량

구분				
문제 인식 역량	소셜 미디어	감성 서비스 개발자	관리 시스템 개발자	정보 활용 컨설턴트
	더 나은 세상을 위해 환경 문제 및 사회 범죄 예방 등 복잡한 사회 문제 해결 방안 제시	감성이 사람의 마음에 미치는 영향을 인지하여 다양한 감성 서비스 개발	인간의 역할을 대체하는 기술적 시스템의 개발 및 활용	문제에 따른 정보를 조합하여 문제 해결을 위한 맞춤형 정보 제공
대안 도출 역량	소셜 컨시어지	미래 예측 연구자	업무 환경 설계 전문가	빅데이터 사이언티스트
	SNS, 디지털 기술 등을 활용하여 고객 요구에 맞춰 문제를 일괄적으로 해결	외부와의 협력을 통해 미래 연구를 종합하고 관련 미래지수 산출	복잡한 기술 변화에 대응해 민첩하게 업무를 수행할 수 있도록 업무 환경 설계	수많은 정보를 자신만의 논리 구조로 편집하고 종합하여 최적의 해답을 도출
협력적 소통 역량	클라우드 기반 정보 서비스 제공 사업자	공연 설계사	윤리적 가치 기반 프로그래머	무인 이동체 개발 및 운영자
	업무 현장에서 발생하는 대량의 정보를 체계적으로 전달	인간의 퍼포먼스에 신기술을 결합하여 공연의 완성도와 부가가치를 높임	기계가 제공하는 다양한 분석 정보를 활용하고 인간적 기준에 부합한 의사 결정	기계로부터 얻을 수 있는 정보와 사람의 의견을 체계적으로 연결

출처: 한국산업인력공단(2021). 진로교육4차 산업혁명 시대 미래 직업 체험.

Worksheet ▸ 4차 산업혁명시대에 필요한 인재상 알아보기

1. 자신이 관심 있는(희망하는) 기업들의 인재상을 조사하여 작성해 보세요.

1) 관심기업명:
인재상:

2) 관심기업명:
인재상:

3) 관심기업명:
인재상:

2. 4차 산업혁명시대가 요구하는 인재상에서 가장 중요하다고 생각하는 것이 무엇이지를 작성하고, 앞으로 어떤 노력이 필요할지를 구체적으로 작성해 봅니다.

중요한 인재상	본인의 노력
1) 2) 3)	

Chapter 05

나에게 맞는 직업정보 탐색하기

학습목표

1. 기업정보의 중요성과 기업규모 분류에 대해 이해할 수 있다.
2. 기업정보와 기업분석방법을 활용할 수 있다.
3. 직무정보와 채용정보를 찾을 수 있는 방법을 알 수 있다.

05

의사결정은 판단이다. 그것은 몇 가지 대안 가운데 하나를 선택하는 것이다. 의사결정이 올바른 것과 틀린 것 중 고르는 경우는 거의 없다. 그것은 종종 어느 쪽도 다른 쪽보다 더 낫다고 말할 수 없는 두 가지 실천방향 중의 선택일 것이다.

-피터드러커-

1. 기업정보 탐색

세상은 더욱 빠르게 변화하고, 사회가 복잡해지는 다변화 속에서 평생직장의 개념은 점점 약해지고 있다. 그럼에도 대학을 졸업 후, 사회에 첫발을 어떤 회사에서 시작하는가는 중요하다. 무조건 안정성과 급여가 높고, 복리후생이 좋은 회사만을 고집할 필요는 없는 시대이지만, 그럼에도 능력이 가능한 범위 내에서 자신의 역량을 다 발휘해서 원하는 최적 조건의 취업환경을 선택하려고 노력해야 한다.

대학생들은 선호하는 취업처로 여전히 대기업과 공기관을 우선으로 고려하고 있다. 그러나 앞서 살펴본 4차 산업혁명시대의 특징답게 벤처기업들이 유니콘 기업으로 성장하고 세계적인 기업으로 급속히 편입되고 있는 추세이다. 우리나라도 카카오, 쿠팡, 배달의 민족 등이 스타트업에서 유니콘 기업을 거쳐 대기업 군으로 급성장하고 있음을 고려하면, 중소기업이나 중견기업에 입사하여 도전정신으로 회사와 함께 성장하는 것도 의미 있는 일이 될 것이다.

그래서 대기업, 중견기업, 중소기업, 공기업 등의 진로 중에 자신이 어떤 기업을 목표로 설정해야 할지를 잘 고려해야 한다. 목표가 생긴다면 그만큼의 능력을 갖기 위해 노력을 해야 하기 때문에, 결과도 중요하지만 결과를 떠나서도 과정에서 그만큼의 성장도 가능할 것이다. 이와 같이 자신이 꾸준히 노력해서 얻은 결과로 어떤 직장에 정착하는가에 따라 직업의 안정성, 성장성, 연봉, 복리후생이 다르게 되므로, 오롯이 자신의 노력이 반드시 필요한 부분이다.

따라서 우리는 기업에 대한 정보를 얻고, 다양한 업종과 규모가 다른 기업들 중에서 가고 싶은 기업들의 산업을 더 깊이 있게 파악해야 한다. 특히 대학생활에서의 시간이 향후 몇 십 년의 방향을 시작하게 하는 만큼 이때의 시간을 적극적이고 효율적으로 활용하는 것도 인지해야 할 것이다.

- 유니콘 기업(Unicorn): 기업의 가치가 10억 달러(1조 원) 이상이고, 창업한 지 10년 이하인 비상장 스타트업 기업을 말한다. 국내외에서 큰 주목을 받으며 국가의 경제성장을 이끌어 가고 있다. 유니콘은 뿔이 달린 말처럼 생긴 전설상의 동물을 말한다. 스타트업 기업이 상장하기도 전에 기업 가치가 1조 원 이상이 되는 것은 마치 유니콘처럼 상상 속에서나 존재할 수 있다는 의미로 사용되었다.

  – 2013년 벤처 투자자인 에일린 리(Aileen Lee)가 처음 사용했음.
  – 유니콘 기업에는 미국의 우버, 핀터레스트, 에버노트, 중국의 샤오미, 한국의 야놀자, 위메프, 무신사, 쏘카 등이 있다.

1) 기업의 분류

기업이란 영리를 목적으로 재화나 용역을 생산하고 판매하는 조직체로, 권리와 의무가 개인에게 귀속된 개인기업과 기업의 소유자와 독립된 법인격을 갖춘 법인 기업으로 나눈다. 우리나라는 기업을 구분할 때, 기업의 자산을 기준으로 기업의 규모에 따라 대기업, 중견기업, 중소기업으로 구분하고 그 외 공기업과 외국계 기업을 들 수 있다.

(1) 대기업

공정거래위원회는 매년 자산총액이 10조 원 이상인 '상호출자제한 기업집단'과 자산총액이 5조 원 이상인 '공시대상 기업집단'을 지정하여 대기업 집단을 대기업이라고 정의한다. 즉, 자본금이나 종업원 수의 규모가 큰 기업으로, 보통 대규모의 생산 자본과 영업 조직을 갖추고 있다. 또한, 경제력뿐만 아니라 정치, 사회, 문화적으로도 큰 영향력을 행사하는 대규모 기업을 일컫는다. 대기업 취업을 준비하는 학생의 경우 취업대상 기업의 기업분석, 직무분석을 철저히 하고 기업이 원하는 역량을 확인하고 계발하면 좋은 결과로 연결될 것이다.

- 「중소기업기본법」에 포함되지 않는 기업
- 「중견기업 성장촉진 및 경쟁력 강화에 관한 특별법 시행령」에 의거한 중견기업에 포함되지 않는 기업
- 자산 10조 원 이상으로 공정거래위원회에서 지정한 상호출자제한 기업집단
- 금융 및 보험, 보험 서비스를 하며 「중소기업기본법」에 소속되지 않는 기업

→ 상호출자란 서로 독립된 법인끼리 자본을 교환형식으로 출자하는 것을 말한다. 상호출자는 대기업그룹 계열사 간 결속력을 강화하거나 자기자본을 부풀려 은행융자나 회사채 발행한도 확대 등 유리한 여건을 조성하기 위해 이뤄진다. 「상법」에서는 상호출자를 통한 회사 자산의 가공적 증대를 막기 위해 모자관계 회사 간(출자지분 50% 이상)에 상호주식 보유를 금지하고 있다. (한경 경제용어사전)

(2) 중견기업

2014년 「중견기업법」이 제정되었고, 중소기업의 기준은 초과하고 대기업은 아닌 위치의 기업을 중견기업이라고 한다. 중견기업은 규모, 상한, 독립성을 기준으로 구분하며 이 중 하나라도 기준을 초과할 경우 중소기업이 아닌 중견기업으로 분류한다. 자산 규모가 5,000억 원 이상 10조 원 미만의 경우, 업종별 규모는 매출이 400억~1,500억 원 이상도 중견기업에 해당된다. 다만, 금융 관련 서비스업 또는 보험 관련 서비스업은 중견기업에서 제외된다.

(3) 중소기업

중소기업 육성시책의 대상이 되는 기업으로 소유와 경영의 독립성을 확보하다. 상대적으로 작은 기업으로 나라마다 경제 상황이나 여건 등에 따라 그 범위에는 차이가 있다. 구직자 입장에서는 경쟁력을 갖춘 '강소기업'(작지만 튼튼한 기업)에 관심을 두고 정보를 얻는 것도 필요하다. 강소기업은 일반적으로 규모는 작지만 복리후생이 좋고, 시장과 산업 내에서 특별한 기술 경쟁력 등을 가진 회사인 경우가 많다. 강소기업이라는 용어는 연구의 대상과 환경에 따라 히든 챔피언, 고성장 기업 등 다양한 형태로 사용되고 있다.

(4) 스타트업

기존제품이나 서비스 상품과 다르게 독창적인 상품을 개발하기 위해 만들어진 기업을 말한다. 기존에 정해진 사업방식을 따르지 않고 신속한 업무처리 시스템이 스타트업의 특징이다. 미래에 대한 불확실성과 성장성, 문제해결 등이 공존하는 사업이고, 갈수록 고객의 편의를 추구하는 사람들을 위한 혁신 기업이라고 볼 수 있다.

(5) 공기업

국가 또는 지방공공단체의 자본에 의해서 생산 · 유통 또는 서비스를 공급할 목적으로 운영되는 기업을 말한다. 사기업과 대조적인 기업형태로 영리를 목적으로 하지 않으며, 필요한 비용은 그 사업의 수입에서 충당하며 사용한다. 대표적으로 한국전력공사, 한국토지주택공사, 각 항공공사 등이 있다. 공기업으로 진출을 희망한다면, 약 350개사의 공기업이 업무특성 및 직원규모가 상이하므로 자신의 전공과 공기업의 업무특성 등을 분석한 후 지원해야 한다. 관련 정보는 공공기관 경영정보 공개시스템(알리오)에 접속하여 공기업 현황을 파악하면 된다.

(6) 외국계기업

외국인의 개인 또는 외국법인이 투자한 회사로서 본사를 외국에 두고 한국에 지사가 진출해 있거나 합작형태로 국내에 진출해 있는 기업조직을 말한다. 국내기업과 합작하여 설립한 '합작회사'와 100% 외국 자본으로 이루어져 설립된 기업은 '현지법인' 등으로 나눠진다. 조직문화는 일반적으로 개인 중심, 성과 중심의 분위기로 능력을 발휘할 기회가 많고, 의사결정에 있어서도 합리적인 결정을 많이 한다.

2) 기업정보의 개념 이해

기업정보란 기업과 관련된 정보로 회사연혁과 역사, 경영이념과 경영목표 등을 파악하는 것을 의미한다. 취업을 준비함에 있어서 기업정보는 특히 입사서류와 면접을 준비할 때 반드시 준비해야 할 중요한 정보이기도 하다. 구직자는 목표로 하는 기업에 대한 충분한 자료조사를 통하여 자신이 원하는 비전과 일치하는지 확인할 수 있다. 또한 충실하게 준비된 만큼 입사서류에 자신의 지원동기를 명확하게 기술할 수 있다.

기업의 인사담당자 입장에서도 지원자가 기업에 대한 충분한 이해를 어필한다면 그만큼의 준비성과 성실성, 열정의 각오를 볼 수 있기에 지원자에게 더 열린 기회를 주게 된다. 기업정보에 대한 이해가 깊을수록 다른 지원자들보다 합격의 가능성을 더 높일 수 있고, 취업성공에 가까이 할 수 있는 중요한 요건이 된다고 볼 수 있다. 그러므로 기업에서 원하는 인재상과 조직분위기를 꼼꼼히 살펴 기업에 충성심을 가지고 철저하게 대비해야 할 것이다.

다만, 다양한 정보원을 통해 기업에 대한 정보를 획득해야 하고, 기업정보는 계속 변화하기 때문에 관심기업에 대해서는 지속적으로 정보를 업데이트해야 하는 점을 주의해야 한다. 채용공고를 통해 연봉이나 기본적인 근무환경, 해당 직무에 대해 간략히는 알 수 있으나, 기업의 세부 사항에 대해 정확히 알기는 어렵다. 그래서 지원자들은 자신이 지원하려고 하는 회사가 어떤 회사인지도 정확히 모른 채 지원하는 경우도 종종 있다. 그래서 우리는 기업에 대한 다양한 정보를 여러 안테나를 통해 알아보고 지원해야 한다.

정리하자면, 기업정보를 잘 알아야 하는 이유는 먼저 자신이 목표로 하는 산업과 직종에 대한 이해를 위해서이다. 목표한 기업들에 대한 입사서류를 작성하면 자신의 직무역량과 면접 준비에 큰 도움이 되어 취업시장에서 자신을 크게 어필할 수 있기 때문이다. 그리고 지원할 기업이 무엇을 하고 어떤 비전을 갖고 있는지와 나와 맞는 기업인지를 사전에 검토하는 것은, 어렵게 넘긴 입사의 문턱을 소중하게 커리어로 연결시킬 수 있기 위함이다.

그러므로 기업정보와 분석을 위해 시간을 투자하는 것이 중요하다. 기업분석은 관심 기업의 정보를 습득하고 취업에 필요한 자기소개서 작성, 특히 나만의 차별화된 지원동기 및 입사 후 포부 관련 답변을 준비하는 데 반드시 필요한 작업이다. 그러면 기업에 대한 정보는 어디까지 알아봐야 할까?

3) 기업정보 탐색 방법

관심 있는 기업의 정보를 탐색하려면 알아봐야 할 정보가 많다. 기업정보에서는 기업의 기초정보 수집과 기업 이슈분석이 있다. 기업의 기초정보라 함은 비전, 경영

이념 및 시스템, 기업의 인재상, 사업 분야 등이 될 것이다. 기업 이슈분석은 해당기업에 대한 시장 환경, 산업의 최신 트렌드, 채용 정보 등이기에 이 두 가지 관점으로 살펴보아야 한다.

먼저 기업의 기초정보를 얻기 위해서는 첫 번째로 해당기업의 홈페이지를 들어가 보는 방법이 있다. 기업 홈페이지에는 우리가 알고자 하는 기본적인 기업의 모든 정보가 있다. 기업의 대표, 기업의 주요한 비전과 가치, 경영이념, 인재상, 현재 진행하고 있는 주요 사업이 무엇인지 기업의 정보를 모두 찾을 수 있다. 여기에 더불어 몇몇 기업의 경우 사내 사보를 제작해 기업의 최신 정보를 고객 혹은 사내 직원들을 위해 게시하고 있는 곳도 있으므로 이 부분도 잘 살펴보도록 하자.

두 번째로는 포털사이트를 활용하거나 기업 정보를 제공하는 다양한 사이트를 활용하는 방법이 있다. 검색 사이트를 이용해 희망 기업을 검색하여 해당 기업의 증권 정보 및 최신 뉴스를 검색해 보도록 하자. 이를 통해 현재 기업이 미래에 주력하고자 하는 사업이 무엇인지, 산업의 주요 트렌드가 무엇인지 등에 대한 여러 정보를 얻을 수 있다. 특히 새롭게 확장하려는 진출 분야나 현재 주력하고 있는 사업 분야 등을 미리 파악하여 서류작성과 면접 준비에 유용한 도움을 얻을 수 있을 것이다.

- 해당 기업의 홈페이지
- 채용사이트
- 금융감독원 다트
- 네이버 금융
- 삼성경제연구소
- 산업연구원
- 뉴스 및 신문기사 검색

〈표 5-1〉 기업분석을 위해 알아야 할 인터넷 사이트 모음

사이트 명	주요 내용
금융감독원 전자공시시스템	상장기업 정기보고서(사업, 분기, 반기보고서) 산업현황 및 회사 소개 사업내용 및 매출현황 등 정보 제공 투자설명서, 사업의 내용 및 위험 요소
삼성경제연구소	연구보고서 - 각 산업 분야의 특성 및 이슈
산업연구원	산업별 정보 - 각 산업 영역별 분석을 통한 산업의 이해 및 동향 파악 연구보고서 - 각 산업 분야의 특성 및 이슈
네이버 금융	기업분석 - 재무문석, 업종분석(경쟁사) 등 뉴스, 공시 - 기업의 주요 이슈

2. 직무정보 탐색

한 사람이 알고 있는 직업은 몇 가지나 될까? 자신이 알고 있는 직업을 적어 보면 생각보다 많은 직업을 알지 못한다는 것을 알 수 있을 것이다. 한국직업사전에는 만 개가 넘는 직업이 등재되어 있지만, 졸업을 앞 둔 학생들이 수많은 직업 중에 단 하나의 직업을 선택한다는 것은 선뜻 결정하기 쉬운 일이 아닐 것이다. 더욱이 정보를 접하면 접할수록 선택에 대한 불안과 혼란은 더해지게 된다.

그러므로, 직업을 선택하는 데 있어 자신에 대한 명확한 인식이 선행되어야 보다 확실한 의사결정을 할 수 있게 된다. 오늘날의 많은 청년층들이 불안정한 채용환경 시장 속에서 직업안정성, 직업지위, 수입 등을 기준으로 직업을 평가하고 있다. 하지만 자신의 특성을 잘 알고, 자신에게 적합한 직업을 선택하고, 그 직업 안에서 역량을 습득하고 발휘하며 성장하는 것이 향후의 지속적 성장을 가능하게 하고 삶과 직업의 만족도를 높일 수 있다.

21세기 직업의 다양성을 이해하기 위해서는 직업의 변화과정을 이해할 필요가 있다. 직업의 변화과정은 역사와 시대의 흐름에 따라 생성, 통합, 융합, 쇠퇴, 소멸

을 반복하면서 변화해 간다. 이러한 진로개발 과정에서 수많은 선택에 영향을 미치는 요인은 다양하지만 첫 번째의 중요 요인은 사회 및 인구통계학적, 기술, 직업 및 산업 등의 동향이 너무나 빨리 변화하는 것이다. 특히 컴퓨터와 통신 분야의 응용기술 발달수준은 상상을 초월하고 지식 콘텐츠의 이동도 빠르게 나타나고 있다. 국제화가 가속화되면서 국경의 개념이 무너지고 문화적 정통성도 희석되고 있다. 또한 글로벌 자본이 이동하면서 국내의 자본시장에도 많은 변화를 일으키고 있다. 이처럼 급변하는 환경으로 인해 직업을 선택하는 데 국가, 지역사회, 내가 사는 거주지 안에서 일어나는 변화요인까지 감안하고 대응해야 하는 것이다.

1) 직무의 개념

직무(職務)는 과업 및 작업의 종류와 수준이 비슷한 업무들의 집합으로써 특히 직책이나 직업상 책임을 갖고 담당하여 맡은 일을 의미한다. 즉, 어느 정도 비슷한 업무내용을 가진 직위들을 하나의 관리 단위로 설정한 것이 직무이다. 이와 같이 여러 업무의 맡은 일을 하나의 직무로 편성하는 일은 인사 관리상 중요한 작업의 하나이다.

직무는 조직이나 기업의 업무별 기능을 그룹화하여 나눈 것이라고 할 수 있으며, 어느 조직이나 기업마다 있는 공통의 직무도 존재하지만, 해당 조직에만 존재하는 특별한 직무도 존재한다. 예를 들어, 회계, 인사, 총무 등의 직무는 어느 조직에나 존재하지만, 학생처 업무, 교학업무는 학교에만 존재하는 특별한 직무라고 볼 수 있다.

이처럼 직무는 직장 내에서 개인이 맡은 구체적인 업무를 뜻하며, 리상섭 등(2014)은 이러한 직무가 직업을 준비할 때 취업목표를 뜻하는 기준이 된다고 말한다. 이를 테면 정해진 시기 내에 달성해야 하는 단기 경력목표로써의 목표인 취업목표 설정은 구체적인 업종과 기업, 해당 기업 내에서 수행하게 되는 업무의 선택, 말하자면 직무에 대한 목표를 설정하는 것이다.

2) 직무정보의 탐색 방법

최근 채용시장에서 가장 눈에 띄는 단어는 '직무 역량'일 것이다. 이는 모든 것을 잘하는 인재가 아닌 지원 직무에 딱 맞는 역량을 갖춘 인재를 채용하겠다는 기업의 의지를 표현한 단어이다. 자신이 희망하는 직무에 대해 정확히 알지 못한다면 당연히 해당 직무 역량도 제대로 알기 어렵다. 지원 직무에 대한 분석이 중요한 이유이다.

(1) 온라인으로 직무 실체 파악

가장 간단하면서도 쉽게 정보를 얻을 수 있는 방법은 포털 사이트를 활용하는 것이다. 희망하는 직무를 검색해 보거나 직무 정보를 제공하는 여러 사이트를 보면 좋다. 흔히 가장 많이 사용하는 사이트는 고용노동부에서 제작한 '워크넷' 사이트이다. 다양한 직업정보를 제공하고 있으며 전망이나 근무 환경 등을 알 수 있어서 유용한 사이트이다.

다음은 NCS 사이트을 통해 알아볼 수 있다. 직무 관련 내용을 알 수 있을 뿐 아니라 공공기관 또는 공기업에서 제시하는 직무 기술서를 통해 기업에서 알려 주고자 하는 직무에 대한 내용을 확인할 수 있어서 도움을 많이 받을 수 있다. NCS 홈페이지에서는 직무분류를 통해 보다 세세하게 직무 분석을 할 수 있다.

익숙한 온라인 정보를 활용할 때 주의할 점도 있다. 직업을 탐색하고 조사하는 과정에서 사람들이 간과하고 지나치는 것 중 하나는, 진로나 노동시장에 대한 정보가 얼마나 현실성이 있으며 신뢰성을 갖고 있느냐는 것이다. 정보의 홍수 속에서 그저 제공되는 정보를 있는 그대로 믿기보다는 다양한 교육기관, 노동시장 등에 대한 정보를 확인하는 과정에서 정말로 현실적인 정보인지 얼마나 신뢰할 만한 정보인지 점검이 필요하겠다. 한편 정보자원은 산업의 흐름과 노동시장의 변화에 따라 변화 할 수 있는 것이라는 점 또한 유념해야 한다.

- 고용안정정보망워크넷 www.work.go.kr: 직업선호도검사, 한국직업전망 등
- NCS 국가 직무능력 표준 www.ncs.go.kr

- 한국직업정보시스템 know.work.go.kr
- 커리어넷 www.career.go.kr
- 큐넷 www.q-net.or.kr
- 영삼성 www.youngsamsung.com
- 교육방송 www.ebs.co.kr
- 진학진로정보센터 www.jinhak.or.kr
- 한국가이던스 guidance.co.kr
- 알리오 www.alio.go.kr

(2) 오프라인으로 직무 실체 파악-정보면접 활용

① 인맥을 통한 정보면접

자신의 개인적 특성, 기업 및 산업에 대한 분석, 자신과의 직무 적합성, 경제성 비교 등 적지 않은 노력을 기울여 희망하는 구직 목표를 정하였더라도 기업의 실질적인 현장에 대한 이해와 내용이 충분히 반영되었다고 보기 어렵다. 관심을 가지고 있는 직업에 대해 가장 깊게 이해할 수 있는 방법은 실제로 그 일을 현장에서 경험해 보는 것이다. 그러나 현실적으로 모든 직업을 다 경험해 보고 최종 선택을 한다는 것은 불가능하다.

자신의 진로개발에 도움을 줄 수 있는 사람들과 적극적으로 협력관계를 형성하고 발전시키는 것을 '인맥 쌓기(Networking)'라고 부른다. 우리는 '인맥'이라는 단어를 꽤 부담스럽게 생각하는 경향이 있다. 인맥은 다른 사람과 좀 더 적극적인 관계를 형성하고자 본인이 먼저 노력하는 것이라 생각하면 좋겠다. 먼저, 자신의 전공 동기들, 선후배, 교수님 등과의 관계를 원활하게 만드는 것이 필요하다.

인맥을 쌓으면서 직업정보를 얻기 위한 유용한 방법 중에 하나가 바로 정보면접(information interview)이다. 정보면접은 관심을 두고 있는 직업이나 직무의 실제를 파악하여 자신의 직업에 적합도 정도를 판단해 보는 것이다. 정보면접은 직업을 이해하고 분석하기 위한 가장 확실한, 효과적인 방법임에도 불구하고 학생들이 가장 등한시하고 놓치는 부분이기도 하다. 어쩌면 어떻게 무엇 때문에 해야 하는지 필요성을 이해하지 못해 시도조차 못할 수 있다. 이렇듯 직무의 특성을 파악하는데 매우 유용한 방법임에도 불구하고 사람들은 잘 모르거나 실제로 활용을 못하고 있다.

한편 인터뷰대상자 입장에서는 모르는 사람의 요청에 대하여 기꺼이 시간을 내어 주고 때로는 쉽지 않은 질문에 대해 자신의 생각과 경험을 들려주는 것이 상당히 부담이 될 수 있다. 그러나 대부분 인터뷰대상자로부터 자신이 직업세계의 선배로서, 존중받는 위치에서 다른 사람을 도울 수 있는 기회를 갖는 것이 매우 큰 즐거움이 될 수도 있다. 그러므로 정보면접에 대한 절차를 알아보고 이에 맞는 준비를 통해 실제로 해당 직업과 직무를 수행하고 있는 사람들의 인터뷰를 시도해 본다면 이 정보가 직무를 이해하고 준비함에 있어서 매우 유용하게 활용될 것이다.

자신이 이미 알고 있는 사람을 포함하여 모든 사람이 인맥이 될 수 있음을 기억하자. 인맥을 쌓고 확장하는 과정에서 진로개발과 관련하여 도움을 받고, 내가 받은 도움을 동기나 후배들에게 보답하는 선순환을 만들 때, 서로의 성장을 이루는 발전적인 사회구조의 모습을 이룰 수 있을 것이다.

〈표 5-2〉 정보면접 절차

단계	준비사항
1. 대상자 선정	• 자신이 알고 있는 사람들에게(부모, 형제, 교수, 친구, 취업정보센터 등) 정보면접의 목적과 방법에 대해 설명하고, 정보면접을 도와줄 수 있는 사람을 소개해 달라고 부탁한다. • 자신의 정보면접 계획에 따라 2~3명을 선정한다. • 현재의 직무나 산업에서 3~5년 정도의 경력자가 좋다.
2. 대상자 접촉	• 대상자에게 개별적으로 전화 또는 이메일을 통하여 자신에 대한 소개, 정보면접의 목적, 정보면접을 통해 도움을 받고 싶은 내용, 면접방법 등에 대해 상세히 설명하고, 정보면접에 응해 줄 것을 부탁한다.
3. 일정 조정	• 약속이나 동의를 받으면 구체적인 일정을 정한다. • 상대가 편리한 장소와 시간을 선택하여 일정을 약속한다.
4. 확인	• 정보면접 일정이 확정되면, 최소 1일 이전에 다시 확인을 받는다.
5. 사전 조사	• 정보면접을 실시하기 전에 진로정보자원을 활용하여 해당 분야(산업, 직무)에 대해 조사하고 이를 정리한다. • 아무런 준비 없이 정보면접을 실시하게 되면 충실하게 진행되지 않을 뿐더러 귀한 시간을 내 준 상대에게 매우 부정적인 인상을 주게 된다.

단계	준비사항
6. 질문지 준비	• 〈표 5-3〉을 참고하여 정보면접을 위한 주요 질문을 참조하여 실제 정보면접에서 활용할 정보면접 양식을 만들어 인쇄하여 준비한다. • 각 영역별로 2~3가지 질문을 구성한다.
7. 방문 및 면접 실시	• 학생 신분이라도 단정한 옷차림으로 최소 약속 시간 10분 전에 장소에 도착한다.
8. 감사인사	• 정보면접을 마치면 감사인사를 하고 헤어진다. • 귀가해서는 정보면접을 마친 24시간 전에 정보면접이 어떻게 도움이 되었는지의 내용과 감사를 담은 전자 우편을 반드시 발송한다.

출처: 김응태(2017). 역량중심의 진로개발.

〈표 5-3〉 정보면접을 위한 주요 질문

준비영역	주요 질문(질문요지) 또는 준비사항
자기소개 준비	*** 자기 자신에 대한 소개: 자신의 현재 상황을 비롯한 자기소개** • 정보면접을 요청 드린 목적과 기대 / 감사인사
개인적 경험에 대한 질문	*** 입직(입문) 시에 기대와 과정, 일상 업무, 자기계발, 전망** • 현재의 직업을 결정하게 된 동기는 무엇이었나요? • 직업으로써 어떤 기대를 갖고 진입(시작)하셨나요? • 해당 분야로 진입하기 위한 준비와 과정은 어떠하였나요? • 전형적인 하루의 일과는 어떠한가요? • 현재의 직무에서 자신의 미래에 대한 기대는 무엇인가요? • 현재 직무에 도움이 될 만한 진로개발을 하고 계신가요?
직무와 산업	*** 산업과 직무의 전반적 전망과 해당분야에 발전하기 위한 방안** • 현 산업에 대해 더욱 이해하기 위한 정보원이나 방법은 무엇인가요? • 현 분야에 종사하는 사람들이 갖고 있는 공통된 문제나 어려움은 무엇인가요? • 현 분야의 미래에 영향을 주는 요인들은 무엇인가요? • 현 분야의 기업들은 일반적으로 어떤 훈련이나 교육을 제공하나요?
추가적인 질문	*** 직무(산업) 분야의 진입, 직무와 산업, 정보 추가획득 방법** • 현 분야에서 일하기 위해 제가 추가적인 교육이나 자격이 필요하다면 어떤 것이 있을까요? • 현 분야에 취업하기 위한 가장 효과적인 방법은 무엇인가요? • 당신이 저의 면접관입장이라면 어떻게 하겠나요? • 현 분야에 대해 더 많이 알기 위해 제게 추가적인 조언을 해 줄 수 있으신가요? • 현 분야의 추가적인 조사를 위해 제게 소개해 줄 수 있는 분이 있나요? 당신이 저를 소개했다고 그에게 말해도 되나요?

출처: 김응태(2017). 역량중심의 진로개발.

② 취업박람회, 취업지원센터 방문을 통한 정보 활용

직업과 진로 정보를 파악하기 위하여 인터넷 사이트를 활용하는 것은 상당히 편리하지만, 각각의 진로나 직업의 장단점을 비롯한 실체를 파악하기에는 한계가 있다. 정보면접을 통하여 경험하였듯이 자신의 진로개발 과정에서 다른 사람으로부터 도움을 받는 것은 매우 자연스러운 일이다. 오늘날과 같이 복잡하고 불확실성이 큰 세상에서 온전히 한 개인의 능력만으로 진로를 개발하는 것은 현실적으로 불가능하다. 진로개발과정에서 개인의 도움이 힘이 되지만 전문가의 도움이나 인사담당자의 피드백이 용이하고 효율적인 측면이 있다.

먼저 교내 있는 취업지원센터의 담당 선생님과 상담을 해 보는 것을 추천한다. 학생들에게 진로상담을 권유하면, 대다수 학생들은 아직 준비된 것이 없기에 부끄럽게 생각한다. 그러기에 더욱더 용기를 내어 방문해 보기를 권유한다. 모든 것을 완벽하게 준비하여 가는 학생들은 없기 때문이다. 사람은 자신이 처한 상황을 글로 정리하고, 말로 표현하는 것만으로도 보이지 않는 성장이 이뤄진다. 용기를 내서 교내에서 활용할 수 있는 기관들을 방문하고, 외부에서 도움을 받을 수 있는 다양한 취업박람회, 교육기관에 등도 방문하여 보도록 하자.

3. 채용정보 탐색

최근 청년층의 고용상황은 점점 더 경쟁이 심화되고 있다. 일반적으로 취업지원자들은 사회적 인지도, 급여 수준, 복리후생 등의 조건이 좋은 대기업이나 공사, 공무원을 선호하는 경향이 있다. 그러나 채용의 수용보다 인력 공급이 많은 현실 속에서 공통적으로 선호하는 취업의 기회는 한정되어 있기 때문에 취업경쟁이 보다 심화되고 있는 현실이다. 이러한 노동시장에서 신규 진입자인 청년층에게는 매우 불리한 고용환경이다. 따라서 고용상황이 어려울수록 자신이 원하는 직업을 갖고 취업에 성공하기 위해서는 세밀하고 체계적인 준비과정이 필요하다.

기업의 채용방식은 크게 민간 기업의 채용과 공기업의 능력중심 채용으로 나눌 수 있다. 일반적인 채용 방식은 기업이 지원자에게 자신이 우수한 인재임을 스스로 증명하도록 요구한다. 능력중심 채용은 무분별한 스펙 경쟁을 방지하고, 적절한 인재를 뽑기 위해 기업이 직무별로 원하는 요건을 제시하고, 지원자가 자신의 준비도를 증명함으로써 목표지향적인 능력 및 역량 개발을 촉진하는 방식이다.

NCS 기반 직무능력중심 채용은 2017년까지 모든 공공기관에 적용이 의무화되었고, 민간기업의 경우 권장사항이다. 이에 따라 NCS기반 직무능력중심 채용을 적용하는 기업이나 공공기관은 NCS를 활용해 채용 희망 직무를 분석하고 핵심능력을 찾아내 이를 채용공고로 사전 공개하여 취업준비생이 미리 준비할 수 있도록 하고 있다. 따라서 취업준비생은 각 기업 및 공공기관의 채용 공고를 통해 직무에 적합한 스펙을 쌓으며 준비를 해 가는 것이 필요하다.

1) 채용정보를 얻는 방법

최근의 대기업의 채용방식은 공개채용비율을 낮추고 수시채용의 비율을 높이고 있는 추세이다. 정기채용은 더 많은 일자리를 공급하기 위해 도입한 측면이 있으나, 최근에는 기업들이 계열사의 직무에 필요한 인재를 필요한 시점에 맞춰 충원하는 방향으로 가고 있다. 수시채용은 직무 적합성 중심의 채용프로세스를 중심으로 그룹문화에 적합한 인재 선발에 집중하고 있는 것이다.

채용정보를 쉽게 찾아볼 수 있는 방법은 직업정보사이트를 활용하는 것으로, 대표적인 사이트로 워크넷, 잡코리아, 사람인 등의 취업 전문 사이트에서 직종별 채용정보와 자료를 제공하고 있다. 또한, 각 기업의 사이트에 접속하여 채용정보, 사업현황 및 경영철학, 제품과 기술 등을 파악하는 것이 중요하다.

끝으로 구글, 네이버 등에서 해당산업의 시장, 기술, 경쟁사 동향 및 애널리스트 분석자료 등의 관련 자료를 조사하는 것도 매우 중요한 정보수집 방법이다. 채용정보 수집을 철저하게 해야 하는데 채용정보는 다음과 같은 방법으로 수집할 수 있다.

〈표 5-4〉 채용정보 찾기

구분	채용정보 찾기	
	민간	공공
온라인	잡코리아: www.jobkorea.co.kr 사람인: www.saramin.co.kr 커리어: www.career.co.kr	워크넷: www.work.go.kr 잡알리오: www.jobalio.go.kr NCS: www.ncs.go.kr
오프라인	취업 관련 동아리, 취업스터디, 취업박람회	
	대학교의 경력개발센터 및 취업정보센터 활용	

2) 채용정보에서 알아야 할 내용

채용정보와 절차를 이해하기 위해서는 취업하기를 희망하는 기업의 채용프로세스, 지원 자격, 제출서류 및 면접유형에 대한 정보를 상세하게 알아봐야 한다. 그렇게 조사한 자료는 자신이 취업을 위해 무엇을 준비해야 하는지를 파악하는 데 중요한 지표가 된다.

각 기업의 채용절차 확인을 통해 기업에서 요구하는 자격 요건이나 준비해야 할 사항이 조금씩 다르다는 것을 확인할 수 있다. 그러므로 자신이 원하는 기업의 채용절차에 맞는 지원요건과 프로세스를 확인 후 준비하는 것이 바람직한 취업의 첫 걸음이 되는 것이다. 채용정보 시 필요한 내용은 다음과 같다.

(1) 채용 시기

(2) 채용방법 및 전형방법

- 서류전형: 입사지원서
- 면접전형: 개별, 집단, 토론, 프레젠테이션 등
- 인·적성, 직무능력검사: 삼성SSAT, LG Way Fit 등
- 신체검사
- 자격요건: 학점, 연령, 전공, 어학성적(희망기업 제한사항 확인)

Worksheet 1 ▸ 정보면접 보고서

<table>
<tr><td>1. 관심(희망) 직무</td><td colspan="2"></td><td>2. 일자</td><td></td></tr>
<tr><td rowspan="4">3. 인터뷰 대상자</td><td>직무</td><td colspan="3"></td></tr>
<tr><td>직급</td><td colspan="3"></td></tr>
<tr><td>소속(경력)</td><td colspan="3"></td></tr>
<tr><td>선정 이유</td><td colspan="3"></td></tr>
<tr><td colspan="5">4. 정보면접을 위해 준비한 사항

5. 해당 직업(직무)에 대해 새롭게 알게 된 사항

6. 추가로 소개받은 인맥

</td></tr>
</table>

Worksheet 2 ▸ 전공과 관련된 유망한 직업과 특징을 알아보자.

순위	직업	특징(필요한 자격, 역량 등)
1		
2		
3		
4		
5		
유망하고 자신이 원하는 직업에 종사하기 위해 준비해야 할 일		

Chapter 06

나다운 삶을 위한 진로목표

학습목표

1. 삶의 관점에서 진로를 기획하고 설계해 볼 수 있다.
2. 진로의 개념과 진로목표의 중요성을 설명할 수 있다.
3. 목표실행을 위한 전략을 수립할 수 있다.

06

신과 원칙!
인간은 다른 사람과 같아지기 위해 삶의 3/4을 빼앗기고 있다.

-아르투어 쇼펜하우어-

1. 삶의 관점에서 진로

진로(Career, 경력)란 좁게는 직업과 관련된 모든 일을 의미하며 넓게는 한 개인이 평생 동안 일과 관련하여 경험하는 일련의 모든 과정을 말한다. 즉, 개인이 일생에 걸쳐서 일이나 직업(vocation, occupation)과 관련된 모든 활동과 행동, 경험의 경로를 포함하는 다차원적인 개념을 진로라 한다.

과거의 진로개념이 상급학교 진학과 관련하여 직선적인 직업경로를 의미했다면 현대사회에서의 진로는 한 개인의 인생 출발점으로 우리들의 '꿈'이자 '방향'일 수 있다. 각 개인이 살아가는 삶의 방향에 대해 국가나 사회는 그 꿈을 실현시키기 위한 경로를 제시해 주거나 마련해 주지 않는다. 자신의 삶에 대하여 방향을 기획하고 설계하여 실행한 결과에 대해 책임져야 하는 사람은 오직 '자신'뿐이다.

그럼에도 불구하고 그동안 우리 사회의 전반적인 흐름이 어느 하나를 선택해야만 하는 객관식 문제에 익숙하다 보니 자신들의 꿈을 주어진 상황과 기준에 맞추어 가장 무난한 방법으로 자신들의 삶을 살아가고 있다. 자신의 주관 없이 사회가 정해 놓은 기준에 맞추어 삶을 산다는 것은 자신의 삶에 주인으로 사는 것이 아니라 객(客)의 삶을 사는 것이나 다름이 없다.

자신의 삶에서 가치 있고 중요하다고 생각하는 것에서 자신의 고유한 identity(주체성, 독자성, 개성)를 이끌어 낼 수 있을 때 자신의 삶을 산다고 말할 수 있다.

그렇기 때문에 인생의 긴 여정에서 자신이 주인으로 살아가기 위해서는 "어떤 삶을 살 것인가?, 어떤 길을 갈 것인가? 어떤 방향으로 갈 것인가?"에 대한 삶의 지표를 계획하는 일은 매우 중요한 일이다.

그렇다면 "어떤 삶? 어떤 길? 어떤 방향?"에 대한 답은 어디에서 찾을 수 있을까? 미래학자 다니엘 핑크(Daniel Pink)는 세상은 복잡하고 빠르게 변화되고 있기 때문에 우리가 계획했던 일이 그대로 이루어지지 않는다고 말하면서 새로운 무언가를 배우고 새로운 무언가를 시도하는 과정에서 '실수를 통한 자산'을 만들라고 권유하고 있다(다만 실수를 반복하느냐 아니면 그 실수를 교훈으로 삼느냐는 자기 자신에게 달려 있다.). 실수를 통한 자산은 다른 사람이 보지 못하는 것, 듣지 못하는 것, 상상해 보지 못하는 것들을 통해서 새로운 또 하나의 삶의 방식을 만들어 낼 수 있을 것이다.

우리나라의 남녀 평균수명이 85세라고 한다면 우리는 대략 65여 년의 시간 동안 시행착오에 따른 실수를 통해서 더 많은 자산을 축적할 수 있다. 내가 누구에게도 종속되지 않는 자유로운 삶, 자신의 주도권이 커지는 '자신만의 삶'을 살 수 있는 방향을 제시해 준다. 내가 나로 존재할 수 있을 때 행복한 내가 될 수 있다. 내가 존재하지 않는 세상은 의미가 없다.

이제 나의 인생에서 나만의 이야기를 만들어 보도록 하자. 내 삶의 이야기는 남이 주인공이 아닌 내가 주인공이 되어야 한다. 그러기 위해서는 나 자신에게 집중하여 내게 주어진 시간과 일을 사랑하고 자신이 가장 좋아하고, 하고 싶은 것을 실행으로 옮기려는 자세가 필요하다. 그것이 여행이든, 먹방이든, 운동이든, 노는 일이든, 친구를 만나는 일이든, 취미활동이든 상관이 없다. 20대에 할 수 있는 일은 무궁무진하다. 이러한 경험 안에서 인생의 가장 소중한 자산을 만들어야 한다. 그렇다고 학업과 취업 준비가 중요하지 않다는 말은 아니다. '삶의 전 과정에서 당신의 20대에서 당신은 무엇을 했느냐?'에 대한 질문에 당당하게 답할 수 있는 시간을 경험하라는 말이다. 그래야 당신의 생각이나 경험이 어떤 삶, 어떤 길, 어떤 방향으로 살아갈 수 있을지를 설명할 수 있기 때문이다.

생애 관점에서의 진로 준비와 설계

(1) 일과 나를 다시 생각한다.
남들이 하기 때문에 그것을 선택하는 것이 아니라 내 삶에 책임을 질 수 있는 것을 선택해야 한다.

(2) 지속적으로 학습하라.
변화에 대한 적응과 수용을 위해 지속적인 학습을 통해 역량을 개발시켜야 한다.

(3) 사회적 자본을 축적하라.
진로 개발에서 사회적 자본(Knowing whom)은 삶의 행복을 결정짓는 요소 중 하나다.

(4) 경제적 의사결정 능력을 키워라.
생애 현금 흐름을 알면 소득과 지출을 실속 있게 계획하고 관리하여 하고 싶은 일을 할 수 있다.

출처: 한국고용정보원(2014).

2. 대학생활에서 진로

> 진로! 트렌드가 바뀐다!
> "당신이 저지를 수 있는 가장 큰 실수는 실수를 할까 두려워하는 것이다"
> – 엘버트 하버드(Elbert Hubbard)

21세기 신지식기반사회의 특성을 표현하는 가장 대표적인 키워드는 역량(competence)과 전문성(expertise)이다. 과거의 우리나라는 국가가 경제를 계획하고 실행하는 정부주도형으로 경제성장을 이룬 나라이다. 국가는 정부의 모든 제반 사항을 주도적으로 계획하고 결정하며 가이드라인을 정해 놓았고 기업은 이를 무조건 따라야 하는 반강제적 정부주도형 경제성장을 이룩해 왔다. 이제는 강력한 정부 주도로 경제성장을 이끄는 시대는 지났다. 국가가 기업을 좌지우지하거나 특정 기업에 특혜를 주는 시대가 아니기 때문에 혈연, 지연, 학연 등의 인적 네트워크보다는 기업의 트렌드와 이미지가 중요한 사회가 되었다. 기업 스스로 변화와 경쟁을 통해 적자생존에서 살아남아야 하는 시대인 것이다.

최근 우리 사회의 가장 큰 특징이 변화라고 할 때 학자들은 인류문명의 발상지인 이집트 문명의 10년 변화가 오늘날의 3개월 변화와 같다고 한다. 요즘은 변화의 속도가 이처럼 너무 빨라서 변화에 신속하게 대처하거나 적응하지 못하면 개인이나 기업은 사회에서 금방 도태된다.

이런 환경에서 기업은 살아남기 위한 자구책으로 실력 있고 능력 있는 사람을 채용하고 승진시킨다. 그러다 보니 기업의 채용시장은 직무 분야에서 역량과 전문성을 갖춘 인재를 채용하는 패턴으로 채용의 문화가 빠르게 변화하고 있다. 이런 현실은 기업들의 채용방식에도 새로운 변화를 가져왔는데 공개채용보다는 수시 채용을 지향하고 평범함을 거부한 독특한 면접방식을 채용 과정에 적용하고 있다. 2020년 기업 831곳의 조사 결과(인크루트)를 보면 대기업의 경우 수시 채용만 진행한다는 비율이 60%로 2019년에 비해 3배가 증가하였다. 수시 채용은 필요한 시기에 필요한 조건에 맞는 인재를 채용할 수 있다는 장점이 있다. 또한 필요시에 맞추어 채용한다는 점에서 직무환경에 빠르게 대처할 수 있는 융합형 인재를 확보할 수 있다는 장점을 갖는다. 스펙보다 직무와 관련된 역량과 전공 분야의 직무능력만을 보고 직원을 채용하는 획기적인 채용방식은 노동시장에 큰 변화를 가져오고 있다.

두 번째 변화는 신입사원보다는 능력 있는 경력사원을 선호한다는 것이다. 현재 직장인들이 평생 동안 평균 4~5회 정도 직장을 옮기면서, 이직은 우리들의 일상이 되고 있다. 한국경영자총연합회가 전국 306개 기업을 대상으로 '2016년 신입사원 채용실태조사'를 실시하였는데 신입사원의 27.7%가 1년 안에 퇴사하는 것으로 조사되었다. 비용과 시간을 들여 선발한 인재들이 조기 퇴사한다는 것은 또 다른 인재를 선발하기 위해 시간과 비용, 노력을 쏟아부어야 하는 부담이 발생하게 된다. 이러한 부담으로 인해 기업의 인사담당자들은 업무가 미숙하고 중도 이직률이 높은 신입보다 상대적으로 경력이 검증된 경력사원을 선호하게 된다는 것이다.

이때 중요한 것이 다니던 직장에서의 근무태도와 역량이다. '악마는 프라다를 입는다.'라는 영화를 보면 여주인공은 세계적인 패션 잡지회사를 그만두고 원래의 꿈이었던 기자가 되기 위해 새로운 직장을 구한다. 새로운 직장에 면접을 보게 된

여주인공은 면접관으로부터 전 직장 상사가 "내게 가장 큰 실망을 안겨 준 비서다. 하지만 그녀를 채용하지 않으면 당신은 멍청이다."라는 친필로 쓴 팩스를 보내 주었다는 말을 전해 듣고 깜짝 놀라는 장면이 나온다. 이것이 전 직장에서의 근무태도와 역량을 확인하는 평판 조회다.

취업포털 잡코리아는 기업의 인사담당자 208명을 대상으로 경력직 평판 조회에 대한 설문조사를 실시한 결과 64.9%가 평판 조회를 시행한다고 대답했는데 ① 이전 직장 인사담당자에게 문의, ② 이전 직장 동료에게 문의, ③ 이전 직장의 직속 상사에게 문의, ④ 이전 직장의 거래처에 문의 등 평판 조회는 주로 면접 전에 실시하거나 최종합격자 발표 전에 하는 것으로, 근무의 태도와 역량은 전직과 이직에 있어 중요한 요소로 자리매김하고 있다.

세 번째 변화는 스펙보다 역량과 전문성을 갖춘 사람을 선호한다는 것이다. 세계화는 기업이나 금융 등이 국경을 초월하여 세계적인 규모로 동시에 진행되는 현상을 의미하지만, 기업의 자본이 나라와 나라 사이에 옮겨지는 것을 허용한다는 것도 함축하고 있다. 이러한 세계화는 기업의 생존을 위해 스펙, 학벌 등 사람 위주의 불필요한 자격이 아니라 해당 직무를 처리할 수 있는 역량과 전문성을 필요로 한다. 역량이란 어떤 일을 해낼 수 있는 힘이나 기량으로 경쟁 시장에서 기업이 생존하기 위한 전략 중 하나가 직원의 역량에 기반한다는 것이다. 기술이나 지식은 입사 후에도 얼마든지 개선할 수 있지만 바람직한 목표나 성과를 달성하기 위한 지식과 기술을 전이하는 능력은 개인의 특성에 기초하여 조직의 경쟁력을 향상시키기 때문이다.

네 번째 변화는 면접의 중요성이 커지고 있다는 점이다. 최근 기업의 인사담당자들은 채용 과정에서 면접전형 50.8%, 서류전형 35.5%, 인, 적성전형 11.7%, 필기전형 2.0% 순으로 지원자의 직무역량을 평가할 때 가장 큰 비중을 두는 것은 '실무수행 면접'인 것으로 조사되었다(사람인, 2017).

면접전형은 지원자의 ① 인지능력, ② 직무역량, ③ 인간관계, ④ 장기적인 동기를 평가하는 데 활용된다. 인지능력과 직무역량은 지원자가 수행하여야 할 업무수행 능력을 평가하는 요소이고 인간관계와 장기적인 동기는 지원하고자 하는 회사에 얼마나 부합되는지에 대한 평가이다. 따라서 기업은 지원자와 자연스러운 대화를 통해 '직무적합도'와 '조직적합도'를 테스트할 수 있다는 점에서 실무면접을 중요하게 다루고 있다.

이렇듯 고용시장의 채용은 빠르게 변화되고 있다, 그럼에도 불구하고 대학 이전의 청소년들은 '하고 싶어서', '관심이 있어서' 공부를 하는 것이 아니라 무엇을 하는지, 무엇을 아는지 모르는 채 수동적 학습에 익숙해져 있다. 그러나 대학생활은 대학 이전 단계와는 달리 외부로부터 작성된 시간표대로 움직이는 것이 아니라 스스로 어떠한 활동에 참여할 것인지에 대해 결정하는 '선택과 행동'의 과정이다. 또한 대학생활은 자아 정체감 확립과 직업 선택 등 발달과제를 수행하는 데 있어 학문적 성취와 함께 노동시장으로의 진출을 위한 준비과정으로 일련의 모든 경험은 대학생활의 만족도와 학업 성취로 이어진다. 뿐만 아니라 넓게는 졸업 이후 직업의 선택, 삶의 질과 만족도 등 인생 전반에 지속적인 영향을 미친다.

결과적으로 대학의 모든 경험은 '평생의 삶'을 선택하는 기초과정으로 대학을 졸업한 후의 삶의 방향에 영향을 미친다. 따라서 대학생활은 성인 시기 삶의 질에 직접적인 영향을 미치기 때문에 장기적인 관점에서 보면 다른 어떤 시기보다 중요한 시기로 자신의 적성과 흥미, 주위 환경 등을 면밀히 검토하여 자신에게 가장 적합한 진로를 계획하고 선택할 수 있어야 한다. 물론 진로나 직무의 선택이 한 번의 결정으로 해결되는 것은 아니다. 학년이 올라감에 따라 체계적이고 단계적으로 자신의 진로를 계획하고 의도적으로 관리할 때 미래의 직업에 성공적으로 진입할 수 있다.

직업 세계에 성공적으로 진입하기 위해서는 '진로나 직업을 통해서 하고 싶은 일이 있는가? 좋아하는 일은 있는가? 해야만 하는 일은 있는가?'에 대해 자신에게 구체적으로 질문하고 답할 수 있어야 한다. 현재의 나에게 질문하고 질문에 대한 답을 말할 수 있을 때 자신의 미래를 설계할 수 있다. 자신의 정체성을 망각한 채 사회가 질문한 것에 정답을 말하기 위한 삶은 진정한 나의 삶을 사는 것이라 할 수 없다.

진정한 나로 산다는 것은 사회가 정해 놓은 신념, 가치에 대해 질문할 줄 알고 자신의 내면에 질문을 던지는 과정을 통해 지적 호기심, 욕망, 꿈, 내적 충동을 느낄 때 진정한 나의 삶을 살 수 있을 것이다.

삶을 풍요롭게 하고 자신이 '평생' 하고자 하는 '일'에 대한 로드맵을 구체적으로 그리기를 원한다면 대학생활의 총체적 경험을 자산으로 만들어, 인생이라는 항해를 힘차게 헤쳐 나갈 수 있는 자신만의 삶을 설계해야 한다.

스펙의 구성

1. 직무 스펙		직무를 수행하고 생산(창조)할 수 있는 능력
직무	지식 요소	학벌, 학력, 전공, 학점, 어학, 복수전공, 지식 취득 과정, 평판도와 신뢰도 등
	기술 요소	인턴, 실습, 자격증, 실무 연수, 전문성 교육, 산학 프로젝트 등
	역량 요소	경력, 직무 경험, 일 경험, 직무 프로젝트, 특허, 포상, 공모전, 직무성과 경험
	태도	직업 및 직무관, 성격 및 성향, 통찰력, 잠재력, 직무 비전, 직무계발 & 자기계발
2. 인성 스펙		자신과 맞설 수 있는 의지(내면 역량을 강화하고 성장을 변화시키는 능력)
3. 사회적 스펙		공동체의 목표와 변화를 위해 협력하고 같이 활동할 수 있는 능력

출처: 김운형, 김진혁(2017). 취업을 방해하는 10가지.

1) 대학생활에서의 진로 목표

> 거친 황무지에서 꽃씨를!
> 중요한 것은 목표를 이루는 것이 아니라 그 과정 안에서 무엇을 배우며 얼마나 성장하느냐이다.
>
> – 앤드류 매튜스(Andrew Matthews)

우리나라 대학생들은 합리적이고 올바른 진로 목표(대학에서의 진로 목표는 취업 목표로 설명되고 있다) 탐색을 위해 여러 가지의 요인(흥미, 적성, 능력, 특성, 가치관 등)을 신중하게 고려해야 함에도 불구하고 자신의 흥미와 특성보다 학업성적과 가족의 영향을 받아 진로를 결정하는 경향이 높다. 이것은 중, 고교 과정에서 제대로 된 진로 교육을 받지 못한 채 부모에 의한, 점수에 의한, 취업이 잘되는 학과에 맞춘 대학을 선택했기 때문이다. 대학에 들어온 후에도 대부분의 많은 학생은 삶의 목표와 방향을 설계하지 못한 채 학점과 자격증과 같은 객관화된 스펙을 중심으로 취업을 준비하다 보니 졸업한 후에도 직장에 대한 만족도가 떨어져 이직을 고려하는 현상이 늘고 있다.

스티브 잡스(Steve Jobs)는 자신이 자신의 일을 계속할 수 있었던 유일한 이유는 자신이 하고 있는 일을 사랑했기 때문이라고 한다. 현재를 사는 내가 미래의 나를 위해 '대학 기간'이라는 시간을 투자하려면 적어도 그 시간 동안 내가 정말로 사랑하는 것이 무엇인지에 대한 질문에 답을 줄 수 있어야 할 것이다.

다음의 질문에 당신은 어떤 대답을 하고 싶은지 점검해 보도록 하자.

1. '미래사회'는 나와 어떤 관계가 있는가?
2. 어떤 일을 하면 최상의 기분과 행복을 느낄 수 있을까?
3. 내가 지금까지 살면서 누린 성공과 행복은 어떤 재능 때문일까?
4. 많은 직업과 사업 중 나에게 유리한 직업과 사업은 무엇이라고 생각하는가?
5. 당신이 취업할 미래 직장에서 요구하는 지식, 기술, 태도는 무엇이라고 생각하는가?
6. 내가 원하는 미래직업을 얻을 수 있는 구체적인 방법과 절차는 어떻게 되는가?

"무엇을 하고 싶은가?", "원하는 것이 무엇인가?"에 대한 구체적인 답변이 진로 결정에 있어 구체적인 방향을 제시하게 된다. 그저 막연하게 돈을 벌고 싶거나 행복한 삶을 살고 싶다는 것은 소망에 불과하다. 자신이 원하는 바가 무엇인지를 알지 못하면 삶의 풍랑 속에서 이리저리 흘러갈 뿐이다.

목표란 화살이 손을 떠나 과녁을 향해 곧바로 날아가는 것과 같다. 화살을 과녁 중심에 명중시키는 과정에는 각도나 거리, 타이밍, 강도, 화살의 속성, 날씨 등 많은 변수들이 작동한다. 또한 과녁에 도달하기 위한 화살은 온갖 바람과 기온에 부딪혀 이리저리 몸을 흔들며 목적지에 도달한다. 화살이 과녁에 도달하기 위한 과정에 언제나 변수가 존재하는 것처럼 우리가 원하는 과녁으로 날아가는 동안 수많은 변수들이 발생할 것이다. 이러한 변수에 적절히 대응하기 위해서는 전략이 필요하다.

전략은 도달하고자 하는 목표를 달성하기 위한 아이디어와 에너지를 만들어 주기 때문이다.

인생 전반에 대한 꿈을 수립하였다면 이러한 꿈을 이루기 위한 과정 중 하나가 바로 목표를 설정하는 일이다. 대학생활에서 진로 목표 수립을 위해서는, 첫째 자신에 대한 탐색으로 자신이 좋아하거나 싫어하는 것, 흥미와 가치관, 강점과 약점 등에 관한 정보를 통해 자신이 어떤 사람인지를 아는 자기분석이 필요하다. 둘째, 진로 목표를 결정하기 위해 자신이 관심 있는 진로 및 직업과 관련된 주변 여건들을 탐색하여 추후 자신에게 적합한 직업(직종, 직무 등)에 대해 정보를 수집해야 한다. 셋째, 자신에 대한 올바른 이해와 직업환경에 대한 정보탐색이 이루어졌다면 자신이 달성하고자 하는 진로(경력) 목표를 실행하기 위한 준비 목록과 시간 계획을 세워 부족한 부분은 채우고 강점 역량은 강화시키는 마지막 단계를 통해 자신이 원하는 직업을 선택할 수 있다. 그럼에도 불구하고 한국고용정보원(2014)에 따르면, ① 막연하고 편향된 취업 목표, ② 진로 탐색이 결여된 취업 준비, ③ 왜곡된 정보와 '스펙' 중심의 취업 준비, ④ 직무 및 기업 현실에 대한 몰이해가 취업 준비의 문제점으로 제기되었다.

대학생활에서 자신이 가고자 하는 목표가 정해졌다면 그 목표를 달성하기 위해서 에너지를 쏟을 수 있지만 목표가 없다면 어디로 갈지 우왕좌왕하게 될 것이다. 따라서 공식적인 사회생활을 시작하기 위한 준비단계인 대학생활에서 정말로 이루고 싶은 높은 수준에 도달할 수 있는 진로 목표를 세우는 일이 중요하다.

2) 취업 목표설정

> 멈추지 않는 심장!
> 사람이 목표를 이끌고 가는 것이 아니라 목표가 사람을 리드한다.
> – 존 고다드(John-Goddard)

취업 목표란 진로 개발 과정의 일부로 구체적인 직업 목표(직무 포함)와 일하고 싶은 직장을 결정하는 것으로, 목표를 잘 세우기 위해서는 먼저 목적에 맞는 목표를 세워야 한다. 목표는 원하는 목적을 이루기 위한 실제적 대상으로 추상적인 목적을 실체로 만드는 것이 바람직한 목표설정이라 할 수 있다.

대부분의 사람들은 목표를 세우고 사는 것이 필요하다고 생각하지만 실제로 목표를 설정하고 사는 사람은 많지 않다. 목표를 정하지 않는 주된 이유는 목표를 어떻게 설정해야 하는지에 대해 구체적으로 알지 못하기 때문이다. 그러나 목표설정은 우리에게, ① 행동의 구체적 방향을 제시해 주고, ② 개인의 실적을 평가하는 기준을 제공해 주며, ③ 달성하고자 하는 내적 동기와 도전감을 주며, ④ 목표를 성취하는 데 적합한 학습전략을 사용하도록 유도하기 때문에 목표를 세우는 것은 삶을 살아가는 데 방향을 제시해 준다.

그렇다면 바람직한 목표설정은 어떻게 해야 할까?

① 목표는 자기 자신이 스스로 설정해야 한다. 부모의 권유나 기성세대들의 요구에 의한 목표가 아닌 자신의 능력, 수준, 재능 등을 고려하여 자신에게 가장 적합한 목표를 수립해야 한다.

② 목표는 자신의 능력보다 한 단계 높은 것으로 수립해야 한다. 자신의 능력보다 너무 낮은 목표는 의욕 상실을 가져오게 한다. 또한 자신의 능력보다 너무 높은 목표를 수립하면 '나는 할 수 없다.'라는 무기력으로 이어질 수 있다. 따라서 성장과 도전을 촉진하기 위해서는 현재의 수준을 고려하여 좀 더 높은 가능성의 목표를 설정하는 것이 좋다.

③ 목표는 목적을 이룰 수 있는 것으로 계획하고 세워야 한다. 자신이 꿈꾸는 삶을 이루는 과정이 바로 목표이기 때문에 목표는 목적을 이룰 수 있도록 계획해야 한다.

④ 목표는 사회변화에 잘 적응할 수 있어야 한다. 가정, 지역사회, 환경적 조건과 사건 등의 변화는 자신이 설정한 목표에 많은 영향을 미친다. 따라서 사회적 변화를 받아들일 수 있는 목표를 설정해야 한다.

⑤ 목표는 가능한 구체적이고 관찰 가능한 방식으로 달성의 시점을 지정하여 세

워야 한다. 비전이나 목적이 삶의 방향이라고 한다면 목적지에 도달하기 위한 과정에서 기준을 제시하기 때문이다.

⑥ 목적 달성을 위한 실천 행동을 계획해야 한다. 목표에 도달하게 하는 것은 계획이다. 아무리 좋은 계획이나 목표를 세웠더라도 그 목표를 실현하기 위한 하위 행동 목표를 세우지 않으면 무용지물이 된다. 따라서 목표를 성취하기 위한 일련의 하위 실천 행동을 세우는 것이 중요하다.

그러나 빠르게 변화하는 사회와 직업, 노동시장의 채용 변화로 목표를 설정하는 일은 그리 쉽지 않다. 그럼에도 불구하고 취업에 성공하기 위해서는 반드시 목표를 설정해야 한다. 취업 목표를 설정한다는 것은 자신에 대한 점검과 채용시장의 상황과 변화를 예측하여 지원하고자 하는 기업의 직무를 분석하여 전략적으로 취업계획을 수립할 수 있기 때문이다.

목표 세우기

1. 인생의 목표	• 성장(정신적) • 건강(육체적) • 가족(가정적) • 나눔(사회적) • 일/돈(경제적)
2. 작고 명확한 목표	• 정신적(자기계발, 자격증 취득, 성취, 배움, 믿음 등) • 육체적(건강, 다이어트, 체력, 에너지 등) • 가정적(가족, 사랑, 행복, 결혼, 효도 등) • 사회적(나눔, 봉사, 희생, 인간관계, 기부 등) • 경제적(소득, 취업, 학업 등)
3. 단기 목표	• 행복(매일 감사했던 일 3가지 쓰기) • 건강(일주일에 3번 이상 5KM 달리기) • 자격증 취득(1학년 1학기 운전면허 취득하기, 1학년 2학기 컴퓨터 활용 능력 자격증 취득하기) • 나눔(자선단체나 불우이웃에 매달 5,000원 후원하기) • 소득(매달 용돈에서 30,000원씩 1년간 적금 넣기)

3) 목표 실행을 위한 전략 수립

> 꿈의 씨앗은 말, 말한 대로!
> 행동하는 사람 2%가 행동하지 않는 사람 98%를 지배한다.
>
> – 지그 지글러(Zig Ziglar)

대학 재학 중 취업(취직)을 준비하는 과정에서 자신을 깊이 이해하고 구체적인 직업을 조사해 진로 목표를 설정한다는 것은 향후 만족스럽고 안정적인 일자리를 확보할 수 있는 핵심 단계이다. 대학 시기 동안 자신의 진로 방향을 명확하게 하고 이를 달성하기 위해 필요한 활동들을 충분히 인식하고, 준비하는 과정은 전공에 대한 만족도를 향상시키는 데 도움을 주며 대학생활과 취업 결과에 긍정적인 영향을 미친다.

대학생활 중 취업에 목표를 두었다면 다음과 같은 점을 고려해야 한다.

① 자신의 가치와 흥미를 반영한 목표설정: 취업 목표를 설정할 때에는 본인의 가치와 흥미를 고려해야 한다. 부모님의 기대나 사회적 압박에 따라 무비판적으로 목표를 설정하게 되면 나중에 직무에 대한 만족감이 떨어질 수 있다. 따라서 본인의 관심 분야와 역량을 기반으로 목표를 설정하는 것이 중요하다.

② 장기적 영향 분석을 통한 목표설정: 노동시장으로의 첫 진입은 본격적인 성인기로 진입하는 것으로 사회적 지위와 더불어 경제적 안정을 가져온다. 따라서 목표를 설정하기 전에 해당 직업이 자신의 진로와 인생에 어떠한 영향을 미칠 것인가에 대한 충분한 검토가 필요하다. 이러한 장기적인 영향분석은 목표를 설정하는 데 도움을 준다.

③ 종합적인 역량 고려: 취업을 준비하는 데 있어서 스펙이 중요하지만 목표는 스펙으로만 국한되어서는 안된다. 최근에는 직무역량 강화, NCS 채용방식 도입으로 직무 중심의 채용이 확산되면서 전문성이 중요 키워드로 떠오르고 있다. 따라서 스펙 이외에 본인의 능력, 역량, 성장 가능성을 고려하여 목표를 설정해야 한다. 이러한 목표설정은 직무를 수행함에 있어 성공적으로 자신의

능력을 발휘할 수 있기 때문이다.

④ 적절한 목표 수립: 너무 쉽거나 너무 어려운 목표는 삼가도록 한다. 너무 낮은 목표는 목표수행을 하는 데 만족감을 얻지 못하며 너무 높은 목표는 실패할 경우 심한 좌절감에 빠질 수 있다. 따라서 자신의 능력과 재능을 발휘할 수 있는 목표를 설정하여 직업과 직무에서 만족감을 높일 수 있는 목표를 설정해야 한다.

⑤ 유연하고 개방적인 목표설정: 현대사회는 변화가 빠르며 예측하기 어려운 요소들이 많다. 오늘날과 같이 빠르게 변화하는 사회에서는 모든 것이 불확실하고 유동적이다. 따라서 변화에 대응할 수 있는 개방적인 목표와 계획을 주기적으로 점검할 수 있도록 설계해야 한다.

3. 취업준비와 전략

대학 졸업자들의 취업 어려움은 주로 두 가지 측면에서 설명할 수 있다.

먼저 공급 측면에서의 원인을 살펴보면 다음과 같다.

① 대학 진학률 급증: 대학 진학률이 급격하게 증가하면서 높은 학력을 가진 졸업자 수가 늘어났다. 이로 인해 경쟁이 치열해져서 기업들은 더 높은 수준의 역량과 경험을 요구하고 있다.

② 취업요구 역량 변화: 기업들은 경제 변화에 대응하기 위해 더 다양한 역량과 기술을 가진 인재를 원한다. 이에 따라 졸업자들은 기본 역량 외에도 전문적인 역량을 보유해야 하는 압박을 느낄 수 있다.

③ 학력과잉에 따른 취업 불일치: 너무 많은 인원이 대학에 진학하면서 일자리 수요와 공급의 괴리가 발생되었다. 이러한 이유로 취업이 더욱 어렵게 된 것이다.

수요 측면에서의 원인은 다음과 같다.

① 산업구조의 변화: 현대 산업은 지속적으로 변화되고 있다. 새로운 기술과 분야의 등장으로 인해 일자리 형태의 변화와 수요가 변동되고 있다.

② 채용문화의 변화: 기업들은 전통적인 채용방식을 벗어나 직무수행능력과 자질을 중시하는 경향이 늘고 있다.

③ 기업경쟁력 강화: 경쟁에서 우위를 차지하기 위해 기업들은 더 효율적인 인재 확보와 채용방식의 혁신을 추구하고 있다.

현재 조직의 인적자원관리와 인사제도는 빠르게 변화되고 있다. 이 변화 속에서는 핵심 인력을 중심으로 한 인력 유동화가 본격화되고 있으며, 이로 인해 조직의 구조, 연령편차, 서열 파괴 현상이 빠르게 퍼지고 있다. 이러한 상황에서 취업을 준비하는 사람들은 자신의 역량을 강화하고자 함과 동시에 전문적인 지식을 심화시키는 것이 매우 중요하다. 특히 대학시기는 취업 준비의 핵심 시기이다. 따라서 지속적인 변화에 대응하기 위한 취업실천 전략을 제시하면 다음과 같다.

① 심층적인 전문지식 및 기술: 빠르게 변화하는 산업환경에서는 자신의 분야에 대한 체계적인 지식과 최신 기술에 대한 이해가 필요하다. 탁월한 전문성은 산업현장의 요구에 부응할 수 있으며 새로운 도전에 대비할 수 있는 기반이 될 수 있기 때문이다.

② 유연한 문제해결 능력과 창의력: 복잡한 문제에 대해 분석하고 혁신적인 해결책을 도출할 수 있는 능력이 무엇보다 중요하다. 또한 새로운 환경에서 민첩하게 대처하고 창의적인 아이디어를 통해 새로운 가치를 창출할 수 있는 창의력이 요구된다.

③ 효과적인 커뮤니케이션 협력 능력: 다양한 배경을 가진 사람들과 소통하며 팀 내외에서 협업하는 능력이 필요하다. 명확하고 효과적인 커뮤니케이션은 새로운 아이디어를 공유하고 팀의 목표를 달성하는 데 효과적인 도구로 사용될 수 있다.

기업들은 NCS 채용제도를 통해 직무에 필요한 능력, 경험, 열정이 있는 진짜 인재를 탐색하고 있다. 따라서 자신이 희망하는 분야와 직무에 부합하는 실질적인 역량을 발전시키는 것이 중요하다.

이렇게 자신의 역량을 확장시키고 전문성을 강화함으로써, 미래에 더 나은 취업 기회를 얻을 수 있을 뿐 아니라 기업의 요구와 기대에 부합하는 신뢰성 있는 전문가로 성장할 수 있다.

1) 국가직무능력표준(NCS)

국가직무능력표준(NCS: National Competency Standards)은 산업 현장에서 직무를 수행하기 위해 요구되는 지식 · 기술 · 소양 등의 내용을 국가가 산업 분류별 · 수준별로 체계화한 것으로 산업 현장의 직무를 성공적으로 수행하기 위해 필요한 능력(지식, 기술, 태도 등)을 국가적 차원에서 표준화한 것을 말한다(NCS). 이때 능력이란 일을 하는 데 꼭 필요한 직무 스펙으로 직업기초 능력과 직무수행 능력을 말하는데 능력중심 채용 프로세스는 다음과 같다.

뿐만 아니라 NCS 기반 능력중심 채용[1)]은 채용할 직무를 NCS를 기반으로 체계적으로 분석하여 해당 직무의 세부내용과 직무 수행능력 평가 기준을 정한 후 이를 사전에 명확하게 공지하고 이를 기반으로 인재를 선발하는 절차로서, 전형을 위해서는 다음의 단계를 준비해야 한다.

① 채용 공고문 확인: 채용모집 공고문을 통해 모집분야, 채용인원, 지원 자격, 근무조건, 전형일정, 우대사항 등을 확인하고 채용분야에 대한 '직무 설명자

1) NCS 기반 능력중심 채용이란 채용대상 직무를 NCS 기반으로 분석하고 그 결과를 바탕으로 해당 직무의 상세 내용 및 직무능력 평가기준을 정하여 사전에 명확하게 공지하고 해당 평가기준을 토대로 인재를 선발하는 방식을 의미한다.

료'를 통해 필요한 지식 · 기술 · 태도 등의 내용을 명확하게 파악해야 한다.

② NCS 기반 서류전형 준비: 공고된 '직무 설명자료'를 기반으로 지원자의 교육이수 내용, 자격사항, 경험 및 경력사항 등을 모집 직무의 요구 사항에 부합하도록 작성한다.

③ NCS 필기전형 준비: 채용공고에서 제시된 필기과목을 파악하고, 해당 유형을 준비하고 '직무 설명자료'에 제시된 직업기초능력과 직무수행능력 등을 면밀히 학습하여 시험에 대비한다.

④ NCS 기반 면접전형 준비: NCS 기반 구조화된 면접의 주요 유형(경험면접, 상황면접, PT면접, 토의면접 등)을 파악하고 채용공고에서 구체적인 면접 방법이 제시되면 그에 대한 명확한 준비를 진행한다(NCS 채용 가이드).

앞의 과정을 통해 개인은 자신의 역량을 명확하게 인지하고, 직무에서 요구하는 능력과 경험을 강조할 수 있는 방법을 찾게 되어 구직자는 취업의 기회를 확장시킬 수 있다.

〈표 6-1〉 능력중심 채용 프로세스

단계	As-Is	To-Be
인재 모집	1. 직무보다 인재상 중심 모집공고 2. 근무조건과 취업 가능성에 기초	1. 직무 요구와 개인 능력 중심 2. 구체적 직무 내용별 KSA 제시
서류 전형	1. 개인 신상 중심 2. 일대기 형식의 자기소개서 3. 직무연관성 미흡	1. 직무 요건이 초점 2. 직무 관련 경험, 활동 중심 자기소개서 3. 직무에서 갖추어야 할 능력 관련 지원자 경험 등을 기술
필기전형	1. 기초 인지능력 중심 2. 종합(일반) 적성검사	1. 직업기초능력 필기 검사 2. 직무수행능력 필기 검사
면접전형	1. 개인 특성 중심 2. 회사에 대한 동기 3. 회사 중심의 일방적 면접 4. 비구조화된 면접	1. 직무 특성 중심 2. 직무에 대한 동기 3. 쌍방향적 면접의 기회 제공 4. 직무능력과 관련된 경험(경험 면접), 업무수행 과정에서 발생 가능한 상황에 대한 대처방법(상황면접), 특정 직무 관련 주제에 대한 의견(PT, 집단토론) 등을 중심으로 구조화된 면접 진행

출처: NCS 국가직무능력표준(www.ncs.go.kr).

2) 취업전략

취업 전 취업전략을 수립하는 일은 매우 중요한 과정이다. 그중에서도 가장 핵심적인 부분이 바로 목표설정이다. 취업하고자 하는 목표가 없다면 전략이나 계획을 세울 수 없기 때문이다. 이때 중요한 것은 자기 자신에 대한 객관적 이해와 직업 세계에 대한 올바른 정보를 바탕으로 합리적 의사결정을 통해 최적·최선의 직업을 선택하는 것이다. 선택한 직업을 얻기 위해 가능한 한 자신의 모든 역량을 활용하여 집중적으로 준비할 때 경쟁 우위를 차지할 수 있다. 또한 채용환경의 변화에 대한 이해와 고용형태에 대한 이해도 매우 중요하다. 이러한 정보를 바탕으로 자신의 비전과 목표를 달성하기 위한 구체적인 계획을 수립할 수 있기 때문이다.

〈표 6-2〉 마케팅 STP 전략을 이용한 목표설정

	Segmentation					
	산업	제품	직군	지역	기업	
	유통	완성차	영업	서울	현대자동차	
Targeting	IT	브레이크	마케팅	경기	기아자동차	Positioning
	자동차	공조시스템	생산관리	충청	만도	
	전자	조향장치	품질관리	강원	현대 모비스	
	반도체	전자제어	기획	전라		

출처: compus Job&Joy.

취업 목표/전략 수립

목표 수립	전략 수립
자신이 추구하고자 하는 구체적인 목표 수립	• 목표 달성을 위해 자신의 현 상태를 점검해 보고 우수한 부분의 유지와 부족한 부분의 향상에 대한 구체적인 활동 계획을 수립한다. • 구체적이고 도전적인 목표가 있는 경우 이를 위한 자신의 노력 집중을 배가시킬 수 있다.
예시) • 직종: 전문직 • 업종: 세무사 • 업무 내용: 기장 대리	예시) • 세무사 사무실에 입사하기 위해 올 4월에 시행되는 전산 세무회계 자격증을 취득한다. • 2학기에는 지인을 통해 세무사 사무실에서 아르바이트를 통해 경력을 쌓는다. • 2018년 3월에는 반드시 세무사 사무실에 입사가 목표이다.

자신에 대한 이해(자기분석)를 토대로 취업하고자 하는 기업이 결정되었다면 그 기업을 철저하게 분석하는 일은 필수적이다. 자신이 희망하는 기업에서 어떠한 인재를 원하는지를 미리 파악해야 기업에 맞는 인재가 될 수 있기 때문이다.

① 목표 일치 확인: 기업이 지향하는 목표와 나의 목표가 일치하는지를 확인할 수 있다. 기업의 경영철학과 나의 가치가 조화를 이룬다면 자신이 그 기업에서 더욱 의미 있는 역할을 수행할 수 있다.

② 역량 파악: 기업에서 원하는 역량과 자신의 역량이 어떻게 부합하는지 분석한다. 기업이 중요하게 여기는 역량을 알아 둔다면 자신의 역량 강화의 방향을 결정할 수 있다.

③ 자기소개 및 면접 준비: 기업분석은 자기소개서를 작성하거나 면접을 볼 때 정보가 된다. 즉, 내 역량을 기반으로 기업이 원하는 역량을 어떻게 반영할 것인가에 대한 계획과 준비가 가능하다.

④ 상호선택: 기업이 당신을 선택하는 것처럼 당신도 기업을 선택할 수 있어야 한다. 취업은 단순히 기업이 나를 선택하는 것이 아니라 나도 기업을 선택하는 일이다. 기업분석을 통해 기업의 조직문화, 업무환경, 경영전략과 내가 얼마나 맞는지를 평가하고 자신과 기업의 조화로운 결합점을 찾을 수 있다.

이와 같이 기업분석은 자신을 더욱 효과적으로 취업을 할 수 있도록 안내하는 이점을 가지고 있다.

〈표 6-3〉 기업분석 항목

경험 이념 인재상, 상징, 핵심 가치 경영 이념, 경영 원칙 등	**재무 상태** 매출액, 영업 이익 재무제표, 부채 비율 등
회사 정보 기업 소개, 핵심 제품 인사제도, 전자 사보 등	**강 · 약점** 경쟁사와 비교하여 강점, 약점

기업분석이 끝났다면 원하는 기업과 직무 목표를 구체적으로 설정하는 것이 중요하다. 직무 선택 시 고려해야 할 점은 다음과 같다.

① 능력 발휘 가능성: 자신의 능력을 가장 잘 발휘할 수 있는 직무인지 자신의 능력과 관심사에 가장 적합한 직무를 고려해야 한다. 자신의 강점과 역량을 최대한 발휘할 수 있는 직무는 직무의 만족도를 높일 수 있기 때문이다.

② 인생 설계와 일치: '자신의 인생 설계 선상에 놓인 직무인가?'에 대한 답을 할 수 있도록 선택한 직무가 나의 인생 설계와 얼마나 일치하는지를 고려해야 한다. 만약 선택한 직무가 자신의 목표와 가치에 크게 벗어난다면 장기적으로는 행복하고 만족스러운 경력을 쌓기 어려울 수 있기 때문이다. 또한 선택한 직무가 자신의 인생 설계와 일치할 때 더욱 명확한 정체성을 가지고 미래를 효과적으로 설계할 수 있다.

③ 업무 내용 파악: 채용공고나 요강만으로 업무 내용을 결정하지 말고 더욱 자세한 정보 수집을 통해 직무의 실제 업무 내용과 자신의 기대가 일치하는지를 확인할 필요가 있다. 채용공고에는 직무의 주요 업무 내용이나 책임 등이 요약될 수 있다. 따라서 직무내용을 더 자세히 파악하기 위해 기업의 웹사이트,

산업리서치, 기업 내부 인터뷰 등을 통해 추가적인 정보를 수집할 필요가 있다.

④ 사회적 평가와 장래성: 선택한 직무가 사회에서 어떻게 평가되는지, 미래에 어떤 가능성을 가지는지 고려해야 한다. 직무의 사회적 가치는 그 직무가 사회나 산업 내에서 얼마나 중요하게 여겨지고 필요로 하는지를 의미한다. 어떤 직무는 사회적으로 높은 평가와 중요성을 갖기도 하는데 이러한 직무를 선택함으로써 자신의 역량을 사회에 공헌할 수 있다. 또한 선택한 직무의 미래 발전 가능성을 고려하는 것도 중요하다. 어떤 직무는 기술의 발전이나 시장의 변화 등으로 인해 미래에 더욱 발전할 수 있는 가능성을 갖기 때문이다.

이러한 요소들을 고려하여 목표를 설정한다면 자신에게 맞는 직무와 기업을 선택하고 그에 맞는 취업 준비가 가능하다. 또한 이를 통해 취업목표가 더욱 명확하게 설정되고 성공적인 취업을 위한 전략을 수립할 수 있다.

3) 학년별 취업 준비

노동시장의 구조변화에 대응하기 위해 재학 동안 많은 자격증을 취득하거나 직업훈련을 받는 등 다양한 노력이 필요하며, 양질의 일자리를 얻기 위해서는 취업 준비에 더 계획적이고 적극적인 노력이 요구된다. 일반적으로 취업을 위한 제반 준비 활동을 취업준비행동(employment preparation behavior)이라 하며 대학생들의 취업준비행동은 전공 공부, 학점관리, 어학연수, 영어 수준, 자격취득, 인턴십, 아르바이트 경험 등과 같은 사전 관리와 미래직업에 관한 구체적 정보, 시험 준비, 취업 네트워킹, 설명회 참석, 원서 제출 등과 같은 직접적인 구직활동으로 구분해 볼 수 있다. 이와 같은 사전 취업 준비 활동이나 진로 준비 행동은 직무만족도, 직무적합도 등 취업의 질을 높이는 요소로 작용한다.

대학에 입학하면 누구에게나 공평한 시간이 주어진다. 대학에 첫발을 내딛는 순간의 능력은 모두 다르지만, 대학에서 주어진 시간을 어떻게 보내느냐에 따라 졸업 후의 결과는 현저히 달라질 것이다. 따라서 입학부터 졸업까지 취업을 위한 학년별 중요 과제에 대한 취업 로드맵(역량스펙과 태도스펙)을 스스로 계획한다면 학년 변화에 따른 전공 만족도나 대학생활 적응 및 직장 선택에 긍정적인 영향을 줄 것이다.

1학년의 중요한 과제 – 진로를 찾아라!

자신이 '꿈과 비전은 무엇인지?, 내가 어떤 일을 잘할 수 있는지?, 어떤 것을 좋아하는지?'에 대해 답을 찾는 것이 1학년의 주요 과제이다. 대부분의 많은 학생은 자신의 비전과 목적이 있어야 학년에 따른 구체적인 목표를 세울 수 있을 것이다.

2학년의 중요한 과제 – 지식과 경험을 축적하자

2학년 때에는 전공 수업이 늘어나는 시기인데 이때 전공에 대한 기본 지식을 다지기 위해 노력해야 한다. 또한 구체적인 진로 목표를 결정하고 취업 준비를 위해 오랜 시간을 투자해야 하는 자격증 취득, 공모전 참여, 여행을 통해 사회에서 필요로 하는 기초능력을 갖추도록 노력해야 한다.

3학년의 중요한 과제 – 취업에 필요한 실무능력과 인턴 활동

3학년이 되었다면 최종 취업 목표를 점검하고 구체적인 취업전략을 수립하여 전문적인 지식을 쌓아야 하는 시기이다. 학점(학점은 취업 성과에 영향을 미침)관리와 더불어 취업하고자 하는 희망 기업에서 요구하는 취업역량 향상을 위해 전문자격증 취득 및 인턴십을 통해 실무 경험을 쌓아야 한다.

4학년의 중요한 과제 – 취업전략 및 취업 활동

취업을 희망하는 기업의 구체적인 채용정보를 수집하여 이력서 및 자기소개서 등 채용에 필요한 준비사항을 검토하는 시기이다. 대부분의 대기업이 연초에 채용계획을 확정하다 보니 대학 4학년이 되면 마음이 조급해질 수 있다. 만일 대학생활을 하는 동안 취업에 대한 준비가 미비했다면 자신의 재능과 자격을 바탕으로 기업체 주관 인턴 프로그램에 참여하여 개인의 역량을 강화시켜야 한다.

취업 준비 8단계

학년	학기	단계	내용
1학년	1학기	학교 적응	• 꿈–설계, 교과목 수강을 통한 학교 적응 • 자신의 흥미와 적성에 대한 성찰 • 성실한 수업 참여 • 행사, 동아리 활동 참여 • 외국어 능력 점검
	2학기	진로 계획	• 진로 탐색을 위한 취업 교과목 수강 • 취업 설계 및 취업 상담 • 흥미와 적성 탐색을 위한 교양과목 수강 • 취업을 위한 지속적인 성적관리 • 외국어 분야 능력 향상
2학년	1학기	진로 목표 설정 단계	• 대략적인 진로 목표설정 • 진로 목표와 전공의 연계성 검토 • 진로 목표 달성을 위한 전공 목표 검토 및 설정 • 진로 목표 달성을 위한 준비사항 검토 • 성적관리 및 외국어 능력 향상 노력
	2학기	진로 탐색 및 결정 단계	• 졸업 시기의 경제 상황 및 유망업종 분석 • 구체적인 진로 목표설정 • 취업 준비를 위한 부전공, 복수전공 신청 • 희망 기업 입사 자격 기준 탐색 • 성적관리 및 외국어 능력 향상
3학년	1학기	취업역량 확보 1	• 진로 목표 점검 및 재설정 • 구체적인 취업전략 수립 • 희망 기업에 맞는 취업역량 강화 • 취업 희망 분야 현장 점검 • 컴퓨터 활용 능력 향상
	2학기	취업역량 확보 2	• 취업 준비를 위한 개인 역량 점검 • 희망 기업에 맞는 취업역량 강화 • 취업 희망 분야 현장 경험 • 취업 스터디 그룹 조직 및 운영 • 취업 스킬 향상을 위한 취업 교과목 수강
4학년	1학기	취업 지원 단계 1	• 취업 희망 기업의 구체적인 채용 정보 수집 • 이력서, 자기소개서 등 채용에 필요한 준비사항 검토 • 면접 능력 향상 프로그램 참여 • 전반기 기업 채용 응시 • 취업 스터디 그룹 조직 및 운영
	2학기	취업 지원 단계 2	• 취업을 위한 개인 역량 재점검 • 후반기 기업 채용 준비 • 후반기 기업 채용 응시 • 기업체 주관 인턴 프로그램 참여 • 취업 성공을 위한 추가계획 수립

출처: 대학 생활 & 취업 매뉴얼(강원대학교).

[쉬어가기]

선택과 우선순위!

"인생은 B와 D사이 C다" - 장 폴 사르트르 -

"인생은 탄생 Birth(B)과 죽음 Death(D) 사이의 선택 Choice(C)이다."라는 말은 인생은 매 순간 선택하고 결단하며 실행해야 한다는 뜻으로 인간의 삶은 태어나는 순간부터 죽을 때까지 선택의 연속이라고 말합니다. 현재의 자신은 과거의 자신이 선택한 길 위에 서 있고 그 길을 따라 살아가고 있다고 합니다. 그래서 인간은 항상 자신의 선택에 의해 행동하는 자유로운 영혼이기도 합니다.

우리는 하루에도 의식적이든 무의식적이든 수천 가지의 선택을 하며 살아가고 있다고 합니다. 어떤 선택은 좋은 결과를 가져오기도 하고 또 어떤 선택은 예상치 못한 결과로 우리를 곤경에 빠트리기도 합니다. 하지만 분명한 것은, 우리는 삶 속에서 매 순간 무한한 선택을 해야 한다는 것입니다. 선택할 때 가장 중요한 것은 선택의 우선순위입니다. 어떤 일이 가장 중요하고 급한 일인지를 잘 판단하여 선택하는 것이 당신의 인생을 바꿔 놓을 수 있습니다.

선택! 과연 무엇이 중요하고 중요하지 않은지, 무엇이 급하고 급하지 않은지 판단해 보세요.

지금 당신은 어떤 선택을 앞두고 있나요?

당신은 무엇을 기준으로 선택할 것인가요?

그 선택의 결과가 당신과 당신 주변 사람들에게 모두 이로운 것인가요?

Worksheet 1

(월 일)

◈ 자기 주도적 삶을 살기 위한 마음 풀기(1)

■ 아래의 질문을 토론하여 보세요.

1. 지금 나는 행복한가요?
2. 그렇다면, 그렇지 않다면 왜 그렇게 생각하는지 말해 보세요.
3. 지금 이상으로 무엇을 더 가지거나 갖추면 행복할 것 같나요?
4. 그것은 나에게 긴급하고 귀중한 것인가요?
5. 그것을 얻으면 반드시 행복해질까요?
6. 나답게 사는 일은 나를 행복으로 끌어 줄까요?
7. 나는 나답게 살고 있나요?
8. 나답게 사는데 오히려 불행해질 수도 있을까요?

■ 생각 모으기

내가 존재하는 이유는 무엇입니까?

Worksheet 2

(월 일)

◈ 취업 목표 달성 틀

성명		학번	
학과		학년	

취업 목표			
희망 산업/직업		희망 기업	
		희망 부서	
		희망 직무	
희망 기업 인재상			

구분	희망 기업 합격 조건	현재 나의 상황	자기평가		
			완료	준비	미흡
전공					
학점					
외국어 능력					
컴퓨터 활용 능력					
자격증					
인턴 경험 유무					
경력(인턴 경험 제외)					
직무 적성 검사 등					
채용 관련 능력					
기타 필요능력					

출처: 대학 생활 & 취업매뉴얼(강원대학교).

Chapter 07

나다운 삶을 위한 자기계발

학습목표

1. 미래사회의 특징을 나열할 수 있다.
2. 자기계발의 의미와 중요성을 설명할 수 있다.
3. 자신만의 독특한 자기계발 계획을 수립할 수 있다.

07

내면의 힘!
변화를 기꺼이 받아들이되 자신의 가치를 놓으면 안 된다.

–달라이 라마 14대–

1. 미래사회와 자기계발

1) 미래사회의 특징

현대사회는 노동력이 기계의 힘으로, 기계의 힘은 전기기술로, 전기기술은 정보통신기술로 짧은 기간 동안 끊임없는 발전을 이루어 왔다. 최근에는 정보통신기술과 제조업이 융합되어 기존의 생산체제의 틀을 벗어날 것을 예상하는 4차 산업혁명(Fourth Industrial Revolution)이 진행되고 있다.

4차 산업혁명은 디지털 혁명에 기반하여 물리적 공간, 디지털적 공간 및 생물학적 공간의 경계가 희석되는 시대로 '초연결성(Hyper-Connected)', '초지능화(Hyper-Intelligent)'의 특성을 갖는다. 사물인터넷(IoT), 클라우드 등 정보통신기술(ICT)은 인간과 인간, 사물과 사물, 인간과 사물이 상호 연결되고 빅데이터와 인공지능(AI) 등으로 보다 지능화된 사회로 변화될 것으로 예측된다(세계경제포럼, 2016).

세계경제포럼 창립자 클라우스 슈밥(Klaus Schwab)은 4차 산업혁명을 이끄는 10개의 선도 기술을 제시했는데, 물리학 기술로는 무인운송수단 · 3D프린팅 · 첨단 로봇공학 · 신소재 등 4개 분야를, 디지털 기술로는 사물인터넷 · 블록체인 · 공유경제 등 3개 분야를, 생물학 기술로는 유전공학 · 합성생물학 · 바이오프린팅 등 3개 분야로 분류했다. 이러한 기술을 기반으로 클라우드 컴퓨팅(Cloud Computing), 빅 데이터(Big Data), 딥 러닝(Deep Learning), 드론(Drone), 자율주행차 등의 산업이 발전할 것이라고 보았다. 사물인터넷(LoT)은 다양한 플랫폼을 기반으로 사물(제품, 서비스, 장소)과 인간을 연결하는 새로운 패러다임을 창출하고 또 여기에 인공지능이 더해지게 되면서 다양한 서비스 제공이 가능해진다는 것이다.

4차 산업혁명의 등장은 자율주행 전기자동차와 드론을 활용한 택배, 3D프린터로 만들어 내는 상품의 상용화를 예측하고 기술의 진화에 따른 사회경제적 변화와 고용시장의 변화를 예고한다. 4차 산업혁명의 도래로 제조업은 빅 데이터, 인공지능, 사물 인터넷 등 디지털기술과 공유경제, 플랫폼 비즈니스와 결합하여 맞춤형 소량생산, 스마트 공장 등의 형태로 변화된다. 공유경제 시장에서는 온디맨드(on demand)[1]서비스를 선호하게 되고 이에 따라 긱 이코노미(Gig Economy)[2]라는 새로운 임시고용 트렌드가 부상할 것으로 예측하고 있다.

미래 고용시장에 대해 해외 전문가들은 크게 두 가지의 시각으로 바라보는데, 첫 번째 시각은 미래 고용시장에 대한 낙관론이다. 긱 이코노미의 확산으로 특정기술이나 능력에 대한 수급 불균형을 완화해 새로운 일자리를 창출하거나 근로시간의 유연성 확대로 고용시장을 긍정적으로 전망한다. 이와 반대로 기술 진화에 따라 사라지는 일자리를 대신할 새로운 일자리를 창출하는 것은 쉽지 않을 것이라는 비관론이다. 컨베이어벨트와 같이 매뉴얼에 따라 제품이 만들어지는 작업들은 로봇이 대체하게 되고 모바일과 인터넷 뱅킹이 활성화되면서 금융, 보험, 법률 등의 산업까지 대대적인 인력 감축으로 일반 노동자들에게는 부정적 영향을 준다는 것이 그것이다.

그러나 위에 제시한 두 가지 시각과 상관없이 한 가지 공통적인 견해는 창의성과 창조성을 갖춘 인재를 선호한다는 것이다. 남과 다른 생각과 행동으로 기업의 경쟁력을 창출할 수 있는 인재, 도전과 문제해결 능력을 갖춘 인재를 필요로 한다는

1) 온디맨드: 소비자의 개별적인 요구나 주문에 맞추어 바로 물품이나 서비스를 제공하는 사업의 개념 혹은 경제체제

2) 긱 이코노미: 필요에 따라 단기계약직이나 임시직으로 인력을 충원하고 그에 따른 대가를 지불하는 형태

것이다. 4차 산업혁명이 거부할 수 없는 시대적 패러다임이라면 4차 산업혁명으로 인한 고용구조의 변화에 능동적으로 대응할 수 있는 다각적인 문제인식 역량, 인과(因果) 조정이 가능한 협상 · 설득 능력 및 종합적 판단력 등 인공지능이 대체하기 어려운 인간 고유의 역량이 요구되는 시기이다.

2) 일과 자기계발

미래의 트렌드를 알고 새로운 직업과 유망한 직업을 예측한다 하더라도 자신에게 가장 적합한 직업을 찾아낼 수 있는 것은 아니다. 진입 장벽이 높고 전문성을 요구하는 일이라면 수요와 공급의 법칙에 따라 좋은 대우를 받게 되는 반면 새롭고 유망한 직업이라도 진입장벽이 낮고 공급이 넘치는 일이라면 고용의 안정성을 확보하기 어려울 것이다. 따라서 단순히 미래에 주목받을 직업이나 처우가 좋은 직업을 찾기보다는 자신이 가장 좋아하는 일이 직업이 될 수 있는 '일'을 찾은 것이 중요하다. 이러한 점을 고려하여 자신에게 잘 어울리거나 자신이 갖고 있는 재능과 경쟁력을 극대화할 수 있는 일이 무엇인지 신중히 고려해 볼 필요가 있다. 왜냐하면 자신이 관심 있는 산업(업종)과 직업(직무)이 자신의 성향과 얼마나 잘 어울리는지에 따라 일에 대한 만족감과 성취감이 달라지기 때문이다.

최근 직장인을 비롯하여 초 · 중 · 고등학생 및 대학생들 사이에서 유행하고 있는 현상 중 하나가 '자기계발'이다. 이는 치열한 경쟁과 사회적 변화로 인해 지속적으로 자기를 발전시키지 않으면 도태된다는 인식에 의해 나타난 사회적 현상 중 하나이다. 특히 자기계발은 학력중심 사회에서 능력중심 사회로 전환되는 과정에서 노동시장 진입을 준비하는 청년기에 반드시 준비해야 하는 필수적인 과제가 되고 있다.

청년기에 해당하는 대학생 시기는 사회인으로 진입해 가는 과도기로 자신의 정체성과 가치관을 찾고 부모로부터 독립하여 건강한 사회 구성원으로 성장하기 위한 기초를 세우는 시기라 할 수 있다. 그러나 우리나라 대학생들은 과거의 그 어느 때보다 심각한 취업난 속에서 취업을 통해 사회 구성원으로의 역할을 준비해야 하는 등 다양한 어려움에 직면해 있다.

그럼에도 불구하고 변화와 혁신요구에 적절하게 대응하고 성공적인 성인기 진입을 준비하기 위해서는 대학에서 제공되는 자기계발 훈련을 통해 자신의 삶을 책임지고 직면한 문제를 해결할 수 있는 능력을 키우려는 자세가 필요하다. 이때의 자기계발은 변화에 맞게 성장할 수 있도록 낡은 습관을 버리고 끊임없이 새로운 좋은 습관을 기르는 것이 중요하다.

새로운 좋은 습관은 인생의 각 단계마다 환경과의 상호작용 과정 안에서 이루어져야 하는데 인간들은 관성의 법칙에 따라 자신이 해 오던 행동이나 삶의 패턴을 계속 유지하려고 하는 속성으로 한 번 정지한 인생은 계속 정지하고자 하고 활동적인 인생은 계속 활동을 하고자 한다.

단계별 성공적인 과업수행을 위해서는 셀프 스타터(self-starter)가 되어야 한다. 자신이 좋아하는 일과 잘하는 일에서 강점과 약점에 대해 스스로 분석하고 무엇인가를 해내려고 하는 적극적인 의욕과 실천은 일을 완성했을 때 만족감과 성취감이 더 크게 느껴지기 때문이다. 개인의 직무(일)성과는 자신이 행하는 과업들이 중요하다고 인식할 때 자신의 강점들을 직무에 더 많이 적용할 수 있다.

우리사회에서 '자기계발'이라 하면 대부분의 많은 사람들이 경쟁을 위한 수단이라는 편견으로 부정적으로 인식하는 경향이 높다. 그러나 다른 사람과의 경쟁구도에 맞추기 위한 자기계발이 아닌 어제의 나와 오늘의 나에서 어제보다 발전한 오늘의 나를 만나는 자기계발은 자신 속에서 자기가 원하는 것을(다이아몬드 광산)[3] 찾을 수 있을 것이다. 자신이 가지고 있는 거대한 강점은 누구나 동일하지 않지만 누구나 계발이 가능하다.

자기계발은 자기 개성을 실천함에 있어 자신에게 내재되어 있지만 명료하게 공식화되거나 언어로 표현할 수 없는 암묵적 지식을 찾아, 남들이 하지 않고 생각하지 못하는 자신만이 갖고 있는 강점을 이끌어 낼 수 있는 것이 중요하다.

---

3) 옛날 인도에 살고 있던 알리 하워드라는 부자가 다이아몬드 광산을 찾기 위해 자신의 재산을 몽땅 팔아 탐험 길을 떠났지만 광산을 찾지 못한 채 비참하게 죽었다. 훗날 그가 팔아 버린 토지에서 세계 제일의 다이아몬드 광산이 발견되었는데 이는 인간이 자신이 가지고 있는 것을 보지 못하고 항상 다른 곳에서 찾는다는 모순에 대한 이야기이다.

3) 자기계발 구성요소

자기계발은 자신의 내부에 잠재되어 있는 능력이나 재능 등을 외부로 드러내어 발휘될 수 있도록 일깨워 주거나 이끌어 주는 것을 말한다. 즉, 자신에 대한 이해를 바탕으로 자신의 삶에 자신의 잠재능력을 적용하려는 노력이다. 따라서 변화 주도적이고 미래 예측이 불가능한 사회에서의 자기계발은 내면 지향성과 자기주도성을 포함하는 개인의 성찰을 고양하는 데 기여하여 자기실현을 가능하도록 해야 한다.

(1) 자기이해

자기이해란 스스로에 대해 아는 것을 말하며 개인의 성장을 위한 가장 기본적인 본질이라 할 수 있다. 또한 자신을 안다는 것은 자신의 가치나 신념, 태도 등을 아는 것을 넘어서 이것들이 자신의 행동에 어떻게 영향을 미치는지에 대해서까지 아는 것을 의미한다(ncs, 2016). 성공적인 자기계발은 자신이 무엇을 아는지를 알고 무엇을 모르는지를 아는 자기이해를 기초로 이루어지기 때문이다.

자기이해가 가능해야 독립적 주체로서의 삶이 가능하다. 자신에 대한 이해는 삶의 순위를 정할 수 있고 무엇을 모르는지에 대해 파악하여 계획을 짤 수 있다. 그러나 다양한 문화와 경쟁사회는 현대인으로 하여금 유행과 변화에 이끌려 자아를 상실하게 한다. 자신을 상실한 채 하는 자기 개선을 위한 노력은 물거품에 불과하다. 자신을 이해하고 자신을 수용하는 사람이 자기 발전 및 인생의 성공을 예측할 수 있다. 자신을 잘못 이해하거나 수용하지 못하는 사람은 원만한 사회생활과 자기 향상을 위한 자기계발이 어려워진다. 특히 청년기의 발달 과업 중 하나인 올바른 자기이해는 자아 정체감을 향상시켜 자신이 추구하는 자기만의 자기계발 방법을 결정할 수 있게 한다.

(2) 자기주도성

자기주도성(Personal Initiative)이란 외부적인 요인에 의존하지 않고 자기의 삶을 자신의 의지대로 이끌어 갈 수 있는 힘을 말한다. 자기주도성은 자신의 선택에 책임감을 갖기 때문에 개인적으로 자기효능감과 성취감이 높아지게 된다. 이러한 개인들이 많을수록 조직의 생산성과 효율성이 획기적으로 성장하는 결과를 만들어 낼 수 있다.

자기계발은 수동적·타율적 형식에 지배받지 않고 자기 스스로 목표달성을 위해 부족한 점을 파악하여 보강해 가는 것이다. 자율적으로 학습활동에 참여한다는 점에서 자기계발 활동은 자발적 자기주도성을 전제로 한다. 자기계발이 피드백을 통해 계발 목표를 설정하고 계발활동에 참여하고 진행과정을 점검하는 일련의 과정을 의미할 때 자기계발은 각자가 스스로 계획을 세우고 경력을 발전시켜 나간다는 점에서 자기주도적 활동이라 할 수 있다.

(3) 인간관계

인간은 본래 자기중심적인 존재이다. 그러나 인간은 자신의 문제를 혼자 해결하기 어렵기 때문에 내가 아닌 다른 누군가와 함께 해결해 나가는 존재이기도 하다. 이러한 맥락에서 인간은 다른 사람과의 관계 속에서 살아가야 하는 사회적 존재인 동시에 인간관계의 출발점이자 종착점이다. 현대사회는 조직화, 거대화로 개인의 존재가치가 점점 미약해져서 있어도 그만 없어도 그만인 존재가 되고 있다. 긍정적 자아상의 확립은 환경과의 상호작용으로 형성되는데 환경이란 개인에게 중요한 타자로 구성되어 있어 원만한 인간관계는 건강한 삶을 보장받을 수 있는 반면 인간관계의 결함은 여러 가지 부정적인 문제가 발생한다고 말한다. 이러한 이유로 인간관계의 기술은 자기계발의 중요한 주제가 된다.

갭이어(Gap Year)

갭이어는 학업을 병행하거나 잠시 중단하고 봉사, 여행, 진로 탐색, 교육, 인턴, 창업 등의 다양한 활동을 직접 체험하고 경험하며 이를 통해 향후 자신이 나아갈 방향을 설정하는 시간을 말한다.

요즘은 10~20대 학생시절을 넘어 3~40대 직장인들에게도 가장 핫한 단어가 갭이어다. 말 그대로 "쉬는 해"라는 뜻으로 학업이나 직장을 잠깐 중단하고 여행이나 봉사, 인턴 등 새로운 경험을 하며 넓은 세상을 배우고 진정 하고 싶은 일을 찾아 자신의 진로를 설계하고 목표를 설정하는 기간을 말한다.

특히 학력이나 스펙을 필수품처럼 여기는 요즘 우리 풍토에서 무엇보다도 중요한 것은 자신이 하고 싶은 일을 찾아 평생의 꿈을 잃지 않고 노력하는 것이다. 우리나라 청소년들은 입시 위주의 교육으로 인해 창의성이나 창조성이 실종된 청소년기를 보내게 되고 이런 상황은 직장에 입사해서도 자기 업무나 직무에 흥미를 느끼거나 성과를 낼 수 없게 된다. 갭이어는 아직 사회에 진출하기 전인 취업 준비생인 대학생들에게겐 자신의 문제점을 파악하고 자신의 역량을 찾기 위해 더없이 필요한 시간이다.

청소년들이 '생의 목표', 평생의 꿈을 실현시킬 수 있는 방법이 무엇일까? 전문가들은 학교를 졸업한 뒤 바로 취업 전선에 뛰어들 것이 아니라 잠시 모든 근심, 걱정을 내려놓고 책을 읽고 여행을 하면서 사람을 만나고 봉사를 하며 자신을 뒤돌아보고 자신만의 강점과 역량을 찾아내어 진로를 설계하고 목표를 설정하는 갭이어를 갖기를 권한다.

2. 차별화된 자기계발

> 차별화를 두는 것은 쉽지만 더 잘하는 것은 어렵다
>
> – 조나단 이브(Jonathan Ive)

우리의 인식은 지금까지 '처음 하는 것', '잘 못하는 것', '경험해 보지 않은 것'에 도전하고 모험하는 것보다 평범한 일상에서 정답을 찾는 훈련에 익숙해져 있다. 글로벌 시대에 인간 생존의 질을 높일 수 있는 것은 문제를 해결하는 능력을 키우는 것이다. 정답만을 찾아가는 것은 문제해결 능력을 키우는 것이 아니라 어떠한 상황에서 그 문제를 해결할 수 있는 지침서를 제공하는 것이다. 그러나 인생에서 정답으로 채워진 똑같은 상황은 또다시 일어나지 않는다. 이제는 자신의 인생이 타인에 의해서나 외부적인 시선을 의식해서 만족되어지는 삶이 아니라 자신의 주도적인 고유한 삶을 영위하기 위해 노력해야 한다. 그러기 위해서는 지적 수준을 향상하고 자신만의 고유성을 확보하는 능력이 필요하다.

무엇인가를 해내는 사람과 해내지 못하는 사람의 차이는 익숙한 것에 대한 반응이다. 지금까지 우리는 다른 사람과 똑같이 살려는 노력을 기울여 왔다. 그러나 새로운 산업과 기술은 더 이상 정답을 찾는 인재에 관심이 없다. 새로운 것을 만들어 내는 신기술과 시대를 관찰할 수 있는 통찰력을 갖춘 인재를 요구하고 있다.

차별화된 자기계발을 위한 기법

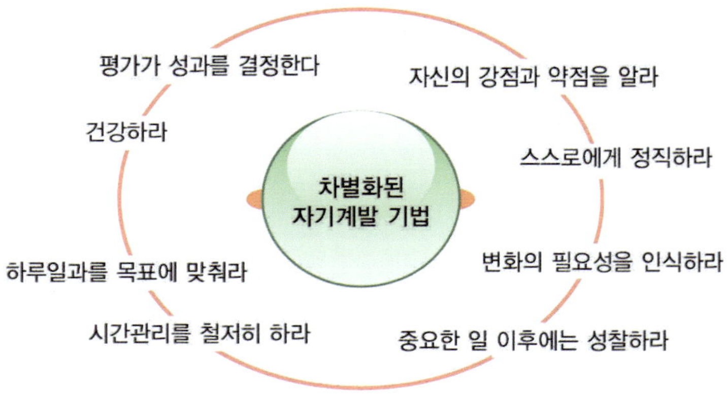

출처: 자기관리 성공노트(2007).

1) 차별화 패러다임

차별화란 남들과 뚜렷한 차이를 두어 구별된 상태가 되는 것을 말한다. 이때 차별화는 자신의 특성에 맞는 독특한 것을 담고 있어야 다른 사람과는 다른 차이를 만들어 낼 수 있다. 그러나 단순히 다르다는 것만으로 차별화라고 말하기는 어렵다. 다른 이들이 제공하지 못하는 독특한 가치가 제공되어야 새로운 것을 만들어 낼 수 있다. 기술의 변화는 산업과 일자리에 빅뱅 디스럽션(Bigbang Disruption)[4]으로 2020년에는 기업의 평균 수명이 20년으로 줄어들 것으로 예상하고 있다. 이와 반대로 인간의 수명은 1970년 여자 65.8세, 남자 58.7세에서 2017년 남자 79세, 여자 85세로 남녀를 합친 한국인의 평균수명은 82세로 늘어났다. 이러한 현상은 줄어드는 일자리와 늘어나는 인간의 수명의 불일치로, 한 직장에 뼈를 묻고 싶어도 회사가 생겨났다 사라지기 때문에 뼈를 묻을 수 없게 된다.

따라서 이제는 직장보다 직업이 중요한 시대가 되었기 때문에 직장 대신 직업을 가져야 한다. 이때 중요한 것이 직장에 기여하면서 자신만의 직업을 만들 수 있는가를 고민해 보아야 한다.

직장을 벗어나 직업을 준비하기 위해서는 학습이 필요하다. 지금까지는 25세 전후까지의 지식으로 평생을 살 수 있었지만 직업이 필요한 시대에서는 자신만이 할 수 있는 일을 위해 학습역량과 콘텐츠를 쌓아야 한다.

2) 차별화의 기본원칙

(1) 선택과 집중

차별화의 기본 법칙 중 하나가 개인의 역량에 집중하는 것이다. 개인의 목적이나 조직의 목적을 달성하는 과정에서 선택적 집중은 주어진 시간과 자원 안에서 한 가지를 잘하게 되면 나선형 자신감이 생기고 이러한 자신감은 '나는 할 수 있다'라는 성취 에너지를 만들어 낸다.

실패하는 사람이 있다면 성공하는 사람도 분명히 있다. 그저 단순한 성공이 아니라 다른 사람들이 상상하지 못할 정도 이상으로 성공하기 위해서는 단지 좋아하는 것이 아닌 잘하는 것에 집중할 필요가 있다. 이를 위해서는 '열정을 가지고 할 수

4) 빅뱅 디스럽션: 기존 제품 · 서비스의 개선에 그치지 않고 스마트폰 · 자율주행차처럼 새로운 시장을 창조하여 기존 질서나 시장을 전면적으로 뒤흔드는 혁신을 뜻한다.

있는 일', '경제적 성장의 원동력이 되는 일', '당신이 세계 최고가 될 수 있는 일'이 무엇인지를 알고 그 안에서 공통분모를 이해할 때 가능하다.

(2) 기버와 테이커

사물인터넷의 발달은 사람과 사람을 더욱더 잘 연결시키기 때문에 타인과의 상호작용이 그 어느 때보다 중요해지고 있다. 애덤 그랜트(Adam Grant)는 받는 것보다 주는 것을 좋아하는 기버(Giver), 준 것보다 더 많이 받기를 원하는 테이커(Taker), 받는 만큼 되돌려 주는 매처(Matcher)로 인간의 유형을 세 가지로 구분하였다.

현대사회는 상호교환을 포함하는 사회적 상호작용이 넘치는 시대로 친밀한 관계에서는 기버로 행동하고 연봉협상을 할 때에는 테이커로, 동료와 전문지식을 나눌 때에는 매처처럼, 우리는 상황에 따라 다르게 행동하는 경우가 많다. 그러나 조직에서 남을 대할 때에는 대체적으로 한 가지 행동 양식을 선택하게 된다. 상호교환 행동에서 기버가 성공하는 주된 이유는 인맥의 양과 질로, 사회에서의 인맥은 성공의 중요한 요소로 작용되고 있다. 따라서 협동 작업과 서비스 산업이 크게 성장하고 개인들끼리 소통하는 소셜미디어가 급성장하는 현대사회에서의 기버적 행동은 나와 타인이 함께 성장하는 것을 돕는 일이라 하겠다.

(3) 대체 불가능한 사람

대체 불가능한 사람은 다른 사람에게 매력적인 투자 대상이 될 확률이 높다. 사람들은 자신의 독특한 재능을 최대한 활용할 수 있는 직업을 선호하게 되는데 조직에서 새로운 사람의 등장은 이전에 자신만이 갖고 있던 것과 비슷하거나 자신을 능가하는 재능을 가졌을 때 조직은 위협을 느낀다. 이와는 달리 조직에서는 자동화 산업에 따른 일자리 감소를 극복할 수 있는 창의적이고 창조적인 자신만의 신지식 트렌드를 갖춘 직원을 선호하게 된다. 따라서 자신의 직무에서 남들이 만들어 내는 그 무엇과는 전혀 다른 나만의 그 무엇을 제공할 수 있어야 한다. 이때 자신의 직무에 대한 차별화는 자신만의 직무를 꾸준히 습득하는 과정 안에서 자신에게 숨겨진 강점을 이끌어 내어 재능과 역량으로 만들어질 때 가능하다.

3) 차별화된 대표강점

> 강점 집중!
> 자신을 경영하고 다른 사람을 경영하기 위한 중요한 원리는 강점에 집중하는 것이다.
>
> – 피터 드러커(Peter Drucker)

재능을 능력으로 개발하기 위해서는 발상의 전환이 필요하다. 일반적으로 '자기계발' 하면 많은 사람들이 자신에게 부족한 무엇인가를 보완하는 것으로 생각하기 쉬운데 바람직한 자기계발은 자신이 가장 자신 있고 성공할 수 있다고 생각하는 분야를 집중적으로 개발하는 것이다.

4차 산업혁명을 이야기하고 기술 빅뱅시대를 논하는 이 시점에서 뭔가 새로운 것을 다시 준비하는 자기계발이 아닌 특정 분야에서 누구도 따라오지 못하는 자신의 강점을 최대한 발휘할 수 있는 방향의 자기계발이 필요하다.

대표강점이란 특정 활동에서 가치 있는 성과를 위해 최적의 기능을 할 수 있도록 느끼고 생각하고 행동하는 역량으로 성격 강점 중에서 개인의 특성을 가장 잘 반영하며 주로 사용하는 강점을 말한다. 대표강점은 시간과 환경에 상관없이 지속적으로 나타나는 심리적 특성으로 그 자체로서 가치를 지닌다. 이러한 심리적 특성은 부정적일 수도 긍정적일 수도 있는데 강점은 좋은 느낌과 희열감을 자아내는 긍정적 특성으로 발견과 창조를 통해 얼마든지 자기화가 가능하다. 즉, 강점은 자전거 타기의 기술이나 피아노 연주와 같이 개인의 자율선택과 의지를 통해 습득이 가능하며 자기만족과 긍정적 정서를 만들어 낸다.

마틴 셀리그만은 대표강점은 만족에 이르게 하는 지속적이고 자연스러운 방법이며 참 행복은 자신의 대표강점을 발휘함으로써 긍정적 정서를 자아낸다고 설명했다. 또한 행복한 삶, 의미 있는 삶, 숭고한 삶을 다음과 같이 정의하였다. 첫째, 행복한 삶이란 일상생활에서 자신의 대표강점을 활용하여 주된 활동 영역 속에서 충분한 만족을 얻는 삶이다. 둘째, 의미 있는 삶이란 행복한 삶에 한 가지가 더해지는 것으로 대표강점과 미덕을 활용하여 자신의 존재보다 훨씬 더 큰 무엇에 봉사하는 삶을 말한다. 셋째, 숭고한 삶이란 신을 자기 삶의 궁극적인 목표로 삼아 신성하고 경의로운 진실한 삶을 추구하는 것을 말했다.

이상에서 논의한 바와 같이 강점은 그 자체로 가치를 지니며 계발이 가능하다. 또한 개인의 자율적 의지에 따라 결정되는데 강점을 언제 발휘하고 어떻게 지속적으로 계발하느냐를 선택할 수 있으며 언제부터 습득할 것인가에 대해서도 선택이 가능하다. 그렇기에 강점을 계발하고 일상생활에서 활용하는 것은 온전히 개인의 선택 문제이다.

대표강점과 관련하여 피터슨(Peterson)과 셀리그만은 심리적 강점과 덕성에 대한 분류체계인 VIA(Airtues in Action)를 개발하였으며 이 분류체계는 6개의 범주와 24개의 강점으로 다음과 같다.

지혜	용기	인간애	정의	절제	초월
1. 창의성 2. 호기심 3. 개방성 4. 학구열 5. 예지력	6. 용감성 7. 끈 기 8. 진실성 9. 활 력	10. 사 랑 11. 친절성 12. 사 회 지 능	13. 시 민 정 신 14. 공정성 15. 리더십	16. 용 서 17. 겸 손 18. 신중성 19. 자 기 조 절	20. 감상력 21. 감 사 22. 낙관성 23. 유 머 24. 영 성

(1) 지혜(wisdom)와 지식(knowledge)

지혜와 지식은 더 나은 삶을 위한 인지적 강점이다. 창의성(creativity), 호기심(curiosity), 개방성(open-mindedness), 학구열(love of learning), 예지력(foreknowledge)이 이에 속한다.

(2) 용기(courage)

용기는 내적 · 외적 난관에 직면하더라도 추구하고자 하는 목표와 성취하려는 의지를 실천하는 강점들로 용감성(bravery), 끈기(persistence), 진실성(authenticity), 활력(vitality)이 있다.

(3) 사랑(Love)과 인간애(humanity)

타인을 보살피고 친밀해지는 것과 타인에 대한 관심과 관련된 대인 관계적 강점들로 사랑(love), 친절성(kindness), 사회 지능(social-intelligence)이 이에 속한다.

(4) 정의(Justice)

이 강점은 시민으로 행동할 때 드러나는 것으로 건강한 공동체 생활과 관련된 사회적 강점들로 시민정신(citizen-ship), 공정성(fairness), 리더십(leader-ship)이 있다.

(5) 절제(temperance)

지나침으로부터 보호해 주는 긍정적 특질로 모든 결정 사항들에 대해 독단에 빠지지 않게 하는 용서(forgiveness), 겸손(modesty), 신중성(prudence), 자기조절(self-regulation)이 있다.

(6) 초월(transcendence)

현상과 행위에 대해 의미를 부여하고 우주와의 연결성을 추구하는 초월적 강점들로 감상력(appreciation of beauty and excellence), 감사(gratitude), 낙관성(optimism), 유머(humor), 영성(spirituality)이 있다.

지금까지 대표강점에 대해 살펴보았다. 인간은 누구나 자신만이 잘하는 일, 자신 있는 무엇인가가 있다. 이것이 대표강점이다. 이러한 대표강점을 학업, 인간관계,

대학 및 직장생활, 사랑, 여가 등에 자주 활용한다면 긍정적인 피드백을 받으면서 자신감이 향상될 것이다. 우리 주변에 사소한 것이라도 좋다. 학교 근처의 맛집이나 주변의 카페를 잘 아는 것도 학교생활에 요긴하게 사용되는 대표강점이 될 수 있다. 물론 이러한 수준의 강점 외에 학업이나 대학생활에서 두드러질 수 있는 대표강점을 찾고 개발한다면 일하는 동안 누릴 수 있는 최대의 행복을 누릴 수 있을 것이다.

자신의 강점과 약점을 파악하는 방법

1. 자신의 능력 이해하기	자신의 노력 인정하기	이미 잘하고 있는 것과 향상이 필요한 부분을 살펴보고 자신이 잘한 부분에 대해 기억하기
	잘하고 있는 일 적어 보기	일주일간 하루에 어떠한 활동을 하였는지 적어 보고 어떠한 활동을 좋아하는지 파악하기
	가치 반영하기	자신이 추구하는 가치를 발견하여 자신의 삶 속의 강점과 약점이 무엇인지 확인하기
	테마와 패턴 검토하기	반복되는 행동 패턴을 검토하기
	삶과 가치를 동일 선상에 놓기	추구하는 가치와 현실을 분석하기
	상황적 의미 고려하기	자신이 소속되어 있는 곳의 관습 파악하기
2. 강점 확인 실행하기	질문에 응해 줄 사람 찾기	자신의 강점을 확인해 줄 수 있는 사람 떠올려 보기
	피드백 받기	자시의 강점이 무엇인지, 어떠한 상황에서 발견되는지 물어보기
	공통점 찾기	결과 도출 후 비슷한 점을 모아 보기
	자화상 만들기	장점이 모아지면 장점들로 이루어진 자화상 그려 보기
3. 행동 리스트 만들기	행동 적기	특정 상황에서 어떤 반응을 보이는지 기록하기
	어려웠던 상황 생각하기	즉흥적으로 반응했던 순간 떠올려 보기
		어려운 상황에서 빠르게 행동했던 상황 떠올리기
4. 바라는 점의 리스트 만들기	바라는 점 자신에게 질문하기	특정한 활동과 목표들을 왜 성취하고자 하는지 질문하기
	좋아하는 것 결정하기	삶에서 가장 즐겁게 생각하는 것 질문하고 답 적기
	동기부여가 되는 것 적어 보기	가장 에너지가 넘치고 동기부여가 되는 것은 무엇인지 적기

5. 강점과 약점 평가하기	약점에 대해 다시 생각하기	부정적 느낌의 약점 대신 향상에 필요한 영역 생각하기
	성장 가능한 영역 발견하기	약점을 인정하고 성장 가능한 영역 떠올리기
	강점에 집중하기	강점과 관련하여 가장 효율적인 부분에 집중하기
	강점과 약점 적어 보기	자신의 삶에서 강하거나 약하다고 느끼는 부분 적어 보기
	강점과 약점 평가하기	욕구와 강점 사이의 불일치 비교하기
	결과 보기	결과에 대해 어떤 행동들이 필요한지 적어 보기
	완벽주의 거부하기	약점에 너무 매달리지 않고 재능을 발전시키기
	중요한 순간 부정하지 않기	한번도 경험해 보지 않는 것에 대해 맞추어 나가 보기
6. 기술 활용하기	강점과 약점의 연관성 고려해 보기	지원하고자 하는 직업에서 자신의 약점과 강점이 어떤 관련이 있는지 생각해 보기
	정직함과 자신감 보이기	자신의 강점과 약점에 대해 솔직하기
	어려움 극복해 보기	일상생활에서 의도적으로 실천해 보기
	강점에 대해 자신감 갖기	겸손하면서도 강점들을 정직하게 이야기해 보기

3. 대학에서 자기계발

> 대학 졸업장은 한 인간이 완성품이라는 증명이 아니라 인생의 준비가 되었다는 표시이다.
>
> – 에드워드 말로이(Edward A. Malloy)

1) 성공적 자기계발

자기계발(self-improvement)은 자신의 내면에 잠재되어 있는 능력이나 재능, 장점 등을 밖으로 드러낼 수 있도록 이끌어 주거나 일깨워 주는 것을 의미한다. 또한 자기계발은 자기관리(self-management), 자기성장(self-growth), 자기향상(self-advancement) 등 다양한 용어로도 표현되고 있는데 일반적으로 자기계발은 자발적 선택과 자율성에 기초한다는 점에서 자신이 주체가 된다는 것이 중요한 특징이다.

평소에 자기계발에 노력을 기울인 사람이라면 자신에 대한 새로운 그 무엇을 만들어 내는 것에 있어 변화의 필요성을 스스로 지각하여 목표를 설정하고 계획을 수립하여 실행한다. 이 과정에서 자신의 능력과 역량, 잠재 가능성이 충분히 발휘된다는 점에서 잠재능력을 계발해 가는 것이 바로 자기계발이다. 자기계발은 자신의 문제에 대해 자신이 갖고 있는 잠재력과 주변 환경자원을 활용할 수 있는 역량을 최대로 발휘할 때 성공적인 자기계발을 이룰 수 있다.

그러나 대부분의 사람들은 평균에 이를 때까지 열심히 노력하지만 평균에 도달하면 그 상황에 만족하고 거기에서 멈춰 버리는 경우가 많다. 평균에서 +1만 노력한다면 현재보다 훨씬 높은 곳으로 자신을 끌어올릴 수 있음에도 불구하고 평균 수준이 되면 스스로 만족하고 멈추게 된다. 능력을 개발하기 위해서는 무엇인가를 해내려는 적극적인 의욕과 열의가 필요하다.

최근 심각한 청년 실업문제나 경쟁을 강조하는 사회에서 우리들에게 맹목적인 자기계발이나 평균값에 도달하기 위해 마지못해 하는 자기계발은 성공적 자기계발이라고 말하기 어렵다.

성공적 자기계발은 자발적 주체가 되어 자신의 역량을 발휘할 때 나타난다. 특히, 현재 하고 있는 일에 대해 즐거움을 갖고 자신의 노력에 대한 만족감, 성취감을 느낄 수 있도록 지속적인 노력과 자기계발이 이루어져야 한다.

2) 대학생의 핵심역량(Core Competencies)

취업에 있어 가장 중요한 것은 직무에 필요한 핵심역량을 키우는 일이다. 역량이란 기초직업 능력 등으로 번역되는 개념으로 환경과의 상호작용을 효과적으로 만들어 내는 개인의 능력을 말한다. 개인의 역량은 급속하게 변화하는 직업세계에서 직무수행을 위해 필수적으로 요구되는 능력으로 특정 상황이나 직무에서 성과 창출의 원인이 되는 개인의 내적인 특성(동기, 자질, 가치관, 태도, 스킬, 지식 등)을 의미한다.

사회심리학자 데이비드 맥클리랜드(David McClleland)는 '역량'을 개인성과를 예측하거나 설명할 수 있는 다양한 심리적 · 행동적 특성이라고 정의하였으며 역량은 지능지수(IQ)보다 실제 직무성과를 더 잘 예측한다고 주장하였다. 다양성의 가치를 중요시하는 창조적 사회에서 공동의 이익을 창출해 낼 수 있는 힘은, 보유하고 있는 지식 그 자체가 아니라 자기 자신의 고유성을 확보하면서도 다른 경쟁자들보다 우위에 있는 자신만이 갖추고 있는 신지식이나 핵심역량에서 비롯된다.

핵심역량에 대한 논의는 조직에서의 직무에 대한 문제점을 극복하기 위하여 대두되었다. 신지식기반 경제사회로의 급격한 변화는 직무에 대처하기 위한 노력보다 직무를 수행하는 데 필요한 기능과 핵심역량을 가지고 있는 개별 개인에게 초점을 맞추는 것이 유리하다고 판단한 것이다. 이러한 맥락에서 직무를 수행하는 개인의 역량에 초점을 두게 되었다.

역량은 동기(motives), 특질(traits), 자아개념(self-concept), 지식(knowledge), 기술(skill)의 다섯 가지 유형이 있다. 이것을 기업의 채용관점에서 보면 지식이나 기술은 입사 후에도 얼마든지 개발할 수 있는 역량이다. 따라서 교육을 통해 변화시키기 어려운 동기나 태도를 잘 갖춘 사람을 채용한다는 점에서 개인의 역량은 과제수행을 위한 최소한의 기본 능력인 셈이다. 개인이 가지고 있는 핵심역량은 기술과 지식 등과 결합하여 생겨나는 행동영역으로 직종이나 직위에 상관없이 대부분의 직종에서 직무를 성공적으로 수행하게 한다. 핵심역량을 주로 직무수행을 위해 필요한 능력으로 간주함으로써 기업들의 인사정책이나 인사제도의 운영이 변화되고 있다. 지금까지 채용의 중심이 연공서열(seniority)이나 스펙(spec)이었다면 최근에는 스펙을 초월하여 인성이나 직무역량을 중심으로 뽑아야 한다는 인식이 확산되고 있는 것이다.

경영 및 인사관리에서 역량이 중요한 기준이 되고 있는 것은 ① 기업의 생존을 위해 성과의 중요성이 부각되고 있기 때문이다. 우수한 성과와 업무수행은 개인의 학력이나 보유하고 있는 지식에 의해 좌우되는 것이 아니라 보유하고 있는 능력들이 종합되어 직무나 업무행동으로 발휘되기 때문이다. ② 기술혁신으로 인한 직무(신규 직무, 도태 직무)가 바뀌고 동일 직무라 하더라도 수행방법이 지속적으로 변화되고 있다. 고성과자가 발휘하는 행동역량은 직무수행 방법이나 절차가 바뀌어도 기존에 학습된 지식과 기술에 비해 상대적으로 쉽게 바뀌지 않는 안정적 특징이 있다. ③ 인적자원에 대한 관점의 변화를 들 수 있다. 과거와는 달리 고학력화에 따라 교육수준이 높고 학습 및 훈련의 기회가 많기 때문에 조직에서 구성원들의 기본 수준은 거의 유사하다는 점에 있어 성과의 차이는 개인의 역량에 의해 결정된다고 본다.

기업에서 논의되고 있는 역량은 OECD의 DeSeCo 프로젝트를 통해 학교 교육에 도입되어 역량 관련 담론을 확산시켰다. 아울러 역량 중에서도 ① 사회와 개인을 위해 가치 있는 성과물이 산출되도록 기여하는 역량, ② 다양한 맥락 속에 있는 중요한 요구에 개인이 부합하도록 돕는 역량, ③ 전문가를 위해서뿐만 아니라 모든 개개인을 위해서 필요한 역량을 핵심역량이라고 개념화하였다.

핵심역량에 대해 한국교육개발원에서는 핵심역량을 발달단계의 관점에서 접근하여 생애에 걸쳐 요구되는 과업들을 성공적으로 수행하기 위해 필요한 가장 기본적인 능력으로 규정하였다. 전 생애에 걸쳐 모든 개인에게 요구되는 핵심역량은 일반적이고 보편적이지만 초 · 중 · 고등의 각 단계에 따라 상대적이며 각자의 상황적 특수성을 갖게 된다.

사회적 변화와 기업의 요구에 부응하는 인재양성을 위해 대학생들이 기본적으로 함양해야 할 핵심역량(essential skills)은 의사소통역량, 자원 · 정보 · 기술 활용역량, 종합적 사고 역량, 글로벌 역량, 대인관계역량, 자기관리역량을 꼽고 있다. 또한 대학생 직업기초능력은 개인의 평생고용을 보장받기 위해 필수적으로 습득해야 할 핵심 능력으로 직업 현장에 투입되기 전에 이루어지는 지식, 기술, 태도 등을 말한다.

직업마다 필요한 역량이 다르고 특정한 하나의 직무에 숙달된 기능인보다 변화하는 환경과 요구에 적절하게 대응할 수 있는 ① 직업윤리, ② 조직이해 능력, ③ 기술능력, ④ 정보 능력, ⑤ 대인관계 능력, ⑥ 자원관리 능력, ⑦ 자기개발 능력, ⑧ 문제해결 능력, ⑨ 수리 능력, ⑩ 의사소통 능력의 중요성이 점점 더 증대되고 있다.

대학생 핵심역량 진단평가(K-CESA, Korea Collegiate Essential Skills Assessment)

상위요소	평가영역	평가요소
인지적 요소	의사소통 (Communication)	적극적인 경청과 이해 능력
		효과적인 의사전달 및 발표
		토론과 조정
	자원 · 정보 · 기술의 활용 능력 (Resource, Information Technology Skills)	자원의 처리 및 활용 능력
		정보의 처리 및 활용 능력
		기술의 처리 및 활용 능력
	종합적 사고 (Higher-order thinking skills)	분석적 능력
		추론적 능력
		평가적 능력
		대안적 능력
	글로벌 역량 (Global competency)	외국어 능력
		글로벌 환경에 대한 노출 정도
		유연성 및 적극성
		타 문화에 대한 지식 및 이해
		글로벌 및 글로벌 경제에 대한 이해
비인지적 요소	대인관계 능력 (Interpersonal & cooperative skills)	정서적 유대
		협력
		중재
		리더십
		조직에 대한 이해
	자기관리 (Self-management)	자기 주도적 학습 능력
		계획수립 및 실행 능력
		직업 의식
		정서적 자기조절 능력

출처: 대학생 핵심역량 진단 시스템(www.kcesa.re.kr).

3) 자기계발 시작방법

'작심삼일'과 '시작이 반이다'이라는 속담이 있다. 전자는 마음에 결심을 해도 3일을 넘기기 힘들다는 말이고 후자는 무엇이든 시작이 어렵지 일단 시작하면 일을 끝마치기는 그리 어렵지 않다는 말이다. 새로운 일에 있어 사람들은 저마다 계획을 세우지만 정작 실천하기란 그리 쉬운 일은 아니다. 그러나 다시 생각해 보면 계획을 세웠다는 것은 어느 방향으로 가고 싶은지에 대한 분명한 목표를 가지고 있다는 의미일 수도 있다.

목표란 어떤 목적을 이루려고 하거나 어떤 지점까지 도달하고자 하는 것으로 1년 정도까지의 목표를 단기목표라 하고 1년 이상 장기간에 걸쳐 이뤄야 할 목표를 장기목표라 한다. 즉, 목표란 마감 시한이 있는 꿈이다. 계획을 세워 놓고 마냥 기다리기만 한다면 그것은 목표가 아닌 헛된 꿈에 불과하다. 꿈과 목표의 차이는 행동력에서 나타난다. 적극적인 사람은 계획을 세우면 바로 실행에 옮겨 행동을 개시하는 반면 소극적인 사람은 행동하는 것을 주저한다. 여기에서 목표라 함은 단순히 내가 되기를 또는 이루기를 원하는 것만을 의미하지 않는다. 자신이 도달하고자 하는 바를 어떻게 성취할 수 있는지에 대한 계획을 포함하는 것으로 잘 계획된 목표가 있으면 자신이 원하는 바를 달성할 확률이 높아진다. 목표는 ① 정확히 무엇을 하고 싶은지, ② 목표달성 여부를 어떻게 판단할 수 있는지, ③ 달성 가능한 일인지, ④ 현재의 상황에서 가능한 일인지, ⑤ 언제까지 달성할 것인가에 대해 정확히 알아야 계획을 수립할 수 있다.

계획이란 '어떤 것을 하겠다.'와 같은 의지와 구체적인 실천방법의 행동계획을 말한다. 고등학생이라면 대학입학의 계획을, 대학생이라면 취업을 위한 계획을, 결혼을 앞둔 사람이라면 결혼 계획을 세우는 것처럼 많은 사람들은 모든 일에 앞서 계획을 수립한다.

그러나 이러한 계획이 너무 과도하거나 무리한 계획이라면 오히려 자신에게 스트레스로 되돌아올 수 있기 때문에 자신에 대한 이해를 바탕으로 최대한 여유를 가지고 계획을 수립하는 것이 좋다. 무엇인가 목표가 정해졌다면 성취하고자 하는 목표를 일, 주, 월, 년 단위로 변화시키고자 하는 일을 적어 본다. 예를 들어, 인간관계나 의사소통, 또는 직업, 건강, 재정문제 등 몇 달 동안 또는 몇 년 동안 삶에서 부담이 되었던 어떤 것이든 좋다. 이러한 목표설정은 자기계발의 시작이 된다. 얻고자 하는 목표가 정해졌다면 자신과 목표 사이에 존재하는 방해 요인을 나열해 본다. 행동을 옮기는 것에 있어 일어날 수 있는 모든 방해 요인을 미리 예상하고 대책을 강구함으로써 목표에 도달할 수 있다.

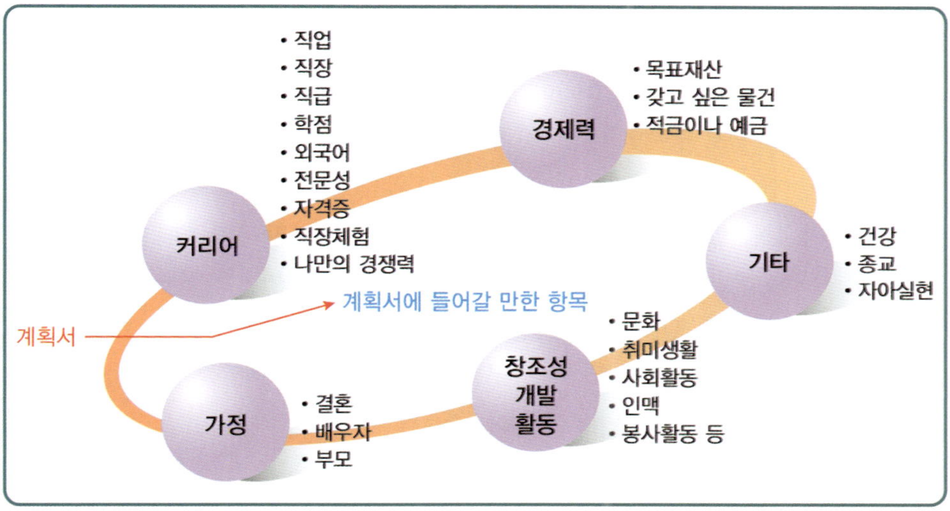

출처: 한국고용정보원(https://www.keis.or.kr).

[쉬어가기]

자기계발을 위한 조언!

“독만권서(讀萬卷書), 행만리로(行萬里路) - 동기창 -

“독만권서(讀萬卷書), 행만리로(行萬里路), 교만인우(交萬人友)”

중국 명나라 말기 문인이며 화가이자 서예가인 동기창의 저서 『화선실수필(畵禪室隨筆)』에 나오는 글로 ‘글씨와 그림에서 향기가 나려면 만 권의 책을 읽고 만 리를 여행을 해야 한다’라는 뜻으로 전해져 오다가 그 후 누군가가 ‘만 명의 친구를 사귀’라는 것을 덧붙여 ‘삶을 향기롭게 영위하려면 만 권의 책을 읽고, 만 리를 여행하고, 만 명의 벗을 사귀어 보라’는 의미로 회자되는 글로 자신의 삶과 미래의 진로를 성찰해야 할 젊은이들에게는 꼭 필요한 글인 것 같다.

21세기를 책임질 대학생이라면 다른 사람과의 차별화와 자기계발을 위해서 이 문구를 잘 음미하고 실천해 보면 어떨까 싶다.

Worksheet

(월 일)

◈ 만다라트 목표달성

〈예시 1〉

			몸만들기	제구	구위			
			멘탈	8구단 드래프트 순위	스피드 160Km/h			
			인간성	운	변화구			

〈예시 2〉

	원인 A			원인 B			원인 C	
			A	B	C			
	원인 H		H	문제	D		원인 D	
			G	F	E			
	원인 G			원인 F			원인 E	

〈예시 3〉

몸관리	영양제 먹기	FSQ 90kg						
유연성	**몸만들기**	RSQ 130kg		**제구**			**구위**	
스테미너	가동역	식사 저녁 7수저(가득) 아침 3수저						
			몸만들기	**제구**	**구위**			
	멘탈		**멘탈**	8구단 드래프트 순위	**스피드 160Km/h**		**스피드 160Km/h**	
			인간성	**운**	**변화구**			
	인간성			**운**			**변화구**	

〈예시 4〉

몸관리	영양제 먹기	FSQ 90kg	인스탭 개선	몸통강화	축을 흔들기지 않기	각도를 만든다	공을 위에서 던진다	손목 강화
유연성	**몸만들기**	RSQ 130kg	릴리즈 포인트 인정	**제구**	불안정함을 없애기	힘 모으기	**구위**	하체 주도로
스테미너	가동역	식사 저녁 7수저(가득) 아침 3수저	하체 강화	몸을 열지 않기	멘탈 컨트롤 하기	볼을 앞에서 릴리즈	회전 수업	가동역
뚜렷한 목표, 목적을 가진다	일회일비 하지 않기	머리는 차갑게 심장은 뜨겁게	**몸만들기**	제구	**구위**	축을 돌리기	하체 강화	체중 증가
펀치에 강하게	**멘탈**	분위기에 휩쓸리지 않기	**멘탈**	8구단 드래프트 순위	**스피드 160Km/h**	몸을 강화	**스피드 160Km/h**	어깨주의 강화
마음의 파도를 만들지 말기	승리에 대한 집념	동료를 배려하는 마음	**인간성**	운	**변화구**	가동역	라이너 캐치볼	피칭을 늘리기
감성	사랑받는 사람	계획성	인사하기	쓰레기 줍기	부실 청소	카운트볼 늘리기	포크볼 완성	슬라이더의 구위
배려	**인간성**	감사	물건을 소중히 쓰자	**운**	심판분을 대하는 태도	늦게 낙차가 있는 커브	**변화구**	좌타자 결정구
예의	신뢰받는	지속력	플러스 사고	응원받는 사람이 되자	책읽기	직구와 같은 품으로 던지기	스트라이크에서 볼을 던지는 제구	거리를 이미지 한다

〈활용〉

- 만다라트 기법이란 목표 달성을 위한 본질과 핵심을 파악한 후 핵심개선의 세부 항목을 작성하는 기법이다.
  1. 중앙에 이루고자 하는 분명하고 확실한 단 하나의 목표를 적는다.
  2. 최종목표를 적었다면 그 목표 주변 8개의 칸에 최종목표 달성에 필요한 요인을 적는다.
  3. 각 세부 과제를 주변부 사각형의 중심에 옮겨 적는다.
  4. 주변 사각형의 정 가운데 몸만들기, 제구, 구위, 멘탈, 스피드, 인간성, 운, 변화구를 채워 넣는다.
  5. 주변부 사각형 정 가운데 자리한 목표를 달성하기 위해 필요한 요소를 적는다.
  6. 모든 칸이 채워졌다면 계획을 하나씩 실천한다.

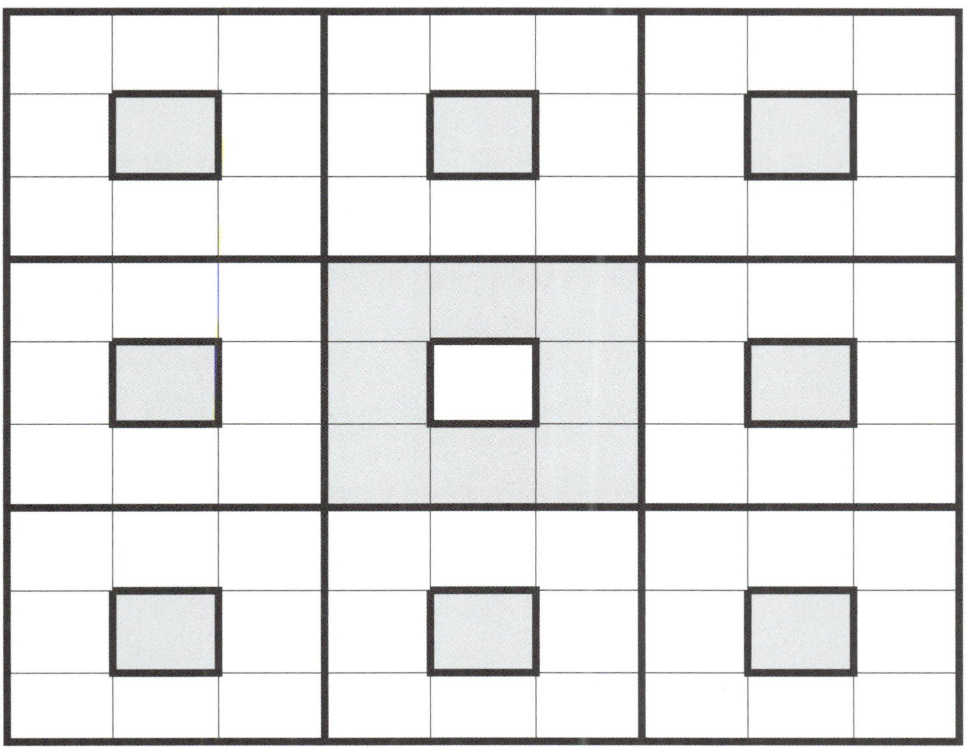

출처: 대학생활 & 취업매뉴얼(강원대학교).

Chapter 08

대학생활과 셀프리더십

학습목표

1. 셀프리더십의 개념 및 중요성을 이해할 수 있다.
2. 창의력의 개념 및 중요성을 이해할 수 있다
3. 메타인지능력의 개념 및 중요성을 이해할 수 있다.

08

비판은 깊은 의심에서 나온 심술이나 고약한 의견이 아니다. 비판은 바람이다. 이마를 시원하게 식혀 주고 눅눅한 곳을 뽀송뽀송하게 만들어 주며, 나쁜 균이 번식하지 못하도록 막아 준다. 그러기에 비판은 쉼 없이 들을수록 좋다.

-프리드리히 니체-

1. 셀프리더십의 이해

리더십이란, 한 개인이 타인에게 이미 설정된 목표를 향해 전진하도록 영향력을 행사하는 과정으로 정의한다. 다시 말하면, 리더십이란 목표를 제시하고, 구체적으로 설명하며, 리더가 그 목표달성을 위하여 솔선수범하여 열심히 일하는 것이다. 그러므로 리더십은 현대사회 속에서 매우 필요한 요소가 될 수밖에 없다.

리더십은 타고난 재능이나 유전적인 영향을 받기보다는 타고난 능력과 환경의 영향 아래 습득된 기술의 조합이라고 해야 할 것이다. 이러한 기술습득은 자연적으로 시간이 지나면 주어지는 것이 아니라, 후천적인 동기와 노력의 영향을 더 받으므로 노력 여하에 따라 누구나 강력한 리더십을 가질 수 있다. 이러한 의미에서 요즈음은 셀프리더십을 중요시하고 있다.

1) 셀프리더십의 정의

셀프리더십은 개인 스스로가 자신의 생각과 행동을 변화시켜서 자신에게 영향력을 행사하는 리더십을 말한다. 1989년 멘츠(Manz)와 심스(Sims)는 셀프리더십에 대해 '개인의 효율성을 증진시키는 과정이며, 자신이 진정으로 무엇을 하고자 하는지 자문하고 일상생활에서 자신이 하고자 하는 일을 실행하기 위한 탐구과정'이라 정의하였다. 1997년 쉘턴(Shelton)은 셀프리더십을 개인이 주도적으로 동기 부여할 수 있도록 계획한 일련의 행동 및 인지적 전략으로 정의하였다. 1998년 나폴리타노(Napolitano)와 핸더슨(Henderson)은 셀프리더십이란 '리더가 자기계발 영역을 유지하기 위하여 필요한 비전, 통합, 열정, 용기, 자신감, 집중력과 규칙, 융통성, 인내, 지혜, 인간성, 자기계발, 균형과 같은 의미를 갖는 가치로운 것'으로 리더십의 핵심이라고 하였다. 다시 말하면, 셀프리더십은 외부의 지시나 통제와는 상관없이 자기를 규제하고 개선하는 데 목적을 두고 있으며, 자기주도적 전략을 이용하여 자신에게 바람직한 행동을 결정하기 위해 자신의 행동을 스스로 구성하는 자율성을 지닌 리더십이다. 김미선(2005)은 셀프리더십에서 셀프(self)는 자아의 개념으로 인간 내부의 기본적인 성향인 자율성을 강조하고 있으며, 셀프리더십은 학습되는 것이기 때문에 누구나 유능한 셀프리더는 아니더라도 어느 정도는 셀프리더십을 발휘할 수 있다고 주장하였다. 김민정(2007)은 셀프리더십을 개인이 스스로 목표한 바를 이루기 위하여, 생각과 행동을 통제하는 것으로 스스로 동기부여 할 수 있는 행동을 발견하고 시도하며, 긍정적이고 건설적인 마음으로 일에 임할 수 있도록 생각을 변화시키는 것이라고 하였다. 신용국(2009)은 셀프리더십을 개인이 스스로 목표한 바를 이루기 위해서 생각과 행동을 통제하는 것이라 하였다. 이렇게 여러 학자들의 정의를 종합하면, 셀프리더십이란 '개인이 스스로 목표한 바를 이루기 위해서 자신의 생각과 행동을 관리하는 지속적인 과정'으로 정의할 수 있다. 즉, 자신의 정체성을 찾고, 스스로 먼저 생각하고 행동하도록 하는 것이다. 그렇게 할 때 행동의 결과에 상관없이 다른 사람들로부터 호감을 얻고 능력을 인정받게 되고 스스로 행함으로써 즐거움도 누리게 된다.

2) 셀프리더십 등장 배경

셀프리더십의 등장 배경은 20세기를 주도한 고도의 기계문명의 발달이다. 이는 인간에게는 물질적으로는 풍족하게 하였지만 인간을 지나치게 소외시키고, 비인간화 시킴으로써 삶을 왜곡시키도록 만들었다. 이러한 사회적 현상은 다수의 사람들에게 인간성을 되찾는 노력을 하게 하였고 개인들의 만족감을 향상시키는 노력들은 계속되었다.

셀프리더십은 1980년대 미국 기업들이 국제경쟁력에서 밀려 경제가 침체되자 이를 극복하기 위한 과정으로 "신세대 근로자 관리"라는 문제점에 대한 하나의 해답으로 멘츠와 심스에 의해 개발된 개념이다. 이들은 젊고 교육수준이 높은 신세대 중산층 근로자들이 나이가 많은 동료 근로자보다도 작업의 질이 떨어진다는 점에 대해 연구한 결과, 전통적인 관리방식이 신세대에게는 부적합하다는 것이었다. 신세대 근로자들은 자신의 정열을 회사에 바치고자 하는 것이 아니라 자신의 일에 바치고자 하며 명령만을 받게 되면 참지 못하고 그들의 고유한 재능과 능력을 충분히 발휘하지도 못한다는 것이다. 따라서 신세대 노동자의 특성에 맞는 리더십, 즉 변화와 진보를 촉발하는 자발적이고 혁신적인 행동을 이끌어 내기 위해 새로운 리더십이 필요하게 되었고, 이것이 바로 셀프리더십의 등장 배경이 된 것이다.

한편, 셀프리더십을 나타나게 만든 기본 주체는 '환경'과 '개인'과의 관계이다. 즉, 환경이 변하면 거기에 따라 개인이 변해야 된다는 의지이며, 이를 바탕으로 주도적으로 움직이는 리더들을 셀프리더라고 한다.

셀프리더십을 나타나게 하는 기본 원리는 다음과 같다. 첫째, 환경변화에 대한 대응방식이다. 현대는 환경요인이 큰 폭으로 변화하고 있기 때문에 그 변화에 적응하기 위해서는 필연적으로 변화에 대응해 갈 수 있는 방법들을 찾아야 한다. 즉, 외부환경이 급격하게 변화하는 과정 속에서 조직과 개인이 기존의 직렬관계가 아닌 동등한 병렬의 관계로 파트너십 형태를 가지고 대응하도록 나타나는 현상이다. 둘째, '개인의 자세'이다. 최근 조직이나 시대는 확장형 인재, 즉 주어진 것에 맞춰진 수동적인 인재보다는 스스로 만들고 이끌어 갈 줄 아는 주체적 인재를 선호한다. 따라서 개인 스스로도 자신의 가치를 확대할 줄 알아야 하며, 스스로의 가치를 강화시키는 자기계발이나 자기 노력을 지속적으로 하여야 한다. 따라서 확장형 인재의 요소들이 스스로를 계발하는 셀프리더의 요소로 나타나고 있다. 마지막으로 생존을 위한 변화와 용기이다. 21세기 지식사회나 정보사회는 기존에 갖고 있는 가치적인 요소들을 그대로 활용하는 것이 아니라 새로운 변화에 따라서 새로운 가치와 이념, 그리고 새로운 지식들을 수용해서 좀 더 부가가치적으로 만들어 갈 수 있는 방향을 인식하도록 요구받고 있다. 따라서 스스로가 환경에 적극적으로 대응할 수 있는 자세가 필요한 것이 셀프리더가 중요한 배경이라고 볼 수 있다.

3) 셀프리더십 전략

개인의 통제와 자율성을 강조하는 셀프리더십을 개발하는 데 필요한 전략으로 행동중심 전략, 내재적 보상전략, 건설적 사고전략을 제시하고 있다(박계홍, 김종술, 2013).

(1) 행동중심 전략

셀프리더십의 첫 번째 전략은 성공적으로 일, 과제, 학습을 완수할 수 있도록 자신을 효과적으로 관리할 수 있는 행위에 초점을 맞춘 전략을 말한다. 하위 요소로는 자기목표 설정, 자기관찰, 자기보상, 자기비판, 단서관리 등을 포함하고 있다.

- 자기목표 설정: 장기적으로 달성하고자 하는 목표를 설정한 후, 우선순위를 정하고 스스로에게 실행을 지시하는 행동을 의미한다. 목표는 그 자체로 동기부여 효과를 가지고 있으며 성과를 향상시키는 역할을 한다. 목표의 달성은 더 높은 목표로 리드하는 강한 강화적 특성을 가지고 있으며, 이때 목표는 단기목표일 수도 있고, 장기목표일 수도 있다.
- 자기관찰: 자기관찰이란 개인의 특정행동이 언제, 왜, 어떤 상황에서 나타나는가를 알아보는 것이다. 이는 자신의 성과를 향상시키기 위한 목표를 더욱 효과적으로 하는 행동변화의 중요한 자료가 되며, 자기평가의 기초를 제공한다.

- 자기보상: 자기보상은 자신이 일을 잘했다고 판단될 때, 스스로에게 보상을 주는 것을 의미한다. 자기보상은 자기 자신을 새로운 성취, 새로운 목표로 이끄는 데 있어 가장 강력한 방법으로 중요하다.
- 자기처벌: 자기처벌은 스스로의 바람직하지 못한 행동에 일정한 징계나 비판을 가함으로써 실수를 반복하지 않도록 하는 데 도움을 주는 방법이다. 자기보상이 바람직한 행동을 강화시키는 것이라면 자기처벌은 부정적 행동을 감소시키는 것이다. 지나친 자기비판이나 처벌은 의욕을 저하시키는 행위전략으로 조심해야 한다.
- 단서관리: 단서관리란 기억력 인출에 도움을 받고자 포스트잇이나 점검표와 같은 물리적 도구를 활용하는 전략이다. 이는 자신이 하고자 하는 바람직한 행동을 장려하고 그렇지 못한 행동을 억제하도록 단서가 될 만한 것들을 활용하는 행위이다.

(2) 내재적 보상전략

내재적 보상전략은 자연적 보상을 통한 자기존중을 추구하는 것이다. 내재적 보상전략은 즐겁고 보람 있는 수행활동에 의해 진정한 가치와 보람을 찾는 내적인 보상에 초점을 두고 있다. 이는 즐겁고 보람 있는 과업활동을 추구하는 행위를 포함하며, 이런 성과를 달성함으로써 유능감, 자기통제감, 그리고 목적의식을 제공해 줄 때 사람들은 보다 더 내적인 보상이 된다고 보는 것이다(Manz & Sims, 2001). 이처럼 내재적 보상전략이란 내재적 동기와 유사한 개념으로서, 수행직무 달성을 통해 가치에 대한 향유, 믿음, 몰입 등을 갖게 된다.

(3) 건설적 사고전략

1992년 호튼(Houghton)과 넥(Neck)은 기존의 행동 중심 전략 및 내재적 보상의 내용을 담고 있는 셀프리더십을 보다 체계적으로 정립하기 위해 건설적 사고전략을 추가하였다. 건설적 사고전략은 자신의 사고 속에 건설적이고 효과적인 습관이나 패턴을 확립한다(예: 부정적 사고가 아닌 긍정적 사고를 추구). 건설적 사고패턴은 장애요인에 집착하기보다는 기회요인으로 보는 긍정적 사고를 의미한다. 건설적 사고전략은 신념을 관리하는 것, 자신과 대화하는 것, 상상적 경험과 같은 요소들을 관리함으로써 얻어질 수 있다.

- 신념(가치): 셀프리더십 역량과 관련된 가장 중요한 신념 또는 믿음은 어떤 특정한 수행할 수 있는 능력에 대한 자기효능감이다. 즉, 왜곡된 사고(극단적 사고, 지나친 일반화 등)를 수정하는 것이다.
- 상상적 경험: 어떤 행동에 들어가기 전 항상 긍정적인 결과를 의도적으로 상상하는 셀프리더십 사고전략의 한 가지 방법이다.
- 자신과의 대화: 자신과의 대화는 해야 할 일들을 더 잘 수행할 수 있다고 스스로에게 확신을 주어 긍정적인 결과가 나오도록 하는 정신적 테크닉을 말한다. 자신과의 대화에서 역기능적인 내용을 건설적인 내용으로 대치하려는 노력은 사고패턴을 효과적으로 관리하는 데 유용한 방법이다(이상호, 2009).

4) 대학생을 위한 셀프리더십 교육의 필요성

우리나라 대학생들은 중 · 고등학교 시절인 청소년기에 정체성을 발견할 수 있는 기회가 거의 없다. 대부분의 대학생들은 대학 진학에만 목표를 두고 생활하면서 실제로 대학에서 무엇을 배우고, 앞으로 무엇을 해야 할 것인가와 관련 있는 가치관, 자기 목표, 그리고 자아정체성을 제대로 형성하지 못하고 있다. 또한 그들은 일단 대학에 입학하면 고등학교 당시 익숙했던 지시나 타율에 의한 수동적이고 의존적인 생활방식과 달리 스스로 책임지고 독립적이며 능동적인 생활방식으로 전환하도록 요구받게 된다.

한편 대학생 시기에는 자율적으로 전공 공부를 하면서 효율적으로 진로를 계획하고 준비할 뿐 아니라, 더불어 살아갈 수 있는 책임감 있고 성숙한 사람으로 성장해야 하는 과업이 있다는 사실도 발견할 수 있다. 따라서 독립적인 주체로서의 기반을 다지는 대학생 시기에 꼭 개발되어야 할 리더십은 매우 중요하다. 다시 말하면, 대학생들이 셀프리더십 개발을 통하여 자율성과 책임감, 그리고 협동심과 공동체성을 학습함으로써, 성인이 되면 발휘하게 되는 역량에 차이가 나게 된다. 그러므로 셀프리더십 개발은 성인에게만이 아니라 도전과 시행착오의 기회가 많은 대학생들에게 더 필요하다.

대학생 리더십 개발의 필요성은 대학생 시기에 나타나는 다섯 가지 발달단계의 특징과도 관련지어 생각해 볼 수 있다(김광수 외, 2003). 첫째, 대학생 시기는 독립적인 성인으로 성장하고, 정신적 · 경제적으로 자립심을 구축하는 시기이다. 또한 법적 · 경제적 · 정신적 측면에서 독립적으로 생각하고 행동하기를 기대한다. 따라서 자율적으로 시간을 관리하고, 해야 할 일들의 우선순위를 정하고, 실천하며, 목표를 가지고 스스로 학습을 계획할 수 있도록 지원하는 리더십 개발이 필요하다. 둘째, 자신의 정체성과 개성을 발견하고, 인정하며, 일관성 있게 형성해 가는 시기이다. 외모와 건강 및 취미와 독서 영역뿐만 아니라 다양한 활동에 참여하여 자신의 개성을 발현할 수 있게 된다. 그러므로 리더십 개발이 필요하다. 셋째, 성공적인 대인관계 특히 이성과의 건전한 관계형성방법을 터득해 가는 시기이다. 또한 확장된 인간관계를 통하여 함께 살아가는 사회에서의 적응력을 키울 수 있으며, 협력하는 사회인으로서의 자질을 기를 수 있다. 그러므로 다른 사람과 공감적인 의사소통을 할 수 있으며, 협동할 수 있는 리더십 개발이 필요하다. 넷째, 자기 의사를 분명히 표현하고, 자발성과 적극적인 참여의식이 발휘되는 시기이다. 대학생들은 학교 안팎에 있는 다양한 동아리 활동에 참여하기도 하고, 관심 있는 영역의 다양한 공모전에 참가하기도 하며, 봉사활동에 참여하기도 한다. 이와 같이 대학생들이 다양한 경험에 노출되고, 경험들을 반성하고, 통합하면서 자발성, 적극성, 그리고 원만한 일 처리 능력을 배우게 될 것이다. 마지막으로 자신의 적성에 맞는 진로를 탐색하는 시기이다. 자신의 적성을 발견하고, 적성에 맞는 진로를 선택하며, 선택한 진로를 미리 체험해 보는 기회를 갖게 되기도 한다. 따라서 자신의 영역에서 리더십을 발휘할 수 있는 역량을 가질 수 있도록 지원해야 할 것이다.

2. 의미에 디자인을 더한 창의력

요즈음 급격한 시대적 흐름으로 4차 산업혁명시대가 많이 언급되고 있다. 이러한 시대에 필요한 능력을 꼽으라 하면 관리력, 공감력 그리고 창의력을 들 수 있다. 그중에서 창의력에 대한 관심이 자녀를 키우는 부모에서부터 시작해 성인에 이르기까지 계속 커져 가고 있다. 단순 반복적인 정보를 찾고 쏟아 내는 것, 그리고 수학과 같은 연산을 기가 막히게 하는 것은 이미 인공지능 로봇이 더 잘할 수 있는 영역임을 알기 때문이다. 그렇다면 과연 창의력은 무엇을 말하는 것일까? 우리는 너무 흔하고 쉽게 쓰고 있지만 가만히 생각해 보면 창의력이 어떤 것인지에 대해 잘 모르고 있는 것 같다.

1) 창의력(creativity)의 개념

창의력이란 '새로운 것을 생각해 내는 능력'이다(표준국어대사전, 2023). 한마디로 창의력은 '생각력'이라고 할 수 있다. 새로운 어떤 것을 창조하고 만들기 전에는 반드시 생각이 필요하다. 예를 들어, '왜 달은 땅에 떨어지지 않는가?'라고 생각한 과학자는 만유인력을 발견하게 되고, '하늘을 날고 싶다'라는 생각을 지닌 자전거 수리공이었던 두 형제는 백여 년 전 인간을 최초로 하늘에 띄우는 데 성공한다. 우리 주변을 봐도 마찬가지다. '단지 먹고 화장실 볼일 보는 휴게소가 아니라 휴식을 취하고 즐길 수 있는 머물고 싶은 휴게소를 만들자'라는 '생각'이 고속도로의 휴게소를 가능케 했다. 또한 최근 등장한 카카오뱅크 역시 '그동안 불편했던 은행 업무를 스마트폰을 이용해 어떻게 하면 쉽게 만들 수 있을까' 하는 '생각'으로부터 나온 것이다. 남들이 해 놓은 생각의 통념으로부터 벗어나 제품과 서비스 혹은 정책이 실행될 때 혜택을 받을 사람들을 떠올려야 한다. 그것을 위해 내가 정말 좋아하는 것으로부터 시작한다면 남들보다 조금 나은 것이 아닌 남들과는 '다른' 창의적 생각을 해낼 수 있을 것이다. 그렇다면 창의력을 키우는 방법은 명확해진다. '생각력'을 키우면 되는 것이다. 수영을 잘하기 위해서는 물속에 들어가 많이 움직여 보아야 하듯이 생각력을 키우기 위해서는 다양한 생각 속에 노출될 수 있어야 한다. 창의적 고수들이 사용했던 방법들을 보면 이런 생각의 시간을 극대화하려고 노력했음을 알 수 있다. 빌 게이츠(Bill Gates)는 Think week를 통해 새로운 사업을 구상하였다고 한다. 3M이나 구글의 경우에도 모든 직원들에게 주어진 업무시간 이외에 자신만의 과제를 가지고 생각하는 15~20%의 시간을 갖게 하였다는 이야기는 매우 유명한 사례이다.

창의력의 핵심은 몰입이다. 인간은 몰입상태에서 아이디어가 나온다. 어려운 문제를 해결하려 할 때 처음은 힘들지라도 지속적으로 생각하다 보면 완전히 몰입되고, 창의적인 아이디어가 나온다. 이러한 일이 반복적으로 일어날 때 문제를 해결할 수 있다. 그렇다면 창의적 아이디어가 생기는 원리는 무엇일까? 아이디어가 떠오르고 아이디어를 적고 어떻게 떠올렸나 살펴보지만 원리를 밝히기 어렵다. 이러한 원리를 '세렌디피티(Serendipity)'라고도 한다. 세렌디피티는 뜻밖의 발견, 운 좋게 발견한 것을 뜻한다. 과학분야에서는 실패나 실수에서 얻은 중대한 발견 또는 발명을 의미하기도 한다.

2) 창의적 사고과정

창의적 사고가 어떻게 가능한가에 대한 이론은 그렇게 많지 않다. 그 가운데 영국의 심리학자 월러스(G. Wallas)의 창의적 사고과정에 관한 설명이 가장 많이 인용되고 있다. 그는 세렌디피티를 중심으로 하여 창의적 사고의 과정을 준비단계, 부화단계, 통찰단계, 검증단계의 4단계로 나누었다.

먼저, 준비단계에서 문제를 분석하고, 그에 대한 자료를 수집한다. 이 과정에서는 가능한 한 많은 자료가 축적되어야 한다. 그 다음은 부화단계이다. 이 단계는 성숙했던 생각이 어느 정도의 시간을 거친 후 숙성된 아이디어로 나오게 된다. 이 부화단계가 얼마나 걸리는가는 사람에 따라 다르다. 한국사회에서 가장 부족한 부분이 바로 이 부화단계다. 창의적인 문제해결을 위해서는 그 문제로부터 몸과 마음이 일시적으로 떠나 있는 시간이 필요하다고 주장한다. 마치 닭이 알을 품고 있는 부화의 시간처럼, 창조적 해결을 위한 침묵의 시간이 필요하다는 것이다. 이 시간이 바로 휴식이고 여가인 것이다. 세 번째는 통찰단계이다. 이 단계가 바로 세렌디피티이다. 준비와 부화라는 단계에서 오랫동안 숙성하고 가만히 두는 시간을 거치면 불현듯 통찰을 한다는 것이다. 하지만 세렌디피티라고 하는 우연적 발견은 각자가 적극적이고 주도적으로 계속적으로 노력하면 창의적 아이디어라는 결과를 도출할 수 있다. 윌러스의 4단계는 각자가 해당하는 주제에 대해 오랫동안 지식을 습득하고(준비단계) 그 주제와 관련한 문제를 고민하며, 마음에 품고(부화단계) 진행과정에서 개인적 사고력 증대를 위해 매우 의미 있는 활동이 될 것이다. 마지막 단계는 검증이다. 통찰단계에서 암시된 아이디어가 해결안으로서 타당한지를 검증하고 그 결과에 따라 완전한 아이디어로 정리하게 되는 것까지를 포함한다.

3) 창의적 사고의 구성요소

창의적 사고의 구성요소는 정의적 요소와 인지적 요소로 나눌 수 있다. 정의적 요소는 민감성, 상상력으로 구성되어 있으며, 특히, 민감성은 창의적 사고의 가장 기본이 되는 기초능력이다. 인지적 요소는 유창성, 융통성, 독창성, 정교성으로 구성되어 있다.

(1) 창의적 사고의 정의적 요소

- 민감성: 민감성은 감각이 발달하여 관찰력이 뛰어남을 의미한다. 남들이 그냥

지나치는 것을 예민한 감각으로 포착하여 새로운 아이디어를 내는 것이다. 그중에서도 가장 중요한 것은 '문제 상황에 대한 민감성'이라고 말할 수 있다. 문제 상황에 대한 '민감한 관찰'은 사물의 있는 그대로의 현상을 주의 깊게 살펴보는 것을 의미한다. 관찰력이 뛰어나야 감각이 예민해지고 더 많은 것을 보고, 듣고, 냄새 맡고, 생각할 수 있게 된다. 제대로 관찰하려면 주의집중을 해야 하고 많은 노력이 필요하다. 특히 오감을 통한 민감성 훈련은 어릴 때부터 훈련되어야 한다. 유의점으로는 오감을 통한 활동에서는 한 가지 감각에 집중시켜야 한다. 시각을 통한 활동에서는 손으로 만지거나 냄새를 맡거나 귀로 듣는 활동은 철저히 금지되어야 한다.

- 상상력: 사람의 가장 기본적인 심리학적 경험 중 하나이다. 상상력은 눈에 보이지 않는 어떤 사물을 구체적인 이미지로 형상해 내는 정신능력을 말한다. 특히 상상력은 과거의 경험이나 지식, 아이디어 등의 표상을 바탕으로 앞으로 해야 할 일이나 행동을 계획하고자 새로운 표상을 만들어 내는 능력이다. 그러므로 상상력이 발달하려면 과거의 경험이나 지식이 축적되어 있어야 한다. 그리고 축적된 지식이나 경험을 새로운 상황에 알맞도록 통합하고 조합할 수 있어야 한다.

(2) 창의적 사고의 인지적 요소

인지적 요소는 주로 기능적 요소이다. 아이디어를 많이(many), 다양하게(varied), 독특하게(original), 그리고 정교하게(elaborative) 생성해 내는 것으로 정의하고 있다.

- 유창성: 유창성은 사고의 속도개념으로 어떤 자극 또는 물건에 관한 아이디어를 제한시간 내에 많이 생성해 내는 양적인 사고과정이다. 따라서 아이디어의 질보다 양이 중요하므로 자유로운 분위기에서의 활동이 요구된다. 양적으로 많은 아이디어가 질적으로 모두 우수한 아이디어라고 말할 수는 없지만 질적으로 우수한 아이디어가 포함되어 있다는 가정하에 아이디어를 생성해 내는 것이다. 또한 우창성은 다른 요소들에 비해 가장 기초적인 단계로 비교적 쉽

게 향상된다.

- 융통성: 어떤 문제가 제시될 때 접근하는 사고의 폭을 의미한다. 고정적이고 경직된 사고방식이나 지각체제에서 벗어나, 폭넓고 다양하게 접근함으로써 여러 종류의 문제해결 방법을 생각해 내는 사고능력인 것이다. 즉, 사고의 범위개념으로 다양한 측면에서 다양한 시각으로 폭넓게 사고하는 능력이다. 융통성만을 위한 활동 또는 유창성만을 위한 활동이라기보다는 한 가지 활동으로 여러 가지의 요소를 함께 생각하며 활동하는 것이 바람직하다.
- 독창성: 독창성은 사고의 새로운 개념으로, 기존의 것에서 탈피하여 다른 사람들이 문제를 해결했던 방식이 아닌, 독특한 방식으로 생각하는 능력을 의미한다. 즉, 주어진 문제 상황에서 기존의 방안이나 생각을 바탕으로 자기 나름대로 색다르고 참신한 문제해결방법을 생각해내는 능력을 뜻한다.
- 정교성: 정교성은 한 가지 아이디어를 설명하고자 상세한 내용을 가득 채워 넣거나 심층적인 아이디어를 생산해 내는 능력이다. 즉, 사고가 피상적인 수준에 머물지 않고 더욱 세부적으로 나아갈 수 있는 구체적인 수준으로 아이디어를 재미있고 완전한 것으로 확대시켜 가는 사고과정을 말한다.

4) 창의력 개발 방법

창의력을 개발하는 방법에는 다음과 같은 것들이 있다.

- 호기심: 항상 새로운 상황에 합당한 사고능력을 키우려면 새로운 생각의 씨앗이 자라나게 해야 한다. 그 첫 번째가 바로 호기심이다. 호기심은 창의력의 가장 좋은 밑거름이라고 할 수 있다.
- 칭찬: 자신을 칭찬하고 격려하는 습관을 들인다면, 무슨 일을 하든, 동기부여가 생긴다.
- 관찰하기: 창의성은 다양성에서 온다. 따라서 환경주변의 변화와 현상을 분석하는 여행을 떠나는 것도 좋은 방법이다.

- 감정표현의 극대화: 창의력은 이성보다는 감성적인 측면이 더 강하다. 풍부한 감수성의 표현이야말로 창의력 개발에 큰 도움이 된다.
- 역발상, 사고의 전환: 야구선수가 홈런을 많이 치려면 삼진 당하는 것을 두려워하지 않아야 하듯이 창의적 혁신가는 작은 실수에도 기회를 찾을 수 있다. 그 기회 안에서 창의력이 발휘될 수 있다.
- 작문 및 메모: 명확한 목적에 의한 작문 또는 작은 것을 메모하는 습관은 창의력을 기르는 방법 중의 하나이다.

3. 조화와 공감으로 무장한 메타인지능력

1) 메타인지능력의 개념

메타인지라는 개념은 1970년대에 프레벨(J. H. Flavell)에 의해서 처음 사용되었으며 자신의 인지과정에 관한 인지라고 정의할 수 있다. 즉, '자신의 사고과정에 대해서 알고, 그것을 토대로 사고과정을 조절하는 것이다. 메타인지는 '인지에 대한 지식'과 '인지에 대한 조절'로 나눠 볼 수 있다. 인지에 대한 지식은 메타인지적 지식(metacognitive knowledge)으로 자신의 인지상태에 대한 인식이나 자신의 성취를 위해 언제 의도적으로 노력을 해야 하는지 등에 대한 지식을 의미하고, 인지에 대한 조절은 메타인지적 실행(metacognitive regulation)으로 자신이 어떤 것을 성취하기 위해 유용한 변인이나 전략을 선택, 활용하며 그 결과를 점검하고 평가하는 것 등을 의미한다.

'인지에 대한 지식'을 3개의 하위 범주로 나눌 수 있다.

- 선언적 지식(declaratine knowledge): 스스로에 대한 지식이나 전략에 대한 지식
- 절차적 지식(precedural knowledge): 전략을 어떻게 사용할 것인지에 대한 지식

- 조건적 지식(conditional koowledge): 전략을 언제 그리고 왜 사용할 것인지에 대한 지식을 말한다.

'인지에 관한 조절'은 3개의 하위범주로 나눠 볼 수 있다. 계획(planning), 모니터링 혹은 조절하기(monitoring or regulation), 평가(evaluation)이다.

- 계획하기(planning): 적절한 전략들을 확인하고 선택하며, 자원들을 활용하는 것과 관련이 있으며, 목표를 세우고, 배경 지식들을 활성화하며 시간 조절을 하는 것까지 포함할 수 있다.
- 모니터링 혹은 조절하기(monitoring or regulation): 주의를 기울이고 수행과제에 대한 이해 및 인식상태와 관련 있으며, 자기테스트를 포함할 수 있다.
- 평가하기(evaluating): 결과물과 수행성과에 대한 과정을 평가하는 것으로 정의되며 목표를 다시 한번 수정하고 다시 시도해 보는 것까지 포함한다.

이러한 메타인지는 처음에는 메타기억이라는 개념에서 출발했다. 이 근거로 프레벨의 실험을 들 수 있다.

프레벨과 그의 동료들은 취학 전 아동과 초등학생을 대상으로 자신이 완전히 암기했다는 확신이 들 때까지 암기활동을 계속하는 실험을 하였다. 그러한 실험에서 어린 피험자들은 나이 든 피험자들과 달리 제대로 암기하지 못하면서도 암기에 대한 확신을 쉽게 가지며 자신의 암기 노력을 중단하는 것으로 드러났다(Flavell, Friedrich & Hoyt, 1970). 이후 유사한 실험을 통해 그 같은 사실이 재차 확인되면서 그들은 마침내 한 가지 결론에 도달하게 되었다. 그것은 아동들에게는 암기활동을 성공적으로 완수하는 데 필요한 암기활동 그 자체에 대한 지식이 결여되어 있다는 것이다. 그리하여 프레벨(1971)은 암기활동에 대한 지식을 의미하는 말로서 '메타기억'이라는 용어를 처음으로 사용하였으며 그 후 메타인지로 발전하게 된다.

EBS 다큐멘터리 '학교란 무엇인가'에서 '메타인지'와 관련된 재미있고 놀라운 실험 하나를 했다. 우선 상위 0.1% 성적의 학생들과 평범한 학생들을 불러 연관성 없는 단어, 즉 변호사, 우산, 초인종, 여행 등과 같은 단어들을 보여 주었다. 그 다음

보았던 수많은 단어들 중에서, 본인이 기억하고 있다고 생각하는 '단어의 개수'를 노트에 적도록 했다. 그 결과는 놀라웠다. 상위 0.1% 아이들은 자신이 기억하는 단어의 개수를 대부분 정확하게 예측했다. 이 연구에서 중요한 것은 문제를 많이 맞고 틀리고가 아니라 자신이 맞을 거라고 확신한 개수를 거의 정확히 예측했다는 것이다. 딱 한 명의 학생만 예측한 개수보다 하나 더 맞혔다. 반면 평범한 학생들은 예측한 개수와 실제 정답 수에서 큰 차이를 보였다. 예측한 것보다 3개를 더 많이 맞기도 하고 6개를 더 틀리기도 했다. 자신이 정확히 기억하는 건지 모르는 건지 확실히 몰랐다는 이야기이다. 결과적으로 메타인지능력이 높은 사람은 스스로에 대해 정확하게 알고 예측 가능하여 체계적인 자기관리가 가능할 수 있다.

2) 메타인지 기능

2006년 마르티네즈(Martinez)는 자신의 연구에서 메타인지의 방대한 기능을 세 가지 주요한 카테고리로 설명하고 있다. 메타기억과 메타이해(Meta-memory and meta-comprehension), 문제해결(problem solving), 비판적 사고(critical thinking)가 그것이다.

메타기억과 메타이해는 '아는 상태에 대한' 스스로의 주관적인 평가를 의미한다. 단, 이러한 메타인지적 평가는 부정확할 수도 있다.

문제해결은 특히 예측 불가능하고 복잡한 사회에서 지속적으로 요구되고 또 연습된다. 문제해결은 보통 목표에 이르는 방법이 불확실할 때에도 그것을 추구하는 것으로 정의되는데, 이는 무엇을 해야 할지 명확히 알지 못하는 상태에서도 무엇인가를 하는 것을 의미한다. 메타인지는 문제 해결의 과정 속에서 한 걸음 뒤로 물러나 목표를 다시 한번 확인하고, 지금까지 걸어온 경로가 맞았는지 평가하며, 목표를 위해 현재 시점에서 해야 할 다음 것들을 계획하는 중요한 역할을 담당한다.

비판적 사고는 어떤 것의 질을 위해 생각들을 평가하고, 특히 그것이 말이 되는 것인지 아닌지를 판단 내리는 것이다. 예를 들면, 생각들을 평가할 때 '이 아이디어가 명확히 진술되나? 한 가지 아이디어가 다른 것과 논리적으로 연결되나? 그 주장은 논리적이고 합리적이며, 일관되었나 아니면 그 자체로 모순되어 있거나 혹은 보장할 수 없는 추론이나 지지할 수 없는 일반화들을 만들어 내는가? 과학적인 연구방법들의 기준에 잘 부합하는 근거와 분석에 의해 뒷받침되는가?' 등의 질문들을 하게 되는데, 생각에 대한 이러한 평가가 바로 메타인지적 속성이다.

3) 메타인지능력 향상 방법

(1) 말로 설명하기

메타인지능력을 향상시키기 위해서 가장 효율적인 방법은 '말로 설명하기'라고 말할 수 있다. 실제로 EBS 다큐멘터리의 전교 1등 친구들도 친구에게 설명하기, 엄마에게 설명하기 등 설명하기 공부법을 적극적으로 활용하였다. 심리학자들도 공부를 잘하는 아이와 평범한 아이의 가장 큰 차이는 '메타인지'이며, '설명하기'가 메타인지를 올리는 가장 효과적인 방법이라 주장했다. 설명을 해 보면 내가 아는 것과 모르는 것의 구분이 명확해지고, 알고 있는 지식들의 인과관계도 정리되기 때문이다.

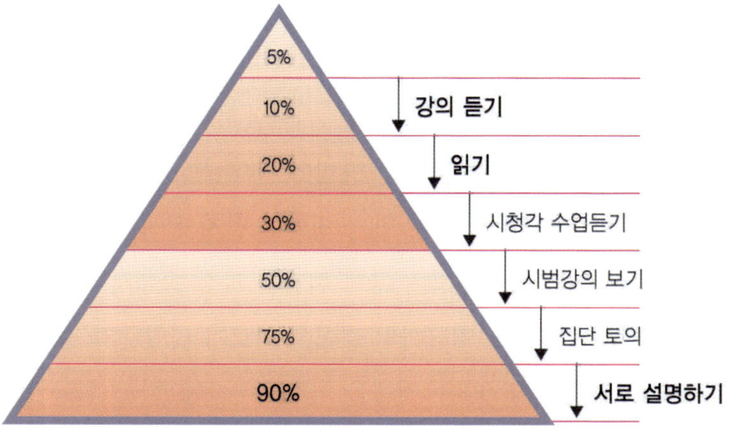

출처: EBS.

[그림 8-1] 학습효율성 피라미드

앞의 [그림 8-1]은 미국 교육기관 NTL에서 연구한 학습효율성과 관련된 것이다. 〈학습 효율성 피라미드〉를 보면 강의를 설명하며 공부할 경우 학습 후 24시간이 지나도 내용 90%를 기억할 수 있었다. 하지만 일방적 강의를 듣기만 했을 때 5%에 그쳤다. 이처럼 '설명'하면서 공부하면 '메타인지'를 향상시키고 '학습 효율성'도 높아진다는 것을 연구로 보여 주었다.

(2) 질문

메타인지 향상을 위한 질문방법으로 다음과 같다.

※ 인식

- 내가 이 일에 어떻게 접근하고 있는가?
- 이 프로젝트를 하면서 나는 무엇을 하고 있는가?
- 책을 읽으면서 내용을 이해하지 못할 때 나는 무엇을 하는가?
- 문제가 생기면 나는 무엇을 하는가?
- 읽고 있는 동안 나는 무슨 생각을 하는가?

※ 계획

- 어떤 종류의 작업인가?
- 목표는 무엇인가?
- 필요한 정보는 무엇인가?
- 이 일을 하는 동안 어떤 문제가 생길 수 있고 그때 어떻게 처리해야 하는가?
- 어떤 전략이 도움이 될까?
- 내가 가지고 있는 자원은 무엇인가?
- 이 과제는 얼마나 걸리나?
- 큰 프로젝트 내에 어떤 소단위 작업이 있는가?
- 어떤 순서로 해야 하며 항상 내가 할 수 있는 게 무엇인가?
- 누구와 어떤 사건에서 협조하여야 하는가?

- 누가 나를 도와줄 수 있나?
- 이 프로젝트에서 배우고자 하는 바는 무엇인가?

※ 모니터링

- 이것이 내가 하려고 했던 것인가?
- 이 일에서 무엇을 이해하지 못하는가?
- 다른 결과를 얻으려면 어떻게 했어야 했나?
- 다시 시작해야 하나?
- 더 효과적으로 하기 위해 내가 어떤 방식을 바꿀 수 있는가?
- 작업환경 중에서 어떤 부분을 통제할 수 있는가? 예상치 못했던 도전에 어떻게 대응할 수 있는가?
- 내가 무엇을 배우고 있는가?
- 더 많은 것을 더 잘 배우려면 어떻게 해야 하는가?
- 이 방식이 최선의 방식인가?

Worksheet 1 ▸ 셀프테스트로 나의 리더십을 진단해 보자.

※ 유의사항

1. ①번에서 ⑤ 중 하나만 체크하자.
2. 한 문항에 대해 너무 오래 생각하지 말고 체크하자.

	문 항	← 전혀 그렇지 않다/ 매우 그렇다 →				
1	나 자신의 성취를 위해 특정 목표를 정한다.	①	②	③	④	⑤
2	직업과 성과를 위해 목표를 의식적으로 정한다.	①	②	③	④	⑤
3	나 자신을 위해 세운 특정 목표를 위해 매진한다	①	②	③	④	⑤
4	미래에 성취하려고 계획한 목표에 대해 생각한다.	①	②	③	④	⑤
5	나 자신의 성취를 위한 특정 목표들을 적는다.	①	②	③	④	⑤
6	어떤 과제를 특별히 잘 해결했을 때 내가 즐기는 활동인 무언가로 나 자신에게 보상하기를 좋아한다.	①	②	③	④	⑤
7	내가 어떤 것을 잘 해냈을 때, 나는 특별한 외식이나 영화, 쇼핑과 같은 이벤트로 나 자신에게 보상한다.	①	②	③	④	⑤
8	내가 성공적으로 어떤 과제를 완수했을 때 나는 종종 내가 좋아하는 어떤 것으로 내 자신에게 보상한다.	①	②	③	④	⑤
9	나는 불완전한 성과를 냈을 때 낙심하는 경향이 있다.	①	②	③	④	⑤
10	업무를 제대로 수행하지 못했을 때 나 자신에게 혹독한 경향이 있다.	①	②	③	④	⑤
11	나는 업무를 제대로 수행하지 못했을 때 자책감을 느낀다.	①	②	③	④	⑤
12	나는 업무를 제대로 수행하지 못했을 때 종종 나 자신에 대한 불만을 표현한다.	①	②	③	④	⑤
13	나는 학기 수행 정도를 관리하기 위해 스스로 점수를 매긴다	①	②	③	④	⑤
14	나는 어떤 활동의 수행 정도를 대개 인식하고 있다.	①	②	③	④	⑤
15	내가 일을 얼마나 잘하고 있는지에 대해 주목하고 있다.	①	②	③	④	⑤
16	내가 진행하고 있는 과제에 대한 진도를 인식하고 있다.	①	②	③	④	⑤
17	나는 성과를 내는 데 필요한 것을 상기하기 위해 기록한 메모를 활용한다.	①	②	③	④	⑤
18	나는 성과를 내는 데 필요한 것에 초점을 맞추고 도움이 되는 구체적인 것들을 활용한다(메모와 체크리스트 등).	①	②	③	④	⑤
19	나는 업무(학업)의 불쾌한 측면보다는 유쾌한 측면에 초점을 맞추는 편이다.	①	②	③	④	⑤
20	나는 바람직한 행동을 유발할 수 있는 물건이나 사람들 가까이에 있으려고 노력한다.	①	②	③	④	⑤

	문 항	← 전혀 그렇지 않다/ 매우 그렇다 →				
21	나는 선택권이 나에게 있을 때 대충 일을 끝내기보다는 즐겁게 일을 하려고 노력한다.	①	②	③	④	⑤
22	나는 일에서 즐기는 활동들을 찾아낸다.	①	②	③	④	⑤
23	내가 가장 좋아하는 방식을 찾아 일을 끝낸다.	①	②	③	④	⑤
24	상상력을 발휘해 중요한 업무를 잘 수행하는 것을 머릿속에 그려 본다.	①	②	③	④	⑤
25	나는 말하기 전에 그 일을 성공적으로 수행하는 것을 스스로 머릿속에 그려 본다.	①	②	③	④	⑤
26	나는 때로 실제로 일하기 전에 성공적인 수행에 대해 마음속으로 그려 본다.	①	②	③	④	⑤
27	나는 의도적으로 내가 직면한 도전들을 극복하는 것을 머릿속으로 그려 본다.	①	②	③	④	⑤
28	나는 실제로 도전에 직면하기 전에 종종 도전에 대처하려고 계획한 방안을 마음속으로 시연해 본다.	①	②	③	④	⑤
29	나는 때로 내가 직면한 어려운 문제들을 대처하는 데 도움이 될 수 있도록 큰 소리로 또는 마음속으로 되뇌어 본다.	①	②	③	④	⑤
30	때로 나는 어려운 상황을 극복하면서 일하기 위해 스스로에게 (큰 소리 또는 마음속으로)이야기를 한다.	①	②	③	④	⑤
31	나는 어려운 상황에 직면할 때마다 내 자신의 신념과 가정에 대해 생각한다.	①	②	③	④	⑤
32	내가 직면한 문제의 상황과 관련해서 자신의 신념에 대한 정확성을 마음속으로 평가하려고 노력한다.	①	②	③	④	⑤
33	다른 사람과 의견의 불일치를 갖게 될 때 내 자신의 가정에 대해 솔직히 말하고 평가한다.	①	②	③	④	⑤
34	다른 사람과 의견의 불일치를 갖게 될 때 내 자신의 속마음을 솔직히 말하고 평가한다.	①	②	③	④	⑤
35	내가 갖고 있는 신념과 가정에 대해 생각하고 평가한다.	①	②	③	④	⑤
합 계		M:				

(채점방법 및 해석)

1. 1번에서 35번까지 √표시한 숫자를 모두 더한다.
2. 합한 숫자를 35로 나누어 평균(M)을 구한다.
3. 평균(M)의 값이 5점에 가까울수록 셀프리더십 수준이 높고 1에 가까울수록 낮은 것을 의미다.

출처: 이종원(2015: 34-36). 청년대학생 취업 Cheer up!.

Worksheet 2 ▸ 가치 탐사하기

◎ 공동체에서 가치는 구성원들을 묶어 주는 정신적 원칙으로 그 공동체의 목표를 촉진하고 성공하도록 돕는다. 대학은 취업률이 중요하기도 하지만 대학의 중요한 역할은 인간사랑, 자유, 진리, 사랑… 과 같은 이런 가치를 구현하는 것이다. 이러한 가치는 대학을 다니는 우리가 구현해 나가야 한다. 우리가 다니는 학교건물, 교수님, 선배들, 연혁 같은 것들을 살펴보면서 찾아보자.

※ 우리 학교가 추구하는 '가치' 탐사하기

step 1 아래의 질문 중 하나를 골라 각자 실감 나게 리얼하게 적고 이야기 해 보자.

1. ○○○ 대학교를 지원하게 된 동기, 입학하기 전 우리 학교에 대해 전해 들은 이야기는?

2. ○○○학교 교정(건물, 도서관, 강의실, 식당 등)에서 느낀 점은?

3. ○○○학교 사람 중 '이 사람 참 괜찮네!'라고 생각한 사람은?(어떤 점 때문에)

4. ○○○학교가 배출한 인물 중 존경하는 사람은?(무엇 때문에 존경하는지...)

5. '○○○학교를 선택하기 정말 잘했다'라고 경험한 사건이 있었다면?

6. ○○○학교 홍보매체(홈페이지, 포스터, 플래카드 등)에서 알게 된 가치는?

step 2 그룹별 각자 이야기를 듣고 3개의 키워드를 찾는다._키워드 찾기

step 3 그룹별 전지에 각자의 키워드를 써 넣는다.(1인당 3개씩) _ 맵핑

step 4 각 사람이 쓴 3개의 키워드 중에서 각자 1개의 키워드를 뽑아 낸 후, 그 키워드를 연결하여 문장을 만듭니다.

대학은

한 곳이다.

Chapter 09

대학생활과 시간관리

학습목표

1. 효과적인 시간관리에 대해 설명할 수 있다.
2. 시간관리의 기술에 대해 설명할 수 있다.
3. 미래시간에 대해 계획을 세울 수 있다.

09

시간이 언제나 당신을 기다리고 있다고 생각지 말라. 게을리 걸어도 결국 목적지에 도달할 날이 있을 것이라는 생각은 잘못이다. 하루하루 전력을 다하지 않고는 그 날의 보람은 없을 것이며 동시에 최후의 목표에 도달하지 못할 것이다.

– 요한 볼프강 폰 괴테 –

1. 시간관리의 필요성

한국에는 매년 약 60만 명(일반대학 40만 명과 전문대학 20만 명)의 대학생이 탄생한다. 대학 진학은 인생에 있어서 커다란 변화에 속한다. 대학생활이 이전의 학교생활과는 현저하게 다르기 때문이다. 대학생활의 특성을 잘 이해하지 못하면 대학생들은 커다란 어려움에 처하게 된다. 4년여의 대학생활을 하는 동안 매우 다양한 많은 일들이 벌어진다. 대학에 진학하자마자 수강신청, 수업부담, 시험 스트레스, 외로움, 친구와의 갈등, 경제적 어려움, 전공분야의 불만족, 졸업 후 진로고민 등으로 마음이 복잡하고 힘들다. 그래서 요즈음 대학생활에서 나타나는 다양한 문제들과 함께 학업관리, 인간관계, 연애, 자기계발, 진로준비, 시간관리, 스트레스 관리 등에 대해 고민도 많다. 하지만 대다수의 교수들은 연구와 강의에 바빠 학생 개개인에게 따뜻한 관심을 기울이지 못한다. 다시 말하면, 대학은 외형적인 발전에 관심을 집중할 뿐 학생들의 대학생활 적응에는 깊은 관심을 기울이지 못한다. 매년 초 신입생을 위한 오리엔테이션을 하고 있지만 매우 피상적인 내용을 형식적으로 전할 뿐이다. 신입생의 대다수가 대학생활에 대한 이해가 부족한 가운데 수많은 시행착오를 겪으며 방황하고 있는데도 말이다.

대학생활의 가장 큰 특징은 자유다. 자유는 대학생활의 가장 큰 매력이자 특권이다. 대학생은 자유로운 생활을 통해서 마음껏 자신의 개성과 능력을 발휘할 수 있다. 인생과 세상에 대한 다양한 학문분야를 마음껏 탐색하여 배울 수 있다. 하지만 대학생활의 자유는 무계획적이고 무질서한 생활, 충동적이고 무절제한 행동, 무책임한 태도로 이어질 수도 있다. 이러한 대학생활을 하는 가장 큰 특징은 인생의 비전과 목표가 없다는 점이다. 대학입학이라는 목표를 향해 달려 왔지만, 대학에 입학한 후에는 목표를 상실한 것이다.

대학교는 미래의 인생을 위해 전인적인 내공을 쌓는 곳이다. 지식의 습득뿐만 아니라 자기수양, 인생관 탐색, 인간관계를 통해 좀 더 성숙한 인간으로 성장하기 위한 장이다. 그러므로 대학생활을 어떻게 하느냐가 인생의 많은 부분을 결정한다.

대학생들이 최근 취업과 더불어 궁금해하는 것은 시간관리, 생활계획, 방학을 유용하게 보내는 방법 등에 대해서다. 이와 관련한 구체적인 내용들을 선배들이 알려주는 것이라고 여겼지만, 스스로 찾아야 하는 경우가 대부분이다. 대학생활 4년은 시간관리를 어떻게 하는가에 따라 자신의 모습이 바뀔 수 있다. 그래서 대학생이라면 시간관리가 중요하다는 것만 알고 실천에 옮겨도 4학년 때 편하게 미래준비를 할 수 있다.

대학생으로서 시간관리의 중요한 영역으로는, 공부해야 하는 것, 즐길 수 있는 것, 사회로 나가기 위한 진로설계 및 계획 준비를 해야 하는 것으로 나눌 수 있다. 또한 새내기 대학생으로서 할 수 있는 것, 4학년이 취업을 위해 준비해야 하는 것은 각각 다르다. 각 학년별로 반드시 해야 하는 것들이 있기는 하지만 그 순서가 모두에게 일률적이지는 않다. 자신의 학교, 전공, 성향, 교우관계, 가족의 자본 여부 등을 잘 따져서 4년간의 시간을 알차게 보낼 수 있도록 시간관리 계획을 세우고 실천하여야 한다.

1) 시간의 개념

시간은 원래 희랍어로는 크로노스(chronos)와 카이로스(kairos)의 이중적 의미를 가지고 있다. 크로노스는 물리적 시간의 개념으로 1년이나 1달 또는 1시간, 1분 등 달력이나 시계로 잴 수 있는 것을 의미하며, 카이로스는 기회나 위기 등의 어떤 특정한 시기를 의미한다. 즉, 크로노스는 어떤 일을 하는 데 필요한 적당한 물리적인 시간의 양이라면 카이로스는 그 일을 성취하는 데 적절한 시기와 의미라고 할 수 있다. 또 다른 측면에서 시간을 정의하면 양적인 개념과 질적인 개념으로 정리할 수 있다. 양적인 개념의 시간은 유한성의 성격으로 시간은 누구에게나 공평하게 주어지는 무형이며 유한한 자원이다. 위에서 언급한 크로노스(chronos)의 시간을 의미한다. 질적인 개념의 시간은 무한성의 성격으로, 시간을 어떻게 사용하느냐에 따라 그 가치가 달라진다는 견해로서 시간 사용의 효율성이며 질적 자원이다. 이 또한 위에서 언급한 카이로스(kairos)의 시간을 의미한다.

한편 시간의 속성을 다섯 가지로 설명할 수 있다. 첫째, 시간은 인생의 중요한 자본이다. 산다는 것은 시간을 소유했다는 것이요, 죽는다는 것은 시간이 없어진 것이다. 둘째, 시간은 쉴 새 없이 흘러간다. 세월은 시간을 기다리지 않는다. 한 번 간 시간은 다시 오지 않는다. 셋째, 시간은 돈 주고 살 수 없다. '시간은 돈이다'라는 말이 있는데 사실 시간은 돈 이상이다. 이 귀중한 시간은 누구에게나 하루 24시간이 주어지며 이를 남보다 더 잘 활용하는 사람이 성공한다. 넷째, 시간은 저축할 수 없다. 시간은 돈이나 물건과 달라 붙잡아 둘 수도, 저축할 수도 없다. 주어진 지금, 이 시간을 최대로 활용해야 한다. 다섯째, 시간은 남에게 빌려주거나 빌려 쓸 수 없다. 나에게 주어진 시간을 성실하게 써야 함을 명심해야 하겠다.

2) 시간관리의 의미

시간은 귀중한 자원으로 인간에게 기회를 제공하고, 모든 사람에게 똑같은 양으로 분배되며, 저장할 수 없고 자기관리의 한 부분으로 삶을 효과적으로 운영하는 중요한 자원이다. 따라서 이러한 시간을 계획적으로 관리하는 일은 매우 중요하다. 시간관리란 시간을 가장 효율적으로 사용하고 자신의 인생에 긴장과 이완을 주는 올바른 기술을 일상생활에서 효과적으로 계속 실천하는 것이다. 즉, 시간관리란 넓게는 삶 전체를 관리하는 것이며, 좁게는 인간으로서 영위해야 할 식사, 취침, 휴식 등의 기본생활을 제외한 시간을 관리하는 것이다. 대학이나 각급 학교의 상담소에서 학생들에게 제공되는 시간관리는 프로그램의 형태를 지닌다. 보통 이러한 시간관리 프로그램은 학생들로 하여금 그들의 공부시간을 효율적으로 이용하게 하려는 목적으로 시행되기 때문에 '공부 방법'의 매우 중요한 하위 요소가 되기도 한다. '공부 방법'의 한 부분으로서의 시간관리는 학생들에게 매일 자신의 생활을 기록하게 하여 자신의 시간사용을 분류하게 한다. 특히, 공부시간, 친구와의 교제시간, 여가시간, 신변처리에 관련된 시간 등을 측정하여 자신의 생활에 대한 통제력을 높이고 공부에 투입되는 시간을 늘려 자기 효율성을 제고하게 한다. 그러나 시간의 질적 개념에서 보면 실제로 시간관리의 대상은 시간이 흐르는 동안 개인이 행하는 활동을 관리하는 것이다. 즉, 목표를 성취하기 위해 활동의 우선순위를 정하고, 이를 실천할 수 있도록 환경과 자신을 통제하는 것이다. 많은 사람들에게 시간관리의 중요성을 언급하는 이유는 시간관리가 효과적으로 이루어짐으로써 삶을 균형 있게 운영할 수 있으며, 가치 있는 일에 보다 많은 시간을 투자함으로써 목표달성을 쉽게 할 수 있기 때문이다. 더불어 급변하는 현시대에서 효과적으로 적응할 수 있으며, 정신적 · 육체적 스트레스를 예방하며 건강한 삶을 살 수 있는 중요한 요소가 되기도 한다.

2. 시간관리의 기술

시간관리는 시간을 체계적으로 관리함으로써 사람들의 목표를 성취하도록 도와주는 중요한 기술이다. 대학생에게는 다양한 활동뿐만 아니라 자유시간도 많이 주어진다. 따라서 시간관리는 매우 중요하다. 시간관리의 원칙은 기록이다. 따라서 성공적인 대학생활을 원한다면 반드시 플래너를 사용하는 습관을 들여야 한다.

시간관리는 목표정하기, 계획세우기, 실행하기의 세 과정으로 이루어진다. 시간관리의 첫 단계는 목표를 정하는 것이다. 즉, 제한된 시간 동안에 이루고자 하는 목표를 구체적으로 정하고 그 중요성과 긴급성을 고려하여 우선순위를 정한다. 두 번째 단계는 목표와 관련된 구체적 계획을 세우고 시간대별로 실행할 수 있는 활동을 시간대별로 배정한다. 세 번째 단계는 시간대별 계획에 따라 실천하는 것이다. 이러한 실천과정에서 발생되는 여러 가지 장애물을 잘 극복하는 것이 무엇보다도 중요하다.

1) 목표 우선순위 정하기

대학생활에는 하고 싶은 일과 해야 할 일들이 많다. 학교 강의준비에서부터 동아리활동, 데이트, 아르바이트, 공모전 준비, 취미활동, 각종 모임 등이 그 예다. 뿐만 아니라 사람이라면 기본적인 생활에 해당되는 활동도 매일 해야 한다. 이처럼 기본생활에서부터 대학에서의 다양한 활동을 두서없이 하게 되면, 늘 시간에 쫓기게 되고 대학생활은 성과 없이 졸업하게 될 것이다.

시간관리의 첫 단계는 목표정하기이다. 일반적으로 목표는 기간에 따라 연 목표, 월 목표, 주간 목표, 일일 목표 등으로 나눈다. 각 기간 동안에 하고 싶은 일과 해야 할 일들을 나열해 보고 그 목표들의 우선순위를 정한다.

『성공하는 사람의 7가지 습관』의 저자 스티븐 코비(Stephen R, Covey)는 우선순위를 정하는 방법을 제시하고 있다. 우선순위를 정하는 데 있어 가장 핵심은 중요성과 긴급성에 바탕을 두고 있다. 중요성에 해당하는 사항은 결과와 연관되고 사명, 가치관, 목표에 기여하는 정도를 의미한다. 긴급성에 해당하는 사항은 즉각적인 처리를 전제조건으로 하며 눈에 잘 띄며 심리적 압박감을 수반한다. 스티븐 코비는 이 두 축을 통해 다음과 같이 시간관리 매트릭스 4분면으로 구분하였다.

	긴급함	긴급하지 않음
중요함	• 마감시간 임박한 꼭 해야 할 과제 (다음 주 동아리 발표회, 다음 주 중간 시험 등) • 기한이 있는 프로젝트 **1사분면**	• 미래를 위해 준비해야 할 일 (인간관계구축, 자기계발, 건강관리, 운동 등) **2사분면**
중요하지 않음	**3사분면** • 마감시간이 임박했지만 꼭 할 필요는 없는 일 (e-mail 정리, 사소한 모임, 행사참석 등)	**4사분면** • 시급하지도 중요하지도 않은 하찮은 일 (잡담하기, 인터넷 서핑, 게임, TV보기 등)

1사분면은 반드시 해야 할 뿐만 아니라 지금 당장 하지 않으면 안 되는 일이다. 당장 준비해야 할 리포트, 마감시간이 임박한 과제, 내일 치러야 할 시험, 눈앞에 닥친 통학시간 등은 중요하면서도 당장에 해결하지 않으면 안 되는 긴급한 일이다. 하지만 1사분면에 과다한 시간을 소비한다면 일들은 긴박감은 넘칠 수 있으나 끊임없는 스트레스의 원인이 되기도 한다. 그러므로 시간관리 방법은 효과적이지 않다.

2사분면의 일은 긴급하지는 않지만 중요한 활동이 속해 있는 영역이다. 건강관리, 가족관계, 대인관계, 자기계발, 어학공부, 진로설계, 목표 설정 등 당장하지 않아도 큰일이 생기지는 않는 그런 영역이다. 하지만 2사분면의 일이 지금 당장 급하지 않다고 해서 미루다 보면 인생에 있어서 중요한 일은 하지 못하고 중요하지 않은 일을 긴급하게 처리하는 1사분면으로 바뀌는 특성이 있다. 예를 들어, 건강관리에 소홀하여 건강에 위험신호가 오면 그때는 매우 긴급하고 중요한 일로 바뀌게 된다. 특히 미루기를 습관처럼 하는 사람들은 2사분면에서 여유 있게 할 수 있는 일도 1사분면의 긴급한 일로 만들어 스트레스를 수반하는 경우가 많다. 인생에 있어서 가장 중요한 일을 소홀히 하여 놓치는 일이 없도록 하여야 한다.

3사분면의 일은 긴급하지만 덜 중요한 일로 이루어진 영역이다. 다른 사람에게 위임해도 좋은 간단한 일들이 이 영역에 해당한다. 3사분면은 전화호출, 친구의 사소한 부탁, 술자리, 축제 등을 거절을 하지 못하고 이리저리 끌려다니는 유형이다. 하지만 많은 사람들이 이 영역에 속하는 일을 실제보다 더 중요한 일이라고 착각한다. 따라서 3사분면의 일에 시간을 많이 뺏기게 되면 상대적으로 2사분면의 일을 미루게 되고 그 결과 자신이 세운 목표는 늘 뒷전으로 밀려나게 된다.

4사분면은 긴급하지도 않고 중요하지도 않은 일이 속해 있는 영역이다. 특별히 목적이 없는 일들이다. 새벽까지 이어지는 술자리, 밤 깊은 줄 모르고 탐닉하는 컴퓨터 게임, 과도한 TV 시청과 같은 활동들은 전형적인 4사분면의 활동이다. 이러한 4사분면 활동을 많이 하는 사람은 아무런 목표나 계획이 설정되지 않거나, 1사분면의 활동을 많이 하다 보니 누적된 스트레스를 풀기 위해 그러한 활동을 즐기는 경우일 수도 있다. 많은 사람들이 가장 많이 시간을 할애하는 활동은 3사분면, 1사분면의 활동이다. 결국 많은 사람들이 중요하지 않지만 긴급하거나 긴급하면서 중요한 일을 처리하느라 대부분의 시간을 할애하고 있는 것이다.

그렇다면 중요하지 않으면서 긴급한 일의 함정에서 벗어나기 위해서는 3사분면의 활동 절반과 1사분면의 활동을 10% 정도만 2사분면의 활동으로 배분한다면 해결될 수 있을 것이다. 이렇게 하기 위해서는, 첫째, 1, 3, 4사분면의 활동들을 점검하여야 한다. 그리고 그런 활동들을 제거하거나 줄이는 작업을 하여야 한다.

둘째, 2사분면의 시간계획을 세우고, 그 시간에 몰입하도록 하여야 한다. 2사분면의 활동계획을 위해 시간블록을 만들고, 주변에 있는 사람에게 이를 알려라. 어떤 사람들은 문을 걸어 잠그고 정말 중요한 일이 아니면 특정한 시간에 다시 오도록 부탁하는 팻말을 걸어 놓기도 한다.

셋째, 다가오는 일주일, 그리고 일 년을 시각화하자. 주간계획을 세울 때, 다가오는 한 주의 시간사용을 2사분면의 양식 내에 시각화한다. 계획을 시각화하게 되면 3사분면의 활동에 직면했을 때, 더 쉽게 저항할 수 있을 것이다. 또한 일 년 혹은 그 이상을 시각화하자. 이렇게 하면 2사분면의 활동에 초점을 맞추게 될 것이다.

넷째, 매일 10분간의 자유로운 시간을 찾아내자. 2사분면의 활동 중 하나를 선택하여 매일 그 시간을 할애해라. 나의 계획을 점검한다든지, 나의 내면에 잠깐의 휴식을 주는 것도 좋다. 결과적으로 하루에 행하는 활동 중 50%의 활동을 2사분면에 포함되는 활동을 한다면 목표를 세우고 실천하는 일은 잘 수행이 될 것이다.

2) 계획 세우기

하고 싶은 일과 해야 할 일들에 대한 우선순위를 정하면 그 목표를 성취할 수 있도록 체계적 계획을 세워야 한다. 계획을 세울 때 중요한 것은 하위 목표들을 찾아내고 시간적 순서에 따라 실행계획을 구체적으로 세우는 것이다.

시간관리계획은 연간계획, 월간계획, 주간계획, 일일계획 모두 필요하지만, 시간관리의 기본은 주간계획을 잘 세우는 것이다. 대학생의 경우 특히 주간계획이 중요하다. 대학생활에서 가장 중요한 강의시간이 주 단위로 반복되기 때문이다.

3) 계획 실행하기

시간관리의 마지막 단계는 행동으로 실천하는 것이다. 대학생의 경우 주간계획표를 기준으로 실행하고 시간사용을 제대로 하였는지 점검하는 것이 바람직하다. 시간관리에서 중요한 것은 계획과 실천의 GAP을 줄이는 것이다. 계획을 실천하기 위해서는 다음과 같은 노력이 필요하다.

(1) 주간계획표를 가지고 다니며 체크해라.

주간계획표를 가지고 다니면서 하루에 두세 번은 점검하고 기록한다. 계획을 세울 때는 욕심을 부리지 않아야 한다. 돌발 상황이 발생하여 계획처럼 실행이 되지 않는 경우가 많다. 이러한 상황을 고려하여 여유시간을 만들어 주는 것이 좋다. 또한 사용한 시간을 점검하고 그 결과에 따라 시간계획을 수정 보완한다.

(2) 시간을 블록으로 묶어 활용한다.

중요한 일을 할 때는 시간을 한 덩어리로 묶어 집중적으로 실행하는 것이 효율적이다. 오늘 할 일을 낱낱이 쪼개어 실행하는 것보다 집중할 수 있는 시간으로 묶어서 처리하는 것이다. 즉, 한 주에 해야 할 작은 일들을 하루에 모아서 처리한다.

또는 집중이 잘되는 시간대에 중요한 일을 한다. 아무런 간섭을 받지 않은 시간 및 장소를 확보한다.

(3) 자신만의 집중시간을 찾아라.

사람마다 아침에 집중이 잘되는 아침형, 밤 늦은 시간에 집중이 잘되는 야간형이 있다. 하루 중 자신만의 집중시간을 파악하여 그 시간에 중요한 일을 하도록 계획을 세워라. 일반적으로 아침형이 야간형보다 시간활용이 효율적이라 알려져 있다. 가능하면 중요한 일은 오전에 하는 것이 효과적이다.

(4) 시간도둑을 잡아라.

매주 계획이 제대로 실행되었는지 확인하고 평가하여야 한다. 만약 계획대로 실천하지 못했다면 주된 원인을 찾아야 한다. 첫째, 자신에 대한 과대평가를 들 수 있다. 대학생들이 계획을 세울 때 무리한 계획을 세우는 경우가 많다. 시간계획은 60% 정도 지켜지면 성공이다. 따라서 계획을 세울 때는 실행하지 못한 계획에 대해 보완할 수 있는 여유시간을 두어야 한다. 둘째, 미루기 습관이다. 대학생은 자율적으로 시간을 관리해야 한다. 때문에 스스로에게 힘들거나 어려운 일은 미루기 쉽다. 또한 미루기가 습관화되어 있는 학생들도 있다. 시험 준비 및 과제물에 대해 막판까지 미루다가 낭패 보는 경우가 많다. 셋째, 유혹과 타인의 부탁을 거절하지 못하는 경우이다. 친구의 부탁이나 유혹을 거절하지 못하는 마음 약한 사람들이 시간관리에 어려움을 겪는다. 또한 동아리 활동을 하면서 시간을 할애하다 보면 자신의 우선순위를 미루는 경우가 있다. 중요한 것은 스스로가 선택과 집중을 할 수 있는 지혜가 필요하며, 'NO'라고 말해야 할 때 'NO'라고 말할 수 있어야 한다는 것이다. 마지막은 시간도둑으로 게임, TV, 인터넷, 스마트폰 등을 들 수 있다. 이러한 기기 사용은 스스로의 통제가 중요하다.

3. 시간관리와 목표설정

목표는 미래에 실현되기를 소망하는 결과다. 따라서 각자 노력을 통해서 성취하기를 바라는 미래 상태를 뜻한다. 대학생들이 살아가고 있는 현재는 조만간 과거가 되고 미래는 머지않아 현재로 다가온다. 우리들의 삶에서 가장 중요한 것은 지금 내가 현재 어디에 서 있느냐가 아니라 어디를 향해 나아가고 있느냐이다. 즉, 우리는 자신의 인생목표와 방향을 뚜렷하게 하는 것이 매우 중요하다.

목표는 대학생들이 일상적인 삶을 살아가는 데 강력하게 영향을 미친다. 분명한 목표를 정하고 실천하는 것은 내 삶의 행복과 성공의 필수요소이기 때문이다. 목표가 주는 유용성을 살펴보면, 첫째 우리 삶에 의욕과 생동감을 준다. 목표를 분명히 하고 열망이 클수록 더욱 열정적으로 살아간다. 목표가 성취되었을 때를 상상하기만 해도 가슴 뛰고 설레기 때문이다. 둘째, 목표는 각자 삶의 방향과 의미를 제공한다. 목표가 뚜렷한 학생은 매일 반복되는 대학생활이라 할지라도 오늘 무엇을 해야 하는지 분명하게 드러난다. 이러한 노력이 각자의 삶에 어떤 의미를 주는지도 잘 안다. 셋째, 목표는 행복감을 느낄 수 있도록 한다. 목표를 성취했거나 진행되고 있다고 인식할 때 행복감으로 느껴진다. 넷째, 목표는 일상생활의 스트레스를 이겨낼 수 있도록 역할을 한다. 즉, 목표가 분명하고 실행해 가는 사람은 역경을 잘 이겨낼 수 있다. 다섯째, 목표는 성공가능성을 높여 준다. 분명한 목표를 가지고 있는 사람은 그렇지 않은 사람보다 더 의욕적이고 열정적으로 노력한다. 따라서 더 뛰어난 성과와 성취를 거두게 된다.

1) 목표의 조건

(1) 가슴을 설레게 하는 목표를 세워라.

목표는 생각만 해도 가슴 벅찬 행복감을 느낄 수 있는 것이어야 한다. 큰 목표이든 작은 목표이든 각자의 열정과 도전의식을 북돋우는 것이어야 한다. 지금 이 순간부터 계획한 목표를 위해 실행할 수 있는 것이어야 한다. 대학생활이 즐겁고 행복하도록 만드는 그런 목표를 세워라.

(2) 달성 가능하되 도전적인 목표를 세워라.

목표는 달성 가능한 것이어야 한다. 가슴 설레는 목표가 반드시 달성 가능하지는 않다. 또한 달성하기 쉬운 목표는 성취감을 충분히 주지 못한다. 너무 쉬운 목표는 권태감을 주며 너무 어려운 목표는 불안과 좌절감을 준다. 따라서 자신의 역량을 최대한 발휘하여 열심히 노력해서 달성할 수 있는 도전적인 목표는 매력적이면서도 의욕과 열정을 강화한다.

(3) 목표는 자율적으로 정한 것이어야 한다.

목표는 스스로 선택하고 결정한 것이어야 한다. 타인에게 강요된 목표보다는 자율적으로 정한 목표가 우리의 가슴을 설레게 하고 열정을 자극할 수 있다. 이러한 목표를 위해 열심히 노력하고 실천할 때 더 많은 성취감을 느낄 수 있다.

대학생 중에는 부모의 결정으로 자신이 원하지 않은 목표를 위해 시간을 할애하고 실천하는 경우가 많다. 목표와 관련된 연구에 따르면 타율적으로 부과된 목표를 추구하는 사람은 삶의 만족도가 낮을 뿐만 아니라 학업성취도도 낮았다.

(4) 목표는 구체적이어야 한다.

목표는 최대한 구체적으로 계획되어야 한다. 막연한 목표는 실천하기 어렵다. 따라서 목표는 달성했는지 측정 가능하도록 구체화되어야 한다. 즉, 2017년 공부 열심히 하기보다는 '이번 학기 전체평점 A학점 이상 받기, 또는 '다이어트하기'보다는'현재 몸무게에서 5kg 이상 줄이기' 등이 목표달성에 훨씬 효과적이다.

(5) 목표달성의 기간을 정한다.

목표는 달성 가능한 기간을 정해야 한다. 언제까지 목표를 달성하겠다는 시점을 분명하게 정해야 한다. 기간을 정하지 않으면 스스로 목표를 성취하려는 의지가 약해질 뿐만 아니라 일상적인 다른 일에 밀려 목표달성이 지연될 수 있기 때문이다.

가슴 설레게 하는 목표, 노력하면 달성 가능한 목표, 자율적으로 정한 목표, 구체적인 목표를 하루하루 실천해 간다면 대학생들의 하루는 매우 활기차고 열정이 넘치며 행복할 것이다.

2) 장기목표와 단기목표

목표는 실현되기를 소망하는 미래의 시점에 따라 단기목표, 중기목표, 장기목표로 나눌 수 있다. 단기목표는 당장 이번 주 내에 이루어지기를 기대하는 것들이다. 이는 일상생활과 관련되어 있는 미시적인 것들이다. 즉, 이번 학기, 이번 달, 이번 주의 계획과 관련이 있다. 중기목표는 적어도 3~10년 사이에 이루고자 하는 목표이다. 즉, 대학생활을 통해 이루고 싶은 것, 20대에 달성하고 싶은 것 등이 여기에 속한다. 장기목표는 10~20년 후에 이루어질 수 있는 목표들이다. 이는 인생의 오랜 시간을 걸쳐 이루어지는 거시적인 것들이다. 즉, 평생을 통해 이루고자 하는 인생의 비전, 40~50대의 전성기에 이루기를 원하는 성취, 각자의 인생에서 사회적으로 성공한 상태의 직업이나 직위 등이다.

단기목표 및 중기목표, 장기목표의 조화가 매우 중요하다. 장기적 목표설정을 통해 인생의 거시적 방향을 설정하고 이를 이루기 위해 중기적 목표를 설정한다. 중기적 목표달성을 위해 구체적인 사항들을 단기목표로 설정하여 행동으로 실천 가능하도록 계획하는 것이다.

3) 대학생활에서 목표세우기

대학생활의 목표에 대해 고민해 보자. 대학생활을 통해 정말 하고 싶은 일은 무엇인가? 또는 꼭 이루고 싶은 일은 무엇인가? 투자의 황제 워렌 버핏(Warren Buffett)은 목표설정에 대하여 다음과 같이 제시하고 있다.

버핏이 제시하는 목표설정은 다음과 같다.

1단계: 가까운 미래, 또는 일생 동안 이루고 싶은 25가지의 목표를 작성한다. 현재의 삶과 관련이 없더라도 떠오르는 대로 적는다.

2단계: 중요한 목표에 해당하는 5가지 목표를 추려 낸다. 5개의 목표를 목록 A, 나머지 20개의 목표를 목록 B로 두 개의 목록을 만든다.

3단계: 목록 A를 실행하기 위해 구체적 실행계획을 세우고 가장 중요한 항목부터 실행한다. 버핏은 중요한 목표 5가지에만 집중하라고 조언한다. 목록 B는 목록 A를 다 실행하기 전까지는 거들떠보지도 말라고 하였다.

버핏의 목표관리법이 시사하는 것은 우리의 모든 행동에는 비용이 따르기 때문에 진정한 성공을 이루려면, 어떤 목표를 어떻게 이룰지 만큼이나 무엇을 하지 않을 것인지 구별해 내는 것도 중요하다는 사실이다(Worksheet 2 참고).

4) 목표성취를 위한 5단계 전략

자신만의 목표를 달성하는 사람들은 특징이 있다. 이들은 목표를 세우는 것뿐만 아니라 지속적으로 관리를 한다는 것이다. 목표관리는 스스로 정한 목표달성을 위해서 구체적인 계획을 세우고 실행하며 평가해 나가는 체계적인 행동을 말한다.

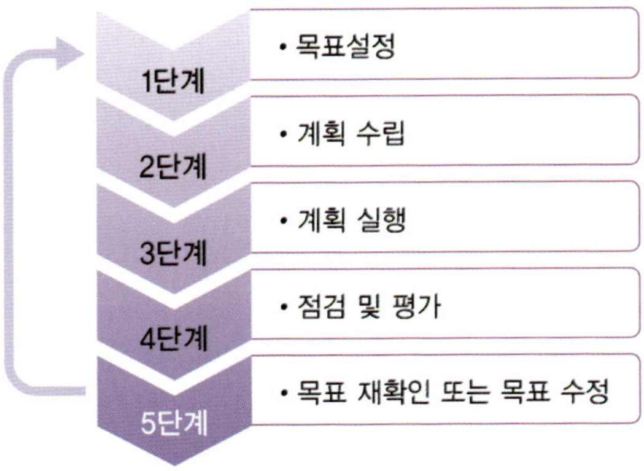

[그림 9-1] 목표달성의 5단계 과정

목표를 잘 관리할 수 있는 5단계의 전략은 다음과 같다.

- 목표설정하기: 현실적인 목표를 구체적으로 세운다. 대학생활에서 중요한 것뿐만 아니라 자신이 소망하는 목표를 세운다. 그리고 목표를 구체화한 후 달성을 확인할 수 있는 시한을 정한다. 가장 중요한 목표 순으로 우선순위를 정한다.

  ex) 이번 학기 새로운 친구 사귀기- 친구 3명 이상 만들기(같이 커피 마실 수 있는 친구, 영화 볼 수 있는 친구, 고민 의논할 수 있는 친구)
- 계획수립하기: 목표를 성취하기 위해 구체적인 계획을 세운다. 목표를 이루기 위해 필요한 일들을 잘게 쪼개어 하위목표를 구성하고 하위목표를 이루기 위해 실행할 수 있는 행동과 시간계획을 세운다. 이러한 계획들은 반드시 기록한다.
- 계획 실행하기: 계획을 실천에 옮긴다. 먼저 쉽게 행할 수 있는 작은 것부터 실천한다.
- 점검하고 평가하기: 계획에 따라 실천이 이루어지고 있는지 매주 또는 매달 정기적으로 확인한다. 조금씩 변화되는 작은 성과에 대해 내 스스로 칭찬해라. 이러한 것들이 습관화되도록 지속적으로 노력한다.
- 목표 재확인 또는 수정하기: 성공한 성과에 대해 자축하며, 목표달성에 실패했다고 한다면 문제와 장애요인이 무엇이었는지를 살펴본다. 이러한 점들을 고려하여 수정하거나 재설정한다.

〈사례〉

목표의 중요성_ 하버드대 연구

1979년 하버드 경영대학원 졸업생들을 상대로 설문조사가 있었다. 질문은, "장래에 대한 명확한 목표를 설정했는가? 그렇다면 그 목표를 기록해 두었는가? 그 목표를 달성하기 위한 구체적인 행동계획이 있는가?"이었다. 그 결과 특별한 목표가 없다고 답한 사람이 20%, 목표는 없으나 학업을 열중하여 안전한 직업을 갖겠다는 사람 64%, 확고한 목표는 있지만 그것을 종이에 적어 두지는 않았다는 사람 13%이고, 목표를 구체적으로 설정하고 기록해 두었다는 사람이 3%였다. 그로부터 10년 후인 1989년, 연구자들은 그 졸업생들을 추적해 어떻게 살고 있는지 확인해 보았다. 결과는 흥미로웠다. 목표를 구체적으로 설정하고 기록을 한 3%는 대기업CEO, 각 분야계의 거물, 미국에 꼭 필요한 사람이 되어 있었고 기록하지 않았지만 목표가 있다고 대답한 13%는 사회의 고위층, 중소기업사장, 변호사, 의사 등등 사회에 꼭 필요한 인물이 되어 있었다. 목표는 없으나 학업을 열중하여 안전한 직업을 갖겠다는 64%는 하루 벌어 살아가는 서민층이 되어 있었고, 특별한 목표가 없는 20%는 하루하루 힘들게 살아가는 노동인, 노숙자가 되어 있었다. 하버드 대학을 나온 학생들인데 정말 충격적이었다. 이와 비슷한 연구가 1953년 예일 대학에서도 있었다. 설문조사 결과 글로 적어 놓은 3% 학생들이 나머지 97%의 졸업생들을 전부 합친 것보다 경제적으로 풍요한 생활을 하고 있는 것으로 나타났다. 이렇듯 성공의 비밀은 글로 쓴 구체적인 목표설정에 있다고 말할 수 있다.

Worksheet 1 ▸ **일상생활에서 어떤 유형에 시간을 많이 사용하고 있는지 점검해 보자.**

다음 각 문항을 읽고 평소에 나의 일상생활과 비슷하거나 일치하는 □에 점수를 기재하자(매우 그렇다: 5점, 그렇다: 4점, 보통이다: 3점, 그렇지 않다: 2점, 전혀 그렇지 않다: 1점).

	내 용	□에 5점~1점 기재			
1	항상 시간에 쫓기며 살아간다.				
2	마음의 여유를 가지고 생활한다.				
3	상대방의 요구에 거절을 못한다.				
4	지금 하고 있는 일에 흥미나 보람을 못 느낀다.				
5	언제나 다급하고 바쁜 생활을 한다.				
6	항상 미래를 준비하고 계획하며 산다.				
7	남을 도와주느라고 내 일을 못할 때가 많다.				
8	시간이 지나도 늘 그 자리에 있는 느낌이다.				
9	당장 해결하지 않으면 안 되는 일거리가 많다.				
10	일의 우선순위를 따져 실행에 옮긴다.				
11	일을 하다 보면 우선순위가 낮은 일을 하는 경우가 많다.				
12	늘 생활이 지루하고 따분하다.				
13	늘 당장 눈앞에 닥친 문제 해결에 초점을 맞춘다.				
14	일에서 일관되고 지속적인 성취감을 얻는다.				
15	어떤 일을 만나면 늘 바쁜데 성과는 없다.				
16	시간이 남아 무엇을 해야 할지 모를 때가 많다.				
17	늘 할 일에 비해 시간이 부족하다는 느낌이 든다.				
18	매사에 'Yes'와 'No'가 분명한 편이다.				
19	내가 일의 희생자라고 생각한다.				
20	나는 소일거리나 시간 때울 거리를 찾을 때가 많다.				
21	나는 일(공부)이 끝나면 스트레스를 많이 받는 편이다.				
22	나는 일(공부)에서 심리적인 만족과 안정감을 얻는다.				
23	나는 무슨 일을 하고 나면 마음이 허전하고 씁쓸할 때가 많다.				
24	나는 무기력감이 들거나 자신이 싫어질 때가 많다.				
각 사분면의 합계점수					
환산점수(%)=(각 사분면의 합계점수×100)÷각 사분면의 총계					
※ 각 사분면의 총계= 1+2+3+4 유형의 합계 예) 1, 2, 3, 4사분면의 합계점수가 각각 17, 15, 4, 20이라면 총계는 56이고 1유형의 환산점수는 (17×100)÷56으로 계산해서 30.4%임		1 사분면	2 사분면	3 사분면	4 사분면

① 1~4번의 □에 5점에서 1점까지 적는다.

② 가장 높은 점수(환산점수)가 나온 유형이 자신의 시간관리 유형으로 본다.

Worksheet 2 ▸ **대학생활에서 하고 싶거나 꼭 이루고 싶은 일 25가지 적기**

대학생들은 지금 내가 하고 싶은 일이 무엇이고 반드시 이루고 싶은 것은 무언인지 생각하여 보자. 떠오르는 대로 적어 보자(25가지)_워렌버핏의 목표설정

번호	목 표	중요도
1		
2		
3		
4		
5		
6		
7		
8		
9		
10		
11		
12		
13		
14		
15		
16		
17		
18		
19		
20		
21		
22		
23		
24		
25		

※ ① 중요한 목표에 해당하는 5가지 목표를 목록 A, 나머지를 목록 B로 영역화한다.

② 목록 A를 실행하기 위해 구체적 실행계획 설정

③ 목록 A를 달성한 후 목록 B 중 다시 우선순위 바탕으로 5가지 선정

Chapter 10

취업을 위한 서류준비

학습목표

1. 이력서 양식에 따라 이력서를 작성할 수 있다.
2. 자기소개서 문항에 따라 자기소개서를 작성할 수 있다.
3. 글쓰기 전략을 적용하여 자기소개서를 작성할 수 있다.

10

미래는 현재 우리가 무엇을 하는가에 달려 있다.

-마하트마 간디-

1. 이력서 작성법

1) 사진

최근 기업에서 입사서류 제출 시 개인정보에 대해 최소화해 입력하게 하면서 가장 먼저 사라지고 있는 부분이 증명사진을 첨부하던 부분이다. 국내 대기업 및 공기업을 포함한 일부 기업을 시작으로 점차 많은 기업들이 입사지원 시 증명사진을 요구하지 않고 있다. 하지만 여전히 사진 첨부를 원칙으로 하고 있는 기업이 있으며 이를 중요하게 생각하기도 한다.

이력서에 첨부하는 증명사진에서 평가하고자 하는 점은 지원자의 외모가 절대 아니다. 기업은 서류를 통해 처음 지원자와 대면하는 만큼 사진으로 지원자의 첫인상을 평가할 수 있다. 또한 이때 사진을 통해 지원자가 해당 직무에 어울리는 이미지인지 알아볼 수도 있을 것이다. 그래서 지원자는 희망하는 기업의 이력서 양식을 먼저 확인해 본 후, 사진을 요구하는지 미리 알아보고 준비를 하도록 한다. 잘 준비된 증명사진은 지원자가 해당 기업에 취업하기 위해 어느 정도 준비했는지를 보여주기도 하므로 미리 준비해 두는 것이 좋다.

이력서 사진 예시

이력서 사진 예시

2) 인적사항

이력서 양식에서 볼 수 있는 주요 인적사항은 성명, 주민등록번호, 나이, 주소, 전화번호, 전자우편 등이다. 이 내용 중 현재는 「개인정보보호법」에 의거해 주민등록번호를 기입하던 칸은 없어졌고, 호주와 관련된 사항을 작성하는 칸도 사라졌다. 최근 입사지원 서류에는 최소한의 본인을 확인할 수 있는 정보만을 작성하도록 되어 있다.

먼저 성명에 한글, 영문, 한문을 함께 작성하도록 되어 있다면 영문은 여권상의 영문명을 기입하며 한문은 주민등록증을 확인하고 작성하도록 한다. 전화번호는 본인이 평소에 통화 가능한 휴대전화 번호를 쓰되 일반 전화번호를 작성하는 칸이 있다면 본인과 연락이 안될 비상시 연락을 할 만한 가족이나 주변 지인의 연락처 기재가 가능하다. 전자우편 역시 자주 사용하고 있는 이메일 주소를 기입해 즉시 확인할 수 있도록 하며 장난스럽게 만든 주소라면 지원하기 전 계정을 바꾸는 것도 좋은 방법이다.

3) 자격증

자격증은 작성 순서에 따라 기입하는 것이 좋다. 지원 직무와 가장 연관된 자격증을 우선 기재하며 가능하면 직무와의 관련성이 많이 낮은 자격증의 경우 적지 않아도 무관하다. 이어 최근에 취득한 자격증을 상위에 작성하도록 한다. 기업의 인사 담당자는 지원자가 최근에 취득한 직무 관련 자격증이 무엇인지 궁금해하며 지원 직무를 수행하기 위해 노력한 점을 이 항목을 통해 보기도 한다. 또한 자격증 취득 연월일과 발급기관에 대해 정확하게 기입해야 하며 최종합격했으나 자격증이 미발급된 경우 취득 연월일 칸에 발급예정이라고 기입한다.

〈표 10-1〉 자격증 예시

	자격명	취득 연월일	발급기관
자격증	직업상담사2급	2023. 9. 15. 최종합격 (자격발급예정)	한국산업인력공단
	운전면허1종 보통	2023. 8. 15.	대전광역시 경찰청

4) 경력사항

자격증과 유사하게 경력사항 역시 지원 직무와 연관된 경력을 우선으로 작성해야 한다. 또한 최근 근무 경력을 가장 위에 작성하며 본인이 기재한 경력 사항은 서류합격 이후 증빙자료를 제출할 수 있는 부분만 작성하는 것이 좋다. 근무기간은 정확하게 작성하며 현재 근무 중일 경우 최종 근무 기간을 서류제출일(현재)로 작성하거나 한글로 '현재'라고 작성한다.

직위는 퇴사 직전 직위를 기입하며 직무 내용 혹은 주요 업무 실적에 대해서는 구체적으로 작성한다. 아르바이트와 같은 단기 경력의 경우 되도록 적지 않는 것이 좋으나 신입 지원자는 실습, 인턴 등과 같은 단기 경력은 작성하도록 한다.

〈표 10-2〉 경력사항 예시

	근무처	근무기간	직위	주요업무내용
경력사항	주)OO자동차	2022년 3월 2일~ 2022년 12월 31일	사원	자동차 영업
	OO기업	2021년 9월 1일~ 2021년 12월 31일	인턴	상품 재고정리 및 발주

5) 대외활동 및 수상내역

지원을 희망하는 직무와 관련된 활동과 수상내역을 상위에 작성하며 경력 사항과 마찬가지로 대외 활동은 어떤 일을 했는지 작성해야 한다. 맡은 직책이 있었다면 직책 또한 쓰는 것이 좋다. 또한 모두 직무와 관련된 활동이라면 최근에 한 활동을 가장 먼저 작성하도록 한다.

〈표 10-3〉 대외활동 예시

	활동기관	활동기간	주요활동내용
대외활동	전북 잼버리 봉사활동	2023년 8월 1일~ 2023년 8월 12일	영어통역
	포스코 대학생 봉사단	2022년 3월 2일~ 2022년 8월 31일	청소년환경캠프 운영지원

6) 기타 사항

지원하고자 하는 기업의 이력서 양식을 사용하며 온라인 지원의 경우는 정해진 양식에 맞춰 작성한다. 정해진 양식을 임의로 수정하는 것은 불가능하므로 지원하고자 하는 기업의 지원서 방식을 확인하여 요구되는 항목에 적합한 준비가 필요하다.

자유양식의 경우 직무역량이 돋보이게 자신만의 형식을 만드는 것이 가능하다.

직무와 관련된 교육이수 사항을 추가하거나 직무 능력을 구조화하여 자신의 능력을 부각시킬 수 있는 항목을 위주로 지원서를 작성한다.

〈고용노동부 표준이력서 양식〉

표준 이력서(안) 및 자기소개서

〈필수항목〉		
지원자 성명	한글	
	영문	
주소 (우편번호) (현거주지)		

연락처	전화번호	전화	휴대전화
	전자우편		

주요 경력사항	회사명	담당 업무(직무내용)	근무기간(연, 월)
			년 월 ~ 년 월
			년 월 ~ 년 월

자격증 및 특기사항	관련 자격증		(년 월 취득)	
			(년 월 취득)	

자기소개 등 활동사항	

취업지원 대상자 여부	보훈번호		
장애인 여부	장애종별	장애 정도	장애인 등록번호
저소득층 여부	구분	「국민기초생활보장법」상 수급자	「한부모가족지원법」상 보호대상자
	해당여부		

〈일반 이력서 양식〉

입 사 지 원 서

사 진 3 × 4	인적사항	성명	한 글	
			한 문	
			영 문	
		생년월일		–
		연 령		만 세

지원부문	지원분야	
	희망연봉	

연락처	주 소		전화번호	( ) –
	이 메 일		휴 대 폰	– –

학력사항	입학년월	졸업년월	학교명	학과명	소재지	평균학점
	년 월	년 월	고등학교	과		–
	년 월	년 월	(전문)대학	과		/ 점
	년 월	년 월	대학교	과		/ 점
	년 월	년 월	대학원(석)	과		/ 점
	년 월	년 월	대학원(박)	과		/ 점

경력사항	입사년월	최종근무년월	근무기간	근무처	담당업무	최종직위
	년 월	년 월	개월			
	년 월	년 월	개월			
	년 월	년 월	개월			
	년 월	년 월	개월			

병역	입대년월	제대년월	복무기간	병역구분	군별	병과	계급	면제사유
	년 월	년 월	개월	필/미필/면제				

자격사항	취득년월	발급기관	자격명	수상경력	수상년도	단체	수상내용
	년 월				년		
	년 월				년		
	년 월				년		

어학능력	취득년월	외국어명	TEST명	성적	대외활동	활동기간	내용 (봉사활동, 연수 등)
	년 월					년 월 ~ 년 월	
	년 월					년 월 ~ 년 월	
	년 월					년 월 ~ 년 월	

〈공공기관 이력서 양식〉

입사지원서

1. 인적사항

지원구분	신입 ( ), 경력 ( )	지원직무		접수번호	
성명	(한글)				
현주소					
연락처	(본인휴대폰)	전자우편			
	(비상연락처)				
추가항목	□ 장애대상 □ 보훈대상 □ 지역인재				

2. 교육사항

교육구분	과목명 및 교육과정	교육시간
□ 학교교육 □ 직업훈련 □ 기타		

직무 관련 주요내용

3. 자격사항

자격증명	발 급 기 관	취득일자	자격증명	발 급 기 관	취득일자

4. 경험 혹은 경력사항

구분	소속조직	역할	활동기간	활동내용
□ 경험 □ 경력				

위 사항은 사실과 다름이 없음을 확인합니다.

년 월 일

지 원 자: ____________________(인)

2. 자기소개서 작성법

1) 자기소개서 작성을 위한 준비

학교에 재학 중이거나 졸업 후 취업을 준비하는 과정에서 이력서를 통해서는 나에 대해 많은 것을 드러내는 것이 쉽지 않다. 그래서 서류전형에서 남들과 다른 나만의 경험과 강점을 여실히 드러낼 수 있는 부분은 자기소개서 부분일 것이다. 이에 따라 기업에서는 자기소개서를 더욱 중요하게 생각할 수밖에 없다. 블라인드 채용이 강화되면서 몇몇 기업에서는 지원자의 학력이나 어학점수 등을 가리고 직무 관련 경험과 교육 그리고 직무 역량을 표현한 자기소개서를 중점적으로 보며 지원자를 평가하고 있다. 자기소개서가 서류전형에서 가장 중요한 부분이라는 것은 취업준비생들 역시 인지하고 있다. 동시에 글을 통해 자신을 소개한다는 점이 쉽지 않다는 것도 잘 알고 있다.

지원자들은 자기소개서 작성을 위해 컴퓨터 앞에 앉아 무엇을 먼저 써야 할지 몰라 막막했던 경험이 있었을 것이다. 자기소개서 작성을 하고자 하는 취업준비생이라면 글을 쓰기에 앞서 먼저 해야 할 일이 있다. 먼저 나에 대한 탐색이다. 행복한 삶을 위한 자기탐색과 직업적 삶을 위한 자기탐색을 통해 얻은 자신에 대한 정보들을 정리하면 된다. 그리고 지금까지 내가 한 다양한 경험들에 대한 정리, 나를 어필할 수 있는 나의 강점과 차별화된 특이점을 노트에 작성해 보자. 세세하고 구체적으로 경험을 정리할수록 자기소개서 작성 시 많은 도움이 될 것이다. 그리고 경험을 작성해 보면 자신이 어디에 관심이 많았는지가 보인다. 그리고 자신이 지원하고자 하는 분야와 관련하여 어떤 일을 해 왔는지 한눈에 정리가 될 것이다.

자신에 대한 탐색을 정리한 후, 희망하는 직무와 기업에 대한 조사가 필요하다. 앞으로 하고 싶은 일을 중심으로 직무를 분석하고 해당 직무 수행을 위해 필요한 자격요건과 역량이 무엇인지 알아본다. 그리고 관심을 가지고 있는 기업의 주요사업과 추구하는 핵심가치, 그리고 이를 실현하기 위해 해당 기업의 구성원으로서 요구하는 인재상을 파악해야 한다. 모든 조사가 끝나면 자신에 대한 자료와 지원하고자 하는 직무 및 기업의 인재상과 연결점을 찾는 것이 중요하다.

인재상 순위 변화 추이

구분	2008년	2013년	2018년	2023년
1위	창의성	도전정신	소통·협력	책임의식
2위	전문성	책임의식	전문성	도전정신
3위	도전정신	전문성	원칙·신뢰	소통·협력
4위	원칙·신뢰	창의성	도전정신	창의성
5위	소통·협력	원칙·신뢰	책임의식	원칙·신뢰
6위	글로벌역량	열정	창의성	전문성
7위	열정	소통·협력	열정	열정
8위	책임의식	글로벌역량	글로벌역량	글로벌역량
9위	실행력	실행력	실행력	실행력
10위	-	-	-	사회공헌

달라진 기업 인재상… 전문성보다 책임감

기업이 요구하는 3대 인재상은 ▲1위 책임의식(67곳) ▲2위 도전정신(66곳) ▲3위 소통·협력(64곳)으로 나타났다. 인재상이 5년 전과는 달라진 모습이다.

이에 대해 대한상의는 "기업이 인력의 핵심으로 떠오르는 젊은 세대의 요구에 맞춰 수평적 조직, 공정한 보상, 불합리한 관행 제거 등에 노력하는 한편 Z세대에게도 그에 상응하는 조직과 업무에 대한 책임의식을 요구하는 것"이라고 해석했다.

출처: 한국경제(2023.01.30.).

2) 자기소개서 항목

(1) 성장과정

성장과정은 어렸을 때부터 지원하는 시점까지 있었던 일들을 연대기 순으로 작성하는 항목이 아니다. 그리고 자신의 가족을 소개하는 항목도 아니다. 그럼에도 불구하고 아직도 '1남 1녀 중 장남으로 태어나 엄격하신 아버지와 인자하신 어머니 사이에서 자라…'와 같은 성장과정을 쓰는 경우가 있다. 기업의 자기소개서 항목을 살펴보면 성장과정 항목에 어떤 내용을 작성해야 하는지 키워드를 통해 확인할 수 있다. 다음 예시 문항 중에서 핵심 키워드에 동그라미 표시를 하며 확인해 보자.

〈표 10-4〉 자기소개서 성장과정 문항 예시

기업명	성장과정 문항
삼성그룹 호텔신라 (주)에스원	본인의 성장과정을 간략히 기술하되 현재의 자신에게 가장 큰 영향을 끼친 사건, 인물 등을 포함하여 기술하시기 바랍니다.
현대제철(주)	본인 성격의 장단점을 자신의 성장과정과 경험을 기반으로 서술하여 주십시오.
한국투자증권(주)	가족사항, 학창시절, 교우관계, 생활습관, 자신에게 크게 영향을 미친 사건 등을 포함하여 구체적으로 작성하시오.
미원상사(주)	성장과정 중 현재의 본인을 있게 한 중요한 사건과 인생의 목표에 대해 기술해 주세요.
주)현대드림투어	본인의 성장과정과 성격의 장/단점을 설명해 주세요.
동국제약	본인의 성장과정을 간략히 기술하고 입사 후 동국제약에서 이루고 싶은 목표에 대해 기술하십시오.
수산업협동조합 중앙회	자신의 성장과정을 학창시절 및 사회활동을 포함하여 작성하십시오.
SKC솔믹스(주)	본인의 성장과정 중 가장 어려웠던 경험에 대해 기술해 주십시오.

가장 많은 기업에서 원하는 성장과정은 현재의 지원자의 성격 혹은 가치관 등을 형성하는 데에 영향을 끼친 사람은 누구인지, 중요한 사건이나 경험이 무엇이었는지를 작성하는 것이다. 자기소개서를 통해서 인사 담당자는 지원자의 표면적인 삶이 아니라 살아온 과정을 통해서 현재의 지원자가 해당 기업이나 직무에 얼마나 적합한 인재로 성장했는지가 궁금하다. 다만 작성을 할 때 불우했던 환경에 대해 너무 신세한탄을 하는 것은 피하는 것이 좋다. 그러한 가운데 자신이 삶에 대해 어떠한 태도를 가지게 되었는지 현재의 자신이 되기 위해 어떠한 노력을 하며 성장했는지에 중심을 두고 작성한다.

또한 지금의 나의 가치관을 형성하게 해 준 사건이나 경험뿐만 아니라 현재 지원하는 직무에 대해 관심을 가지게 된 경험이나 사건을 성장과정에서 드러내도 괜찮다. 이를 통해 희망 직무에 적합한 인재라는 것을 보여 줄 수 있다. 성장과정을 작성할 때도 역시 지원 기업의 인재상이나 직무 역량을 우선 살펴보고 그중 키워드를 선정해 작성하는 것도 좋은 방법이다.

(2) 성격의 장·단점

성격의 장점을 작성하는 데 있어서 가장 중요한 것은 장점에 대한 확실한 근거가 있어야 한다는 것이다. 근거 없이 본인의 장점을 주장하는 것은 읽는 이에게 신뢰를 주기 어렵다. 여기서 말하는 근거란 장점을 충분히 발휘한 경험을 의미한다. 기업의 자기소개서 항목 예시를 살펴보면, "장점과 장점을 발휘한 경험을 사례를 통해 구체적으로 작성해 주세요."라고 이야기하고 있다. 또한 과장하는 것이 아니라 솔직하게 작성을 해야 추후 면접을 보는 자리에서 이를 확실하게 증명할 수 있다는 것도 참고해야 한다.

또한 내가 가지고 있는 장점이 과연 지원하는 기업과 희망 직무에서도 원하는 장점이 될지 고민을 먼저 해 보아야 한다. 그래서 자기소개서 작성 전 본인의 역량과 직무역량 그리고 기업의 인재상을 매칭하길 권유한 것이다. 기업은 단순히 많은 장점을 가진 사람을 원하는 것이 아니라 기업에서 적극적으로 활용할 만한 장점을 가진 사람을 원하는 것이다. 실제 많은 기업의 자기소개서 항목을 살펴보면 지원자의 장점이 무엇인지 묻는 것에서 끝나지 않고 이 장점을 입사 후 어떤 식으로 발휘할 수 있는지도 함께 묻고 있다. 이제 장점 작성 전 반드시 본인의 장점이 기업과 희망직무에 잘 어울리는 장점인지 생각해 보고 작성하길 바란다.

장점보다 더 작성하기 어려운 것이 단점이다. 어떤 단점을 써야 덜 부족해 보일지 많은 고민을 하면서 쉽게 쓰지 못하는 부분이 단점이다. 하지만 단점이 없는 사람이 어디 있겠는가. 단점은 있는 그대로 솔직하게 작성하는 것이 좋다. 하지만 피해야 하는 단점은 분명히 있다. 직무를 수행함에 있어 걸림돌이 되는 단점은 피해야 한다. 예를 들어, 영업직에 지원하는 지원자가 '낯을 많이 가리다'와 같은 단점을 작성한다면 분명입사에 좋은 점수를 받지 못할 것이다. 또한 단점 작성 후에는 이 단점을 개선하기 위해 어떤 노력을 하고 있는지 충분히 작성해 줘야 한다.

〈표 10-5〉 자기소개서 성격의 장단점 문항 예시

기업명	성격의 장단점 문항
엘지화학	본인 특성 및 성격(장점/보완점)을 자유롭게 기술해 주세요. 구체적인 사례를 바탕으로 기술해 주시기 바랍니다.
롯데칠성	성격의 장단점에 대해 기술하고, 단점을 극복하기 위해 어떠한 노력이 있었는지 작성하시오.
KB국민카드	성격의 장단점을 말씀하시고, 해당 특징을 알 수 있는 사례를 설명해 주세요.
현대제철	본인 성격의 장단점을 자신의 성장과정과 경험을 기반으로 서술하여 주십시오.
동원 F&B	지원 직무에서 다른 지원자들과 '차별화되는 강점 키워드'를 해시태그 형태로 표현한 후, (예시: #파워 블로거#상담의 달인#연결고리) 지식, 경험, 성격의 각 강점을 서술하세요.
현대오일뱅크	본인 성격의 단점과 그로 인해 불편을 겪었던 실제 사례를 제시하고 앞으로 어떻게 극복할 것인지 기술하시오.

(3) 지원동기

지원동기는 말 그대로 해당 기업에 지원한 동기에 대해 묻는 항목이다. 해당 기업에 왜 지원했는지, 희망 직무에 왜 지원했는지를 작성하길 요구하며 여기에 직무를 수행하기 위해 준비한 것들을 추가해서 작성한다. 다수의 기업 중에서 당 회사를 선택한 이유를 일반적인 회사를 선택할 때의 기준과 함께 작성하길 바라고 있다.

지원동기를 작성하며 회사가 추구하는 핵심가치와 인재상을 참고하여 지원자 자신의 가치관이나 신념을 비교하여 작성하는 것이 좋다. 그리고 평소 지원한 기업에 대해 자신이 가지고 있던 관심이나 관련된 경험을 제시하면서 풀어내는 것도 좋은 방법이다. 아르바이트 경험이나 소비자로서 지원 기업의 제품과 서비스 이용 경험이 있다면 적극 활용하는 것이 좋다.

혹은 기업에 대한 사전 조사를 통해 인상적이었던 사회공헌 활동이나 사업 등을 살펴본 후 지원자의 신념과 연관시켜 작성하는 방법도 있다. 그리고 이어 지원 직무를 선택한 이유는 해당 직무에 관심을 갖게 된 계기를 작성하며, 반드시 지원하기 위해 준비한 것들을 구체적으로 작성해야 한다. 직무 수행을 위해 지원자들이 노력한 점에 대해서 작성할 시에는 지식, 기술, 태도 측면에서 어떤 노력을 했는지 작성해야 한다.

(4) 입사 후 포부

회사에서 직접적으로 일을 해 본 적이 없는 지원자들의 입장에서, 입사 후 어떤 식으로 성장해 나갈 것인지를 작성하라고 하는 것은 매우 어렵게 느끼는 것이 당연하다. 하지만 기업에서 중요하게 생각하는 항목 중 하나가 입사 후 포부이다. 기업은 지원자가 입사 후 회사의 발전에 얼마나 기여할 수 있을지와 평소 지원 기업과 직무에 얼마나 많은 관심이 있었는지를 입사 후 포부 항목에서 확인하고자 한다.

입사 후 포부를 작성할 시 중요한 점은 구체적인 포부가 나타나야 하며 지원 직무와 기업의 발전에 이바지할 만한 방향을 제시하는 것이다. 많은 기업에서 지원가가 지원하는 직무와 연관된 사업 분야에서의 구체적인 비전을 작성하길 요구하고 있다. 인사 담당자가 원하는 답변을 잘 작성하기 위해서는 우선 해당 기업에서 현재 주력하고 있는 사업 중 희망 직무와 관련성이 높은 분야에 대한 정보 수집이 우선되어야 한다. 그 후 조사한 정보와 본인이 가진 역량(기술, 지식, 태도)과 연관시켜 새로운 아이디어를 만들어 제시하는 것이 가장 좋다.

인사 담당자는 지원자가 '열심히 하겠습니다.', '맡은 일에 최선을 다하겠습니다.'와 같은 포괄적이며 추상적인 이야기를 하길 바라는 것이 아니다. 입사 후 본인의 비전을 구체적으로 제시하고 어떤 방법으로 스스로를 발전시킬 것인지 작성해 주길 바란다. 이를 위해서는 본인이 지원하는 직무가 정확히 어떤 업무를 하는지 알고 있어야 하며 이는 지원 직무에 대한 지원자의 관심과 열정을 의미하기도 한다. 구체적인 입사 후 포부를 작성하기 위해 5년 혹은 3년 단위로 끊어서 계획을 작성해 보는 것도 좋다.

㈜모두투어의 경우 5년, 10년, 20년 경력개발계획을 작성해 달라고 요청하며, KT커머스의 경우 10년 후 회사 내 본인의 모습을 그려 보라고 요청하고 있다. 이처럼 입사 후 포부에 시기별로 자신이 이루고 싶은 목표를 작성하는 것도 좋은 방법이라고 본다. 이를 위해서는 일반적인 기업에서 5년 후, 10년 후에 어떤 위치에서 어떤 업무를 하게 될지 경력개발에 관한 이해가 필요하다.

〈표 10-6〉 지원동기와 입사 후 포부 문항 예시

기업명	지원동기와 포부
국순당	국순당의 지원동기는 무엇이며, 10년 후 이루고자 하는 목표는 무엇인지 기술하여 주십시오.
종근당	종근당에 지원한 이유와 입사 후 목표를 구체적으로 작성해 주십시오.
한국공항(주)	한국공항에 지원한 동기와 입사 후 포부를 기술하세요.
SK플래닛	향후 자신의 꿈, SK플래닛 입사 후 구체적으로 하고 싶은 일, 그리고 이를 위해 본인이 무엇을 어떻게 준비해 왔는지에 대해 서술하세요.(상세 희망 직무 포함)
한화손해보험	자신의 성장과정과 지원동기에 대해 서술해 주세요.
교보문고	교보문고 지원동기, 교보문고의 사원이 되고 싶은 이유와 입사 후 포부를 적어 주십시오.

3. 자기소개서 작성을 위한 글쓰기 전략

1) STAR 기법을 이용한 자기소개서 작성

STAR 기법이란 Situation, Task, Action, Result의 약자로 글을 쓰는 당사자 자신의 경험을 구체적으로 풀어 이야기하는 글쓰기 방법이다. 보다 논리적 글쓰기가 가능하기 때문에 이야기하고자 하는 핵심을 정확하게 전달하는 데 효과적인 방법이다. 글쓰기뿐 아니라 면접과 같이 짧은 시간에 핵심을 전달해야 할 경우에도 사용가능하다.

STAR 기법을 자세히 살펴보면 다음과 같다.

- S 처한 상황(Situation)
- T 그 상황에서 발생한 문제 혹은 과제(Task)
- A 취한 노력과 행동, 태도 등(Action)
- R 행동의 결과, 나에게 끼친 영향(Results)

중요한 점은 자기소개서를 읽는 인사 담당자와 면접관들은 S와 T보다는 A와 R을 더 집중적으로 본다는 것이다. 즉, 지원자가 어떤 문제의 상황에서 어떤 기지를 발휘해 이를 해결했는지, 혹은 어떠한 노력을 했으나 실패할 수밖에 없었는지를 궁금해한다는 것이다. 왜냐하면 지원자가 일상에서 자신이 해야 할 과제와 문제를 해결해 나가는 방식은 입사 후 조직생활과 사회생활 전반에서 비슷한 방식으로 나타나기 때문이다. 따라서 지원자의 과거 행동과 결과를 통해 앞으로 조직의 구성원으로서 어떤 성향을 바탕으로 적응하고 함께 협업해 나갈 수 있는지를 예측하고자 한다.

일반적으로 지원자들은 자기소개서에 성공한 경험을 더 많이 적고 실패에 대한 내용을 적는 것을 꺼리는 경향이 있다. 그러나 자기소개서 작성 시 R(결과)에서 반드시 성공한 결과를 작성해야 하는 것은 아니다. 성공 여부와 관계없이 지원자 자신이 그 일로 인해 어떤 영향을 받았고 그 이후 어떤 식으로 개선해 나갈 것인지를 경험을 통해 알게 되었다는 점을 작성하면 된다. 사람들은 실패를 통해 자신의 성격과 성향, 가치관, 능력 수준에 대해 인식하고 자신을 더 잘 이해하게 된다. 그리고 이를 출발점으로 더 나은 수준으로 노력할 때 발전할 수 있다. 비록 실패한 경험이더라도 이를 통해 배운 점을 앞으로 조직에서 잘 발휘할 수 있을지 확인이 된다면 성공보다 더 값진 실패 사례로 작성할 수 있을 것이다.

STAR 기법을 활용한 글쓰기 예시를 살펴보자.

① 핵심키워드 중심 개요 작성

- S 대학교 체육대회에서 100인 비빔밥 프로젝트를 기획
- T 서로 역할 분담을 하는데 의견 충돌, 대량음식을 해 본 경험이 없어 어려움을 느낌
- A 희망 포지션 공개 투표, 급식업체에 일하는 선배에게 자문을 구함
- R 모두가 만족한 역할을 찾고 맛있는 비빔밥을 만들어 성공적으로 프로젝트를 마무리

② 핵심키워드 중심 문단 작성

소제목	우정이라는 고추장으로 비빈 비빔밥
시작문장 (두괄식)	학교 체육대회에서 학과 학우들과 함께 100인 비빔밥 프로젝트를 기획해 성공시킨 경험이 있습니다.
상황제시 (문제)	체육대회가 열리던 날 호텔조리학과의 단합된 모습과 협동심을 이끌어 내기 위해 100인 비빔밥 만들기를 기획했습니다. 하지만 역할분담에서 서로 불만을 제시했고, 대량 음식을 만들어 본 경험이 없어서 제대로 맛을 낼 수 있을지 의문이 들었습니다.
행동 (해결을 위한 노력)	우선 불만을 제거하기 위해 희망 포지션 투표를 경매형식으로 진행했고, 급식업체에 일하는 선배의 자문을 구했습니다.
결과	모두가 즐겁게 역할을 분담했고, 맛있게 비빔밥을 만들어 성공적으로 프로젝트를 완료했습니다.
느낀 점	문제가 발생했을 때 혼자가 아니라 다수가 모였을 때 보다 빨리 해결방안을 찾을 수 있다는 점과 소통을 통한 리더십의 중요성을 깨달았습니다.
해결방안	주방에서 발생할 수 있는 문제들을 동료들과의 소통을 통해 빠르게 해결할 자신이 있습니다.

2) 키워드를 활용한 스토리텔링 기법

스토리텔링이라는 단어는 이제 생소한 단어가 아닐 것이다. 많은 분야에서 스토리텔링이라는 단어를 사용하고 있으며 취업분야에서도 '스토리텔링을 이용한 자기소개서 작성'이나 '스토리텔링 유형 면접' 등과 같은 말들이 만들어졌다. 스토리텔링 자기소개서를 작성해야 한다는 말에 많은 취업준비생들은 더 어려움을 느끼게 되었다. 자신의 이야기를 진솔하게 써야 한다고 생각하는 것이 아니라 멋진 이야기를 만들어 내야 한다고 생각하기 때문이다. 그래서 취업을 준비하는 사람이나 기업의 인사담당자들 사이에서는 '자소설'이라는 단어까지 등장한다. 이는 기업에서 요구하는 자기소개서의 의미를 잘못 이해하고 있기에 생겨난 현상이다.

본인의 경험을 과장해서 만들 것이 아니라 상황에 따른 결과를 구체적으로 작성하려고 노력한다면 충분히 스토리를 포함한 자기소개서를 완성할 수 있을 것이다. 키워드를 강조한 스토리텔링 역시 직무와 연관성이 높은 본인의 강점을 포함한 경험을 구체적으로 작성하는 것이다. 절대 사소한 이야기를 크게 만들라는 말이 아니다. 경험을 구체적으로 쓰는 방법이 어려우면 STAR 기법을 활용해 틀을 만들면 되는 것이다. '스토리텔링'이라는 단어가 어렵게 느껴진다면 '경험의 구체적 표현'이라고 생각해도 좋다. 기업에서 원하는 핵심가치나 인재상 혹은 직무 역량이 표현된 경험을 구체적으로 작성해야 한다는 것이 스토리텔링의 기본이라는 것을 잊지 말자.

중요한 경험이나 사건의 키워드를 STAR 기법에 맞추어 도출한다. 그런 다음 키워드를 중심으로 "소제목 / 두괄식 구성을 위한 첫 문장 / 상황 / 행동 / 결과 / 느낀점 / 활용방안"의 순서로 먼저 작성을 해 본 후 내용을 조금씩 다듬고 더 구체적으로 작성하면 자기소개서를 좀 더 쉽게 작성할 수 있을 것이다. 이 과정을 통해 기업에서 원하는 핵심 요소들을 모두 포함시킨 자기소개서를 완성할 수 있을 것이다.

자기소개서 작성 시 소제목은 인사담당자에게 궁금증을 유발하며 지원자의 강점을 극대화시킬 수 있으므로 활용하는 것도 좋은 방법이다. 타 지원자보다 눈에 띄는 소제목으로 인사담당자에게 확실한 인상을 남길 수도 있다. 또한 소제목으로 핵심 키워드를 내세우면 자기소개서 내용과 흐름을 한눈에 보여 줘서 인사담당자나 면접관이 읽기 편하게 만드는 장점도 있다. 주의할 점은 내용을 단순하게 요약하거나 남들과 크게 차별화되지 않은 진부한 소제목은 오히려 자기소개서 내용을 읽기도 전에 지루함을 느끼게 할 수도 있다는 것이다.

센스가 돋보이는 소제목을 설정하기 위해서 해당 기업의 슬로건이나 매체 광고를 사용하는 것도 좋은 방법이다. 이때 주의할 점은 광고나 슬로건을 그대로 베끼지 않는 것이다. 기업의 핵심 가치와 인재상의 키워드를 활용하거나 광고 문구의 앞 혹은 뒤 문장을 변형하는 방법, 자신을 소개하는 새로운 단어를 만들어 기존의 광고 문구를 대체하는 등의 방식을 활용한다. 또한 나의 강점과 성향 그리고 성과를 한눈에 볼 수 있는 소제목이면 인사담당자에게 더 확실히 기억이 될 수 있다. 그냥 넘겨 버리는 지원서가 아니라 확실히 기억하며 꼼꼼히 살펴보는 지원서가 되기 위해서 소제목을 적극 활용하도록 한다.

Chapter 11

취업을 위한 면접준비

학습목표

1. 면접의 중요성에 대해 설명할 수 있다.
2. 구조화된 면접의 형식에 대해 설명할 수 있다.
3. AI 면접의 형식에 대해 설명할 수 있다.

11

이 세상에 열정 없이 이루어진 위대한 것은 없다.

-게오르크 빌헬름-

1. 면접에 대한 이해

1) 입사를 위한 의사소통으로서 면접

면접은 채용을 목적으로 기업과 지원자 사이에서 행하여지는 대화의 상호작용으로, 지원자와 대면하여 대화와 관찰 등에 의해 지원자의 정보를 입수 · 제공 또는 평가하는 방법이다. 면접은 개인을 종합적으로 평가할 수 있는 방법으로 거의 모든 기업에서 실시하고 있는 선발방식이다. 일반적으로 서류전형과 필기시험을 통과한 대상자 중에서 면접을 실시하여 최종 당락을 결정짓는 경우가 많아 입사시험에서 면접의 비중은 상당히 크다.

기업들은 우수한 인재선발을 위해 채용프로세스를 체계화하고 면접을 강화화고 있는 추세이다. 이는 면접을 통해 성격이나 성품처럼 개인적인 성향을 파악할 수 있으며 지원자가 어떤 동기를 가지고 지원하는지, 얼마나 이 조직의 일원이 되기를 열망하는지 등을 가늠할 수 있기 때문이다. 무엇보다 중요한 면접의 기능은 해당 직무를 수행함에 있어 필요한 지식과 기술 그리고 적절한 태도를 지녔는지를 심층적으로 알 수 있다는 것이다.

면접은 선발하는 기업의 입장에서 볼 때 채용 직무수행에 필요한 요건들을 확인할 수 있는 기회이며 지원자의 입장에서는 본인이 기업에서 찾고 있는 인재로 해당 직무에 적합하다는 것을 보여 줄 기회를 갖는 것이다. 이미 서류전형이나 인·적성 검사를 통과한 지원자이지만 보다 심층적인 정보를 파악하여 이를 선발의 근거로 삼을 수 있다는 장점이 있다.

면접은 면접관과 지원자 사이에서 행해지는 대인커뮤니케이션의 하나로 말하기라는 방식을 통해 이루어진다. 면접에서의 말하기를 이해하기 위해 일반적인 말하기의 특성에 대해 알아보면, 말하기는 구체적인 상황 속에서 누군가를 대상으로 하여 이루어지는 의사소통의 방식으로 다음과 같은 특성을 지닌다.

일반적인 말하기의 특성

- 음성언어와 비언어적 표현을 통해 의미를 전달한다.
- 상황의존성을 지닌다.
- 참여자들의 상호교섭을 통해 이루어진다.
- 의사소통을 통해 관계성을 형성한다.
- 사회문화적 특성을 반영한다.

말하기의 일반적인 특성을 바탕으로 면접이라는 특수한 상황에서의 말하기를 살펴보면 다음과 같은 특성을 보인다.

면접에서의 말하기 특성

- 면접상황에서 면접관과 지원자는 말하기를 통해 질문을 하고 그에 대답하는 형식을 취하게 되는데 주로 음성언어를 통해 의미를 전달하지만 표정이나 제스처 또는 목소리의 고저와 빠르기 등을 통해 뉘앙스가 달라지는 등 의미전달이 이루어지기도 한다.
- 상황의존성의 측면에서 볼 때 제한된 시간 안에서 면접관이 묻는 질문에 핵심을 간결하게 전달하면서도 지원자는 해당 직무와 관련하여 자신이 준비된 인재임을 보여 줘야 한다.
- 의사소통에 참여하는 화자, 청자, 상황 등은 상호 독립적이지 않으며 상호 간에 교섭을 통해 의사소통을 하게 되는데, 면접관과 지원자는 질문을 통해 서로 교섭하면서 선발하고자 하는 직무에 적합한 인재로서의 적합성을 밝히고 판단하게 된다.
- 의사소통의 참여를 통해 관계가 형성되고 유지되는데 참여자 간에 소통이 원활하게 이루어지지 않을 경우 갈등이 생기거나 관계가 단절될 수 있는 것과 마찬가지로 면접이라는 과정을 통해 조직의 구성원이 될 수 있다.
- 면접은 기업의 문화와 추구하는 인재상에 따라 지원자를 평가한다는 점에서 면접관과 지원자 사이의 의사소통 과정에서 해당 기업의 문화에 영향을 많이 받는다.

면접이 커뮤니케이션을 위한 말하기 방식이라는 것을 이해하는 것은 지원자의 입장에서 가장 기본이 되면서도 중요한 사실이다. 대부분의 지원자들은 면접을 어떻게 준비해야 하는지 나름의 전략을 가지고 대비한다. 대부분 예상 질문들을 준비하고 거기에 대한 답을 미리 준비하여 면접관 앞에서 실수하지 않고 말하는 연습을 한다. 여기서 대부분의 지원자들이 실수하기 쉬운 것이 면접관이 질문하고 지원자는 거기에 맞는 정답을 이야기해야 한다는 생각이다.

기업의 입장에서는 조직이 원하는 인재상이 있고 채용하고자 하는 분야에서 요구하는 능력과 그 수준은 이미 정해져 있다. 지원자의 경우도 해당 분야의 인재가 되기 위해 준비해 온 지식과 기술, 태도 등을 보유하고 있으며 현재의 자신이 되기까지 저마다 다양한 경험을 통해 성장해 왔다. 해당 기업에서 원하는 인재상과 직무역량은 하나의 용어로 설명할 수 있지만 그 인재상과 직무역량에 도달하는 경로와 방식은 지원자마다 상이할 것이다. 따라서 면접관과 지원자는 화자와 청자로서 면접이라는 상황 안에서 상호작용을 통해 서로가 원하는 정보(메시지)를 주고받는 것이라 할 수 있다.

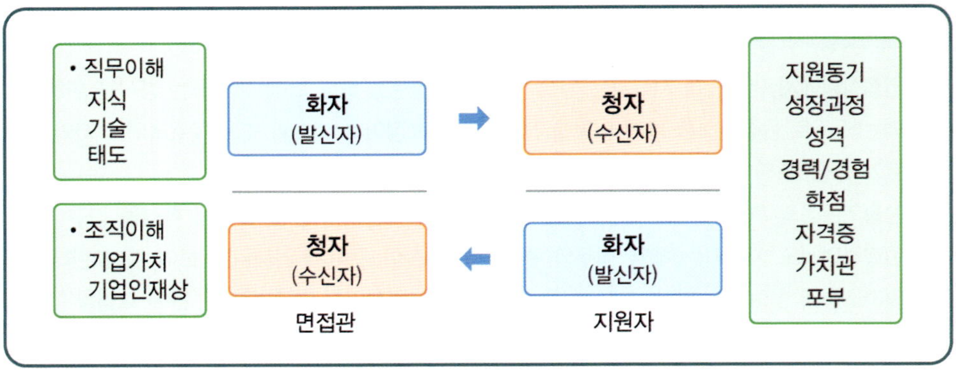

2) 면접의 말하기 방식

면접을 준비하면서 지원자가 하게 되는 고민은 "무슨 질문이 나올 것인가?"에 집중되어 있다. 그러다 보니 면접 예상문제와 기출문제를 가지고 그에 맞는 답안을 작성하여 외우는 경우가 있는데 그러한 방법은 바람직하지 않다. 면접을 준비하면서 지원자가 해야 할 고민은 "어떻게 이야기하여야 할 것인가?"이다.

일반적으로 말하기의 과정은 크게 계획과 준비단계, 말하기, 평가와 반성의 3단계로 구분할 수 있다. 말하기 계획과 준비단계는 말하기가 이루어지는 목적과 상대, 장소와 시간 등 관련 제반 사항을 이해하는 일을 포함하여 관련 자료를 수집하고 내용을 구성하는 단계이다. 말하기는 자신이 계획하고 준비한 내용을 상황에 맞는 언어적 표현과 비언어적 표현을 통해 실현하는 단계이다. 평가와 반성은 자신이 계획하고 준비한 내용과 절차, 방법 등이 적절하였는지 살펴보고 부족한 점을 수정 보완하는 단계이다.

말하기 계획하기	말하기	평가와 반성
• 말할 상황을 이해 • 말할 내용을 선정하고 조직 • 상황과 내용에 맞는 방법과 어투 선택	• 언어적 표현 • 비언어적 표현 • 몸가짐과 마음가짐	• 계획단계에 대한 평가 • 말하기 단계에 대한 평가 • 수정 · 보완

출처: 한양대학교 교양국어교육위원회 편(2017: 33), 말이 힘이다.

(1) 면접의 말하기 계획과 준비

일반적인 말하기와 마찬가지로 면접 역시 계획과 준비, 면접실행, 평가와 반성이 필요하다. 면접에 있어서 계획과 준비는 면접관의 예상 질문에 대한 정답을 준비하라는 것이 아니다. 면접이 이루어지는 상황에 대한 이해가 우선되어야 하며 이는 면접의 목적을 이해하는 것으로 시작한다. 면접의 상황은 지원한 기업의 인재상과 지원 분야에서 필요로 하는 능력이 무엇인지를 이해하고, 지원자로서 자신이 해당 분야의 적임자임을 평가받는 것이다. 그런 의미에서 면접의 목적과 기능을 살펴보면 다음과 같다.

- 면접은 어떤 특정한 목적으로 보통 두 당사자 사이에서 행하여지는 대화의 상호작용으로 피면접자와 대면하여 대화와 관찰 등에 의해 정보를 입수 · 제공 또는 평가하는 방법
- 면접은 과거, 현재, 미래가 복합된 동태적인 평가도구로 다른 선발기법보다 상대적으로 의미가 있는 선발기법(박상진, 황규대, 2001)
- 면접관과 지원자의 상호작용을 통해 필요한 정보를 획득함으로써 면접 외부 지원자의 적격성을 판단하고 지원자는 자신의 이미지를 부각시킬 수 있는 역할(박상진, 1998).
- 면접은 지원자의 언어, 행동의 관찰을 통해 인격적 조건을 중심으로 지적 조건, 신체적 조건 등을 종합적으로 평가하기 위한 전형방법 중 하나로 서류상으로 파악하기 어려운 인물의 성격, 용모, 사상, 표현력, 심신의 상태, 건강 등을 파악하고 가정환경, 생활태도, 언어, 인격, 전문지식, 학식, 이해력, 열의 등을 파악하는 데 일차적인 목적(이명재, 2001)

면접의 목적을 살펴보면서 지원자는 '면접을 통해 면접관이 알고자 하는 것은 무엇인가?', '나는 면접을 통해 무엇을 전달하고자 하는가?', '면접을 통해 내가 얻고자 하는 결과는 무엇인가?'를 생각해야 한다. 면접의 목적을 명확히 이해한다면 면접에서 말할 내용의 범위를 한정 지어 선정하고 이를 효과적으로 전달하기 위한 방법으로서 면접관에 대한 경어법이나 공식적인 말하기에서 사용하는 어휘를 적절히 선별할 수 있게 된다. 면접에서 말하기의 내용은 해당 직무와 관련되어 지원자 자신이 적임자임을 보여 줄 수 있는 관련 경험과 능력이 되어야 한다.

(2) 면접의 말하기

면접이 일반적인 말하기와 다른 점은 자신이 준비한 내용을 그대로 발표하거나 전달하는 것이 아니라 면접관이 질문하는 사항에 대해 답변하는 형식을 취한다는 것이다. 즉, 지원자 자신의 경험이나 능력은 이미 결정되어 있는 상황에서 면접관이 원하는 내용을 보여 주어야 한다는 것이다. 물론 면접관은 지원자가 제출한 이력서와 자기소개서 등의 서류와 필기전형 등의 자료를 기반으로 지원 분야와 관련성을 점검한다는 점에서 그 범위가 한정되어 있다. 그러므로 실행단계인 면접의 말하기에서는 다음의 원리에 따라 답변하는 것이 효과적이다.

대화를 위한 협력의 원리

1. 양의 격률 (The maxim of Quantity)	양의 격률은 대화의 목적에 필요한 만큼의 적절한 정보를 제공하는 것으로, 면접에서 요구하는 정보 외에 불필요한 사설을 덧붙일 필요는 없다.
2. 질의 격률 (The maxim of Quality)	질의 격률은 대화의 내용에 있어 진정성을 갖추는 것으로, 지원자가 제공하는 정보는 사실에 근거를 두고 있어야 하며 지나치게 과장되거나 거짓으로 포장해서는 안 된다는 것이다.
3. 관련성의 격률 (The maxim of relevance)	관련성의 격률은 적합성 있는 말을 하는 것으로, 면접 질문의 핵심을 파악하여 주제에 합당한 답변을 하여야 한다.
4. 태도의 격률 (The maxim of Manner)	태도의 격률은 대화의 명료성을 위하여 간결하게 말하는 것으로, 면접에서 표현의 모호성을 피하고, 중의적인 표현을 삼가며, 조리 있게 질문의 순서대로 간단명료하게 답한다.

말하기에서 사용하는 언어적 표현과 비언어적 표현은 대화의 상대가 누구냐에 따라 달라진다. 면접에서는 일반적으로 면접관과 지원자의 질의응답으로 대화가 진행되며, 면접방식에 따라 다수의 지원자들이 서로 대화와 토론을 통해 주어진 미션을 수행하며 이 과정을 관찰하거나 질문하면서 면접이 진행되기도 한다. 어떠한 면접 방식을 채택하더라도 면접관의 역할은 평가를 통한 선발이라는 점에서 기본적으로 동일하다.

따라서 면접관의 최대 관심사는 조직의 구성원으로서 적합한 인재를 선발하는 것이고 지원자가 이에 적합한 지식과, 기술, 태도를 갖추었는지를 살펴본다. 무엇보다 면접에서는 서류전형으로 확인하기 어려운 대인관계능력, 의사소통능력, 위기대처능력 등을 확인한다. 그러므로 면접 시 지원자가 보여 주는 경어법이나 면접관을 대하는 태도, 다른 지원자들을 존중하며 적극적으로 면접에 임하는 태도가 중요하다.

2. 구조화된 면접

1) 면접 트렌드

면접은 다양한 기법을 활용하여 지원자가 해당 직무를 수행하는 데 필요한 능력을 보유하고 있는지 확인하는 절차이다. 선발하고자 하는 기업의 인재상과 채용분야에 따라 평가하고자 하는 능력이 다를 수 있다. 따라서 면접은 지원자에게 확인하고자 하는 능력이 무엇인가에 맞추어 다양한 방식으로 실시할 수 있다.

최근에는 면접을 강화하고 있는 추세이며 2~3회 면접을 통해 지원자의 자질과 성품을 관찰한 후 채용을 결정하려는 경향이 있다. 과거와 달리 암기위주의 지식보다는 지식의 창출을 중요시하는 사회적 변화에 맞추어 지원자의 잠재력과 열정을 더욱 중시하고 있다. 이에 따라 겉으로 드러나는 외적 성과인 스펙 외에도 지원자의 동기와 가능성을 알 수 있는 다양한 기법을 도입하고 있다. 특히 기업이 가지고 있는 기업문화, 조직의 분위기, 기존 구성원의 특성을 고려하여 이에 잘 적응하고 화합할 수 있는 인재를 원한다. 아무리 뛰어난 능력을 갖추었더라도 다른 사람과 소통하고 협력하는 능력이 부족하다면 조직의 구성원으로서 함께하기 어렵다. 바로 이런 점들은 면대면 접촉을 통해서 확인할 수 있는데 바로 이것이 면접의 기능 중 하나이다.

면접은 면접관이 해야 할 질문내용과 평가역량이 정해져 있는가 아니면 면접관에게 전적으로 일임하는가에 따라 구조화된 면접과 비구조화된 면접으로 나눌 수 있다. 과거 전통적으로 기업의 임원들이 면접관으로 참여하여 지원자에게 질문을 하던 방식이 비구조화된 면접의 대표적 기법이다. 이 외 전기자료 면접, 압박면접, 무자료면접이 있다. 그리고 구조화된 면접은 최근 역량평가를 기반으로 하는 면접 기법들을 말한다. 경험면접, 상황면접, 발표면접, 토론면접, 역할연기, 집단면접 등이 이에 해당한다.

구조화 면접은 '역량 기반 구조화 면접 기법(Competency based & Structured Interview)'을 간략히 칭하는 말이다. 지원자의 학벌, 출신지, 가정배경 등 직무와 관련 없는 정보들을 배제하고 오로지 지원자의 역량을 평가하겠다는 기법이다. 그런 의미에서 '제로베이스(Zero-Based) 면접'이라고도 불린다. 공공기관을 중심으로 NCS능력중심채용이 도입되면서 지원자들 사이에서 관심이 높아지고 있는 면접이다. 구조화 면접은 지원자가 제출한 이력서와 자기소개서만으로는 확인하기 어려운 인성과 태도, 그리고 돌발 상황에 대한 대처능력 등을 파악할 수 있어 인사담당자들에게 유용하게 활용되고 있다.

2) 구조화된 면접의 특징

구조화된 면접은 표준화된 면접이라고도 하며 사전에 면접에 대한 계획을 세워서 진행하는 면접이다. 지원자에게 해야 할 질문의 내용과 방법이 정해져 있으며, 지원자가 하는 답변 유형에 따라서 해야 하는 추가 질문과 그에 대한 평가가 정해져 있다. 구조화된 면접에서는 평가하고자 하는 역량이 정해져 있다. 구조화된 면접은 다음과 같은 특징을 지닌다.

구조화된 면접의 특징

- 표준화된 질문이나 평가요소가 면접 전 확정되어 있으며 면접관들이 이를 공유함
- 지원자는 자신이 편성된 면접그룹이나 배정된 면접관에 영향을 받지 않고 동일한 절차에 따라 질문을 받고 대답할 시간을 부여받을 수 있음
- 기업의 인재상과 지원 분야의 직무별로 도출된 역량을 기반으로 평가요소가 구성되어 해당 역량을 가진 지원자를 선발할 수 있음
- 표준화된 형식을 사용하므로 비구조화 면접에 비해 선발의 신뢰성과 타당성, 객관성이 높음

면접질문은 지원자의 이력서와 자기소개서 또는 포트폴리오 등의 자료를 근거로 시작할 수 있다. 구조화된 면접에서는 경험질문과 상황질문을 통해 지원자의 역량을 평가하고자 한다. 경험질문은 지원자에게 특정 경험을 질문하고, 채용하고자 하는 직무와 지원자의 경험을 연관하여 질문하는 방식이다. 상황 질문은 채용하고자 하는 직무와 관련한 가상의 상황을 상정하고 해당 상황에서 지원자의 행동방식을 질문하는 방식으로 진행된다.

예를 들어, 자기소개서 항목 중에서 "팀의 일원으로서 다른 사람과 함께 목표를 달성했던 경험이 있다면 무엇인가"라고 먼저 질문을 던진다. 이후 지원자의 답변에 따라 "그 목표를 달성하는 과정에서 발생한 어려움은 무엇이었는가?"라고 추가 질문을 할 수 있다. 이에 대한 지원자의 답변을 듣고 난 후 "ㅇㅇ한 방식으로 문제를 해결하였다고 했는데, 그 상황에서 본인이 했던 역할을 조금 더 구체적으로 설명하시오."라고 다시 추가 질문을 한다. 지원자의 답변을 들은 후 "여러 가지 다른 대안이 있는데도 그렇게 자신이 그 방식을 택한 이유는 무엇인가?", "그 과정에서 팀원들은 어떻게 반응하였고 지원자는 이에 어떤 방식으로 대처하였는가?"라는 식으로 계속 질문을 이어 나가는 것이다.

구조화된 면접에서 면접관들은 STAR기법을 활용하여 질문을 한다. 지원자의 특정 행동사례를 순차적으로 확인한 후, 지원자의 답변을 근거로 이 사실을 분류하여

평가하게 된다. 구체적인 행동사례는 질문을 통해 검증하기에 지원자의 답변이 진실한지, 채용하고자 하는 직무와 연관성이 있는지를 확인한다.

〈구조화 질문의 요소와 예시〉

구분	주요 내용
Situation(상황)	• 구직자가 처해 있던 상황에 대한 기술 먼저 어떤 상황이었는지 설명해 주실 수 있을까요?
Task(과업)	구직자가 해당 상황에서 수행한 과제/과업 확인 해당 상황/문제의 핵심은 무엇이었습니까?
Action(행동)	• 구직자가 해당 과업 수행을 위해 어떻게 대응했는지 여부 확인 (본인이 직접 한 것만 구체적으로 언급하도록 유도 필요) - 초기 대응은 어떻게 하셨고, 문제 해결을 위해 본인의 행동은 어떠했나요? - 문제해결 과정에서 어떤 어려움이 있으셨나요? - 왜 그런 행동을 하게 되셨나요?
Result(결과)	• 해당 행동에 대한 결과 - 이후 결과나 파급효과는 무엇이었습니까? - 그 과정에서 내가 잘했다고 생각한 것과, 부족했다고 느꼈던 것은 어떤 것이 있었나요? - 그 결과에 대해 다른 사람(직장 상사, 동료 등)은 뭐라고 하던가요? - 다시 그때로 돌아간다면 어떻게 행동하시겠습니까?

출처: 고용노동부, 산업인력공단. 공감채용 가이드북, p.60.

구조화된 면접에서 질문은 지원자의 답변에 따라 유동적이지만 질문을 통해 확인하고 평가해야 할 역량의 항목과 수준은 정해져 있다. 구조화 면접은 이를 위해 특별히 전문적인 교육을 받아 그때그때 상황에 따라 유연하게 질문을 할 수 있는 면접관에 의해 진행된다. 이 경우 정답이 정해진 것은 아니지만 측정해야 하는 역량에 대한 요소와 지표들은 이미 마련되어 있다.

〈구조화된 면접 예시1.〉

적극성

정의
타인 혹은 상황이 요구하기 전에 명확한 목적을 갖고 주도적으로 행동하는 태도

주요 질문
본인의 책임하에 주도적으로 프로젝트 과제(동호회/학회/동아리 등)를 수행(운영)하거나 스포츠 팀을 이끌었던 적이 있다면, 그 경험에 대해서 말씀해 주십시오. - 본인이 주도적으로 추진하게 된 배경은 무엇입니까?-과제 수행(경기 운영)을 위해 어떤 계획을 세웠습니까? - 과제 수행(경기 운영)을 위해 각 구성원의 역할을 어떠한 기준으로 부여하였습니까? - 맡은 일을 완벽히 수행하셨습니까? 그 결과는 어떠하였습니까? - 과제 수행(경기 운영)을 하는 동안 겪었던 어려움은 무엇입니까? 그리고 그 어려움을 어떻게 해결하였습니까? - 종료 후 사내 해당 경험을 통해 느꼈던 점은 무엇입니까?

평가 착안점
- 능동적으로 프로젝트를 계획 및 운영하였는지 확인함 - 성공적인 프로젝트를 위해 본인이 주도적인 역할을 수행하였는지 확인함 - 본인의 역할로 인한 성공적인 결과 혹은 개선점을 확인함

평가 기준		
상	중	하
- 본인이 능동적으로 과제/업무를 계획 혹은 운영하였음 - 성공적인 프로젝트를 위해 Resource 배분 및 Schedule 혹은 운영 방법 등을 고민함 - 해당 과제/업무를 통해 성공적인 결과물을 얻음	- 본인이 능동적으로 과제/업무를 계획 운영하였으나 성공적인 결과를 위한 구체적인 계획 및 운영 방법을 고민하지 않음	- 능동적이라기보다 필요에 의해 수동적으로 과제/업무를 운영함 - 주어진 일만을 수행함

평가 근거

출처: 고용노동부, 산업인력공단. 공감채용 가이드북, p.61.

〈구조화된 면접 예시2.〉

의사소통

정의
상대의 Message를 명확히 이해하고 자신의 의사를 다양한 방식을 통해 표현하여 이해 가능하도록 전달시키는 능력

주요 질문
조직(학교, 가족, 전 직장 등) 내의 구성원들끼리 의견을 원활하게 나누어 합의를 보거나 의견 조율을 이룬 경험이 있습니까? - 어떠한 상황이었는지 구체적으로 말씀해 주십시오. - 당시 상황에서 서로 간의 합의 또는 의견 조율을 방해하는 가장 큰 요소는 무엇이었습니까? - 자신의 의사를 전달하기 위해 어떠한 노력을 하였습니까? - 그 결과는 무엇입니까? - 해당 경험을 통해 느낀 점은 무엇입니까?

평가 착안점
- 의사소통의 중요성을 인지하고 있는지 확인함 - 자신의 의사소통 능력을 파악하고 있는지, 개선 의지가 있는지 확인함

평가 기준		
상	중	하
- 의사소통의 의미를 정확히 이해하고 있는지 확인함 - 문제점을 인식하고 해결하려고 노력하며, 효과적으로 작용했는지 확인함 - 자신만의 효과적인 의사소통 방식이 있음	- 조직 내에서 의사소통이 주는 의미를 이해하고 있음 - 소통 단절의 이유를 정확히 파악하지 못하며, 상대방에게 그 이유를 찾고자 함	- 의사소통의 중요성을 인식하지 못함 - 의사소통이 원활하지 않은 이유를 파악하지 못함 - 경청하지 않는 태도를 갖고 있음

평가 근거

출처: 고용노동부, 산업인력공단. 공감채용 가이드북, p.62.

〈구조화된 면접 예시3.〉

관계형성

정의
타인에 대한 폭넓은 이해를 바탕으로 본인의 업무수행 및 조직성과 향상에 유익한 인간관계를 형성하는 능력

주요 질문
처음 만난 사람과 어떠한 방법으로 친해집니까? 반드시 친해져야 하는 상황이라면 어떻게 하시겠습니까? - 구체적인 경험이 있으면 말씀해 주십시오. - 상황은 어떠하였습니까? - 상대방의 태도는 어떠하였습니까? - 결과는 어떠하였습니까? - 만약 처음 만난 상대가 방어적이고 경계심을 보인다면 어떤 말로 경계심을 해소시킬 수 있겠습니까?

평가 착안점
- 상대방을 파악하기 위한 노력 여부를 확인함 - 타인과의 경계 원인을 파악하려고 노력했는지 확인함 - 경계요소와 상대방의 성격을 고려한 적극적인 대응을 하였는지 확인함

평가 기준		
상	중	하
- 상대방을 알기 위해 적극적으로 노력하며, 상대방의 관심사나 특성에 대해 인식함 - 상대방의 성격과 특성에 맞추고, 경계의 원인을 파악하여 적극적으로 대응함 - 일회성 만남이 아닌 지속적 우호 관계를 형성하려 노력함	- 상대방을 배려하기 위해 노력함 - 경계의 원인을 파악하기보다는 적극적으로 상대방에게 맞추려 노력함	- 상대방보다 본인을 우선시함 - 지속적인 관계를 형성하려 하지 않음

평가 근거

출처: 고용노동부, 산업인력공단. 공감채용 가이드북, p.63.

3. AI 면접

1) AI 면접이란

AI 면접은 인공지능(AI)을 활용해 지원자의 역량을 평가하는 기술로 'AI역량검사'라고 부르기도 한다. AI 면접(AI역량검사)은 뇌신경과학을 기반으로 사고와 행동의 패턴을 분석해 지원자의 성향과 역량이 기업 문화와 직무에 적합한지 파악하는 방식이다. 역량검사는 2018년 출시되어, 현재 현대모비스, SK케미칼, 일동제약, 한전 KDN 등 약 750개 기업에서 활용 중이다. 특히 코로나 시기 직접적인 대면접촉을 줄이면서 채용과정을 진행하는 과정에서 AI 면접의 장점이 부각되었다. 일반적인 면접을 진행하는 기업의 측면에서는 면접전형을 진행함에 있어 고유 업무 이외의 시간과 비용이 가중된다. 지원자의 입장에서는 면접장까지 가는 시간과 거리에 대한 비용이 소모된다. AI 면접의 경우 지원자가 자신이 편한 공간에서 면접을 보고 기업은 컴퓨터 시스템을 통해 면접을 분석하기 때문에 일반적인 면접에서 소요되는 시간과 비용을 줄일 수 있어 경제적이다.

기존 대면면접은 면접관과 지원자가 직접 만나 질의응답을 통해 지원자의 역량을 확인한다. 이때 면접관은 다양한 질문 방식을 활용하여 지원자의 답변 내용과 표정, 태도 등을 보고 지원자의 역량을 평가한다. 반면, AI 면접(AI역량검사)은 질의응답뿐 아니라 게임, 자기보고문항 등의 방법을 함께 활용한다. 또한 질의응답은 지원자 모두에게 해당되는 공통 질문뿐 아니라 개인의 특성에 맞는 심화 질문을 하기도 한다. 이때 답변을 평가하는 AI시스템은 기존의 대면면접과 다른 방식으로 지원자를 분석한다. 우선 일차적으로 지원자의 답변을 텍스트로 변환하여 추출한 핵심 키워드를 중심으로 파악한다. 그리고 동시에 지원자의 표정과 음성 등을 종합적으로 분석한다. 보통 시각분석(Vision Analysis)과 음성분석(Voices Analysis), 언어분석(Verbal Analysis), 생체분석(Vital Analysis)을 중심으로 이루어진다.

AI 면접관의 정보 수집을 시각화

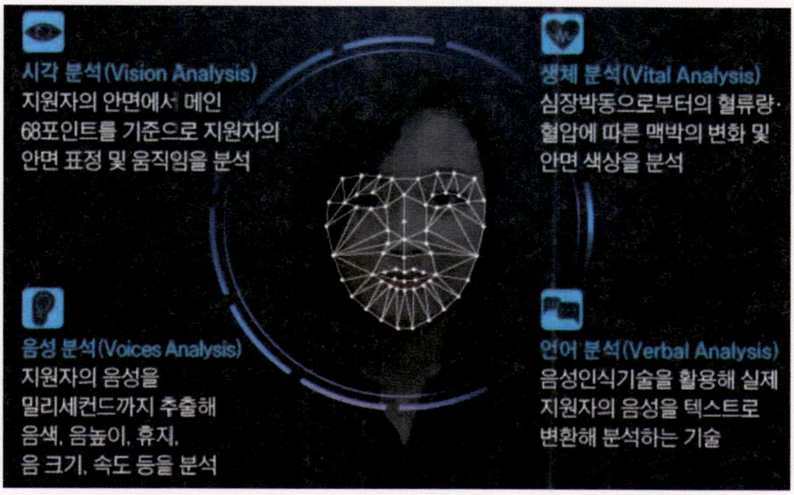

출처: 조선닷컴(2018.05.14.).

일반적인 면접에서는 면접관이 지원자의 답변을 통해 직무 관련 역량 수준과 답변의 진실성을 파악하며, 이때 표정과 태도, 사용하는 어휘와 어조 등을 종합적으로 분석한다. AI 면접(AI역량검사)에서는 화면을 통한 면접 분석 외에도 각각의 게임을 수행하는 과정에서의 무의식적 반응을 분석하여 지원자의 본질적인 역량을 측정한다. 예를 들면, 문제를 푸는 속도와 정답률을 분석하여 초반 몰입도와 중반, 그리고 종료시점까지의 변화를 측정할 수도 있다. 또한 정답 외에 지원자의 반응속도를 측정할 수도 있다. 화면을 통한 AI 면접과 다양한 게임 활용은 대면 면접에서 지원자가 자신을 이상적인 모습으로 꾸며서 하는 답변을 걸러 낼 수 있다. 그리고 자극에 대한 자연스러운 반응을 끌어낼 수 있다. 따라서 지원자가 편안한 상태에서 자신의 평소 역량을 잘 발휘할 수 있는 컨디션을 유지하고 집중하여 게임을 수행하는 것이 중요하다.

2) AI 면접 준비하기

(1) 온라인 AI 면접 플랫폼에 익숙해지기

대부분의 기업은 온라인 플랫폼을 사용하여 AI 면접을 실시한다. 신청자는 이 플랫폼을 통해 면접 일정을 예약하고 면접을 진행하게 된다. 최근 여러 회사들이 플랫폼을 개발하여 유무상 또는 유상으로 체험을 하는 것이 가능하다. 또한 청년취업지원을 위해 지역 내 공공기관에서 AI 면접을 제공하고 있으니 신청하여 체험해 보도록 한다.

(2) 음성 및 언어 처리 방식 이해하기

AI 면접은 주로 음성 및 언어 처리 기술을 사용하여 실시된다. 지원자는 컴퓨터 마이크와 웹캠을 사용하여 면접에 참여하며, 지원자의 음성, 언어 선택, 억양, 발음 등이 평가된다. 이때 음정이 떨리거나 어조가 일정치 않고 불안정하다면 지원자에게 불리하게 작용할 수 있다. 또한 눈동자의 흔들림이나 불안정한 시선처리, 심장박동, 혈압 등 자연스럽지 않은 표정 등도 불리하게 작용한다. 따라서 너무 긴장하지 말고 질문에 대하여 진솔하게 답변하는 것이 좋다.

(3) 과제 수행 이해하기

AI 면접은 문제 해결 능력과 기술 역량을 평가하는 데 사용된다. 이를 위해 지원자는 주어진 시간 내에 주어진 문제를 해결하거나, 프로그래밍 능력을 테스트하는 코딩 과제를 수행할 수도 있다. 인지게임의 경우 뇌 과학을 기반으로 만들어졌으며 IQ테스트와 비슷하다. 게임의 룰을 빠르게 파악하고 단시간 내에 해결하는 능력을 평가한다.

(4) 자연어 처리 기술 이해하기

AI는 아직까지 인간의 자연어를 인간의 방식으로 바로 처리할 수 없다. 따라서 지원자의 답변을 분석하고, 키워드를 추출하며 의미 분석 및 감정 분석을 통해 지원자의 의견과 태도를 이해하는 데 사용한다. 보통 지원자가 자주 사용하는 단어를 분석하여 긍정, 부정, 주관적, 객관적의 4가지 기준으로 구분한다.

(5) 면접 질문 및 대화방식 이해하기

AI 면접은 미리 프로그래밍 된 질문과 답변을 사용하여 지원자와 대화하는 형태로 진행된다. AI 면접을 개발한 한 회사의 경우 5만 4천 270개의 질문을 사용하며, 직군별로 맞춤형 질문을 추가할 경우 지원자가 받는 질문은 경우의 수로 보면 43만 개까지 늘어난다. 따라서 예상 질문을 만들어 정답을 외워 연습하는 것은 의미가 없다. 바로바로 주어지는 질문에 대한 답변을 통해 지원자의 소프트 스킬과 커뮤니케이션 능력을 평가한다.

(6) 면접 결과 분석 이해하기

AI 면접 결과는 기업의 채용담당자나 인사담당자에게 제공된다. 이러한 결과를 기반으로 후속 단계의 면접이나 채용 결정이 이루어진다. AI 결과를 활용하지만 최종 결정은 사람이 한다. 기업은 AI 면접을 선별적으로 사용하거나 초기 스크리닝 도구로 사용하고, 후속 단계에서 대면 면접을 진행함으로써 비용을 절감하고 최적의 인재를 뽑고자 하는 전략을 쓴다.

Chapter 12

대학생활과 커리어포트폴리오

학습목표

1. 커리어포트폴리오의 구성 내용을 설명할 수 있다.
2. 커리어포트폴리오의 목차를 작성할 수 있다.
3. 커리어포트폴리오를 활용하여 자신의 이력을 관리할 수 있다.

12

계획 없는 목표는 한낱 꿈에 불과하다.

－생텍쥐베리－

1. 커리어포트폴리오의 의미

1) 포트폴리오란

'포트폴리오'의 어원을 살펴보면 이탈리아어의 portare(나르다)라는 말과 foglio(종이)가 합쳐진 말로 '종이를 나르는 것'이라는 의미를 지니고 있다. 종이를 끼우는 도구, 종이를 나르는 서류 가방의 뜻이다. 르네상스 시대 화가들이 자신의 작품을 고객들에게 보여 주기 위해 샘플 작업을 한 것에서 유래되었고 이후 예술가, 화가, 교사들이 자신의 경력, 자질 등을 보여 주기 위한 수단으로 포트폴리오 작업을 하게 되었다. 오늘날 광고, 건축, 사진, 미술 등의 분야에서 자신의 작품을 주제별, 시기별 등 작가의 의도대로 묶어 놓는 작업을 지칭하며 이를 통해 자신의 작품세계를 사람들에게 알리는 소통의 도구로 사용하기도 한다.

최근 들어 포트폴리오는 다양한 분야에서 일반인들에게도 확산되고 있는데 특히 학교교육에 포트폴리오를 접목하는 사례가 늘고 있다. 학교에서 사용하는 포트폴리오는 목적에 따라 학습 포트폴리오(Learning portfolio), 진로 포트폴리오(career portfolio), 취업 포트폴리오(employment portfolio), 교수 포트폴리오(Teaching portfolio) 등이 있다. 이 중에서 교수 포트폴리오(Teaching portfolio)는 교수자가 자신의 교육철학과 교육경험에 대한 자료들을 조직화하고 이를 통한 학습 성과를 기록한다는 점에서 학생들이 주체가 되는 나머지 포트폴리오와 구분된다.

대학생활에서 사용하는 포트폴리오

- 학습 포트폴리오(Learning portfolio)
  - 학습성과 달성 및 평가를 목적으로 제작
  - 학습과정에 대한 평가와 학습결과에 대한 평가 분석
  - 학습활동 및 학습결과물을 중심으로 자료를 조직화
- 진로 포트폴리오(career portfolio)
  - 진로목표 설정 및 달성을 목적으로 제작
  - 자기이해와 직업세계 분석
  - 설정된 진로목표와 계획을 실천하기 위한 로드맵 중심으로 자료를 조직화
- 취업 포트폴리오(employment portfolio)
  - 취업준비를 목적으로 제작
  - 지원하는 기업과 직무에 대한 분석
  - 지원하는 직무와 관련된 역량 중심의 자료를 조직화

학교교육에서 사용하는 포트폴리오는 다른 전문영역에서 사용하는 포트폴리오와는 성격이 다르다. 전문영역에서 활용하는 포트폴리오는 전문가들이 자신의 영역에서 수행한 활동이나 작품 가운데 가장 우수한 내용을 보여 주기 위한 것이지만, 학교에서 활용하는 포트폴리오는 제작과정을 통해 목표를 달성하고자 하는 내적 동기를 유발하고, 목표를 달성해 나가는 과정에서 학생의 발전하는 모습과 그 결과를 동시에 볼 수 있다. 그런 이유로 포트폴리오는 수행평가를 위한 도구로도 활용된다.

이 장에서 다루는 커리어포트폴리오는 자신의 진로와 관련하여 성취한 학습경험, 활동경험, 진로분야와 관련된 능력을 기록하고 관리하여 모아 놓은 것을 말한다. 즉, 진로목표를 달성하는 과정과 그 과정에서 성취한 것들을 문서화하여 관리하는 것으로, 목표로 하는 직업과 관련된 능력을 갖추고 있음을 증명해 주는 자료들로 구성된다. 커리어포트폴리오에 관한 정의를 살펴보면 다음과 같다.

커리어포트폴리오에 대한 정의

- 학교에서 이루어지는 다양한 진로교육 활동의 결과를 축적할 수 있는 체계적이고 효율적인 방법
- 진로교육에서 학생의 역할을 중요시하며 결과뿐만 아니라 과정을 강조하고, 활동을 장려하여 자신의 현재 상태보다 앞으로의 발전가능성에 초점을 두는, 다양한 상황에 적용할 수 있는 활용가능성이 높은 방법
- 진로목표를 위해 진전을 보여 주는 성취물(업적)으로서 오랫동안 학생이 관리한 수집물
- 개인의 직업능력을 가장 잘 표현할 수 있는 문서들이나 운반이 용이한 작품들을 모아 놓은 것

커리어포트폴리오는 진로와 관련된 정규수업이나 비정규프로그램을 수강하면서 진로탐색 활동을 통해 나오는 결과물을 모아 만들 수 있다. 자신이 제작한 커리어포트폴리오를 통해 자기 자신의 변화과정을 알 수 있고 자신의 장점이나 약점, 성실성 여부, 잠재 가능성 등을 스스로 인식할 수 있다. 그리고 진로상담을 하는 학과교수와 진로컨설턴트가 커리어포트폴리오를 보고 진로와 관련된 준비상태를 쉽게 파악하고 실질적인 조언을 할 수 있는 근거자료가 될 수 있다.

대학에는 진로와 관련된 여러 수업이 있으며 비정규로 진행되는 진로캠프와 취업특강이 학기마다 있다. 이 수업을 통해 자기이해와 직업세계에 대한 탐색을 통해 자료를 수집할 수 있고 이를 바탕으로 진로목표를 설정하여 학교생활 동안 이를 달성하고자 하는 계획을 수립하고 실천해야 한다. 그러나 여러 수업을 통해 때로는 반복적으로 동일한 활동을 함에도 불구하고 졸업시기가 다가왔을 때 자신의 진로와 관련된 자료를 충분하게 가지고 있는 학생들은 그리 많지 않다. 취업을 앞두고 이력서와 자기소개서를 작성할 때 자신의 대학생활을 되돌아보면서 어떤 경험이 본인의 능력과 자질을 뒷받침해 주는지 찾기에는 시간이 부족하다. 커리어포트폴리오를 통하여 자신에 대한 이해를 구체화하고 직업의 세계를 탐색한 후 이를 바탕으로 차근차근 진로를 준비하자.

2) 대학생활과 커리어포트폴리오

1979년 하버드 경영대학원 졸업생들에게 '명확한 장래 목표를 설정하고 기록한 다음 그것을 성취하기 위한 계획을 세웠는가?'라는 질문을 해 보았더니 졸업생의 단 3%만이 목표와 계획을 세웠다고 하였다. 그리고 13%는 목표가 있지만 그것을 직접 기록하지는 않았고, 나머지 84%는 학교를 졸업하고 여름휴가를 즐기겠다는 것 외에는 구체적인 목표가 없었다고 답하였다. 10년 후인 1989년 연구자들은 그들을 대상으로 다시 인터뷰를 하였다. 목표가 있었지만 그것을 기록하지 않았던 13%는 목표가 전혀 없었던 학생들보다 평균 2배의 수입을 올리고 있었으며, 명확한 목표를 기록했던 3%는 나머지 졸업생들보다 평균 10배의 수입을 올리고 있었다고 한다. 그들 사이의 유일한 차이는 졸업할 때 얼마나 명료한 목표를 세우고 그것을 글로 적었는가 하는 점이다.

커리어포트폴리오는 막연한 생각으로 자신의 미래를 생각하는 데 그치지 않고 문서화하고 체계적으로 관리할 수 있다. 졸업 후 진로에 대해 어떤 목표를 세우고 어떻게 준비할 것인가 탐색하고 방향성을 설정하여 실행할 수 있기 때문에 자신의 시간과 열정을 목표에 집중할 수 있다. 커리어포트폴리오는 대학생활 동안 자신이 어떻게 성장하고 발전했는가를 지속적으로 점검하는 도구이자 그 결과물이기도 하다. 이를 잘 활용하면 불필요한 스펙을 쌓는 데 허비하지 않고 알찬 대학생활을 보낼 수 있다.

2. 커리어포트폴리오 작성법

1) 포트폴리오 작성법

(1) 개발절차

일반적으로 포트폴리오는 계획 → 실행 → 평가의 3단계를 거쳐 작성한다. 각 단계별 세부 사항을 절차에 따라 살펴보면 다음과 같다.

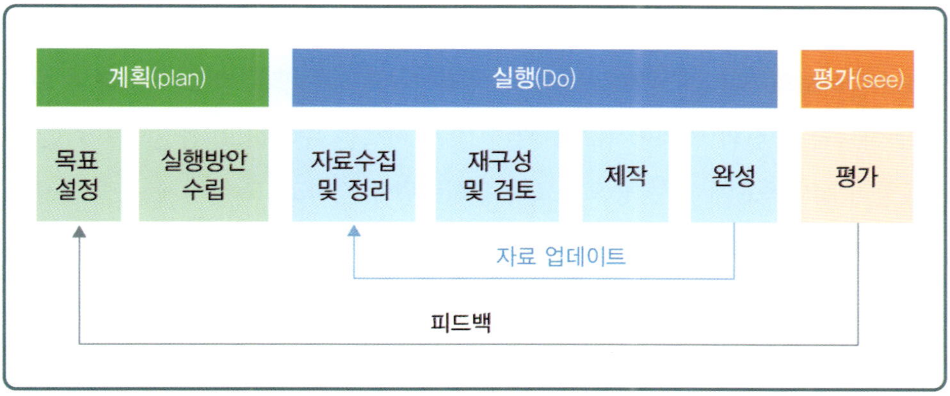

출처: 조성진(2015). 진로설계와 코칭리더십.

[그림 12-1] 포트폴리오 제작절차

① 목표설정

포트폴리오를 작성할 때 가장 중요한 것은 포트폴리오의 목적이다. 포트폴리오를 작성하는 목적에 따라 포트폴리오의 방향성이 결정되고 그에 따라 자료를 수집하고 내용을 조직화하기 때문이다. 예를 들어, 커리어포트폴리오는 자신의 커리어 목표가 취업인가 아니면 진학인가에 따라 확연하게 달라진다. 취업을 목적으로 할 경우에도 구체적으로 어떤 분야, 어떤 기업, 어떤 직무를 목표로 두느냐에 따라 세부적인 내용이 달라진다.

② 실행방안 수립

커리어목표가 확정되었다면 그에 따라 포트폴리오를 어떻게 준비할 것인가 구상

해야 한다. 취업을 준비하는 커리어포트폴리오라면 자신이 지원하는 분야의 채용 일정을 확인하고 그 이전에 완료할 수 있도록 일정을 계획한다. 그리고 포트폴리오의 항목을 구성하고 해당하는 자료를 수합하는 방식을 정한다.

대학에서는 학생들의 진로를 위한 다양한 수업과 특강을 진행하고 있다. 자신이 수강하는 진로 관련 수업의 강의계획서를 확인하고 주차별 활동내용과 그 결과물을 반영하는 것을 권한다. 자기이해를 위한 각종 검사와 활동, 직업정보 탐색, 이력서 작성법, 자기소개서 작성법 등 커리어포트폴리오를 구성하는 항목들이 진로수업에서 이루어지기 때문이다.

③ 자료수집 및 정리

포트폴리오의 자료는 양으로 승부하는 것이 아니다. 많은 자료가 있다고 좋은 것이 아니라 자신의 커리어목표와 관련 있는 자료를 수합하고 선별하여야 한다. 포트폴리오의 목표에 맞는 중요자료의 우선순위를 정하고 그에 맞게 증빙 자료들을 정리한다. 자료의 형태는 증명서 외에 다양한 형태로 나올 수 있다.

- 증명서 형태: 성적증명서, 장학금 수혜증서, 봉사활동 확인서, 프로그램 수료증 등
- 자격증 형태: 국가자격증, 민간자격증 등
- 일지 형태: 현장실습일지, 교생실습일지 등
- 검사지 형태: 성격유형검사, 직업흥미검사, 학습유형검사, 직업가치관검사 등
- 사진 형태: 실습과정이나 결과물 사진, 대회참가 사진, 활동현장 사진 등
- 보고서 형태: 프로젝트 보고서, 연구물 결과 보고서 등

④ 재구성 및 검토

포트폴리오의 목표에 따라 구성된 전체 내용을 검토하고 자신의 커리어목표에 따라 자료의 우선순위와 보충 여부를 계획한다. 커리어포트폴리오는 자신의 진로목표를 주제로 하는 하나의 스토리가 되어야 한다. 목표로 하는 기업이나 직무와 관련하여 일관성을 가지고 자신이 적합한 인재임을 확인시켜 줄 수 있어야 한다. 포트폴리오를 작성할 때 학생들은 자신이 해 온 다양한 경험을 시간의 순으로 열거하는 경향이 있는데 이는 스토리가 될 수 없다. 일련의 사건들을 나열하는 것이

아니라 그 경험을 통해서 진로목표와 관련된 지식, 기술, 태도를 가지고 있음을 알릴 수 있도록 구성되어야 한다. 검토할 사항은 다음과 같다.

- 진로목표와 연관된 내용인가?
- 진로목표를 실현하기 위한 과정을 잘 보여 주고 있는가?
- 진로목표를 실현하기 위한 과정에서의 성취를 잘 보여 주고 있는가?
- 진로목표 실현을 위한 지식, 기술, 태도 등이 잘 드러나 있는가?
- 자신의 진정성을 잘 보여 주고 있는가?
- 자료의 형식은 하나의 컨셉으로 통합되어 있는가?

⑤ 제작

검토를 통해 보완하고 재구성한 포트폴리오는 시각자료의 형태로 제작한다. 학생들의 경우 바인더를 활용하여 스크랩북을 만드는 형태가 일반적이다. 경우에 따라서는 입사지원 시 제출하기 위해 제본을 하는 경우도 있다.

대부분의 대학에서는 학교전산시스템으로 e-포트폴리오를 구축하여 놓고 학생들이 자신의 커리어포트폴리오를 입력하도록 지원하고 있다. 이 경우 정해진 항목에 따라 포트폴리오를 조성하기에 자신의 진로목표에 특화된 포트폴리오를 작성하기에는 한계가 있다. 하지만 처음 포트폴리오를 작성하는 학생의 경우 항목을 구성해서 기본적인 사항을 따라가는 것도 효과적이며 자료를 수집하는 단계에서는 유용하다. 그리고 입력을 마친 후 출력하여 스크랩을 한 후 자신의 진로목표에 맞추어 보강하는 방법도 있다.

⑥ 완성

포트폴리오의 완성은 완결을 의미하지 않는다. 자신의 진로목표를 실현할 때까지 앞에서 말한 단계들이 계속적으로 순환되어 진행된다. 특정 시점에서 지금까지 해 왔던 작업을 최종적으로 점검하여 자신의 의도대로 제작되었는지 확인하는 절차로 보면 된다. 따라서 일정한 주기를 기점으로 자료를 점검하여 유효기간이 지난 증빙들을 삭제하고 새로운 내용을 추가한다. 갱신하거나 다시 취득해야 하는 자격이나 증빙들은 다시 실행방안에 반영하도록 한다.

⑦ 평가

커리어포트폴리오가 완성되었다면 지도교수님이나 학교에서 취업을 지원하는 부서를 찾아가 검토를 받는다. 자신의 진로목표가 무엇인지 설명하고 어떠한 방식으로 준비했으며 앞으로 이를 활용하는 방안에 대한 본인의 생각을 먼저 설명하는 것이 좋다. 진로목표와 관련하여 자신이 충분한 역량을 갖추었는지에 대한 점검과 더불어 이미 보유한 능력과 자질에 대한 내용들이 누락되어 있는지 확인한다. 평가는 포트폴리오 제작 절차나 형식에 대한 피드백을 받는 것도 중요하지만 자신의 진로목표와 해당 역량의 수준 차이를 파악하는 것이 더 중요하다.

〈사례 12-2〉

학생 포트폴리오 작성 시 유의사항

학생 포트폴리오는 단시간에 작성하는 것이 아닙니다. 또한 단기간에 이룬 성과를 제시하는 것도 아닙니다. 학생 포트폴리오는 시간적 여유를 충분히 갖고 어떤 흐름을 갖고 내용을 구성할지에 대해 생각한 후 차별화 전략을 세워 프롤로그부터 에필로그까지 통일감 있게 작성해야 합니다. 특히 학생 포트폴리오는 목표를 설정하고, 자료수집을 체계적으로 하며, 핵심적인 증빙자료를 선별하고 최대한 목표에 맞도록 창의적으로 개성 있게 만들어야 합니다. 그런 후 작성된 내용을 바탕으로 평가하고 다른 사람들에게 조언을 구한 것을 재반영하며, 매번 최신의 자료를 업데이트시켜야 합니다.

학생 포트폴리오는 크게 취업 혹은 진학에 맞게 구성하고 작성합니다. 그러므로 다음과 같은 유의사항을 확인하면서 자료를 모으고 정리하면 좋은 평가를 받을 수 있습니다.

1) 취업 혹은 진학하고자 하는 곳에 맞게 목표를 설정했는가?
2) 지원 대상에 맞는 핵심자료를 요약본으로 선정했는가?
3) 자료는 충분히 수집하고 구조화하여 정리했는가?
4) 자신의 능력이 잘 드러나도록 객관적이고, 논리적으로 정리했는가?
5) 구성목차는 일목요연하게 정리했는가?
6) 지원하려는 것에 맞도록 자료를 창의적이고 개성 있게 표현했는가?
7) 제3자로부터 검토를 받고 수정 보완했는가?

출처: 이태현(2015: 18). 2015 학생포트폴리오 작성가이드.

(2) 포트폴리오의 기본요소

① 문서화(documentation)

포트폴리오는 자기 자신의 능력과 자질을 입증할 수 있는 모든 자료를 선별하여 체계적으로 정리해야 한다. 이때 중요한 기준은 진로목표와의 연관성 여부이다. 개인 정보와 자신이 이수한 교과의 내용 및 그 과정에서 만들어진 결과물을 문서로 정리하고, 학업 이외에 활동 내용도 기록하여 문서화하여야 한다. 증빙서류를 갖추는 것 외에도 사진이나 일지를 활용하는 것도 방법이다.

② 성찰(reflection)

포트폴리오는 결과에 대한 내용을 기록하는 것이 아니라 자기성찰을 통해 자신이 정말로 하고 싶은 것은 무엇인지, 왜 그 일을 해야 하는지, 어떠한 방법으로 실행할 것인지, 어느 시기에 실행할 것인지 등에 대한 내용을 담고 있다. 자기 자신을 객관화하여 일정한 거리에 두고 객관적 평가를 하는 것이 중요하며 목표달성을 위해 어떻게 해야 하는가에 대해 분석해야 한다. 또한 포트폴리오는 학교생활에 대한 평가와 더불어 자신의 생애발달과정에 대한 평가와 점검이 이루어져야 한다.

③ 전달(communication)

포트폴리오는 자신의 작품세계를 사람들에게 알리는 소통의 도구로 사용하기도 한다고 앞에서 언급하였다. 그런 관점에서 본다면 포트폴리오를 통해 자신이 어떤 사람인가를 알릴 수 있어야 한다. 보는 사람으로 하여금 이 포트폴리오 당사자의 진로목표는 무엇이고 그에 합당한 능력을 갖춘 준비된 인재라는 것이 전달되어야 한다.

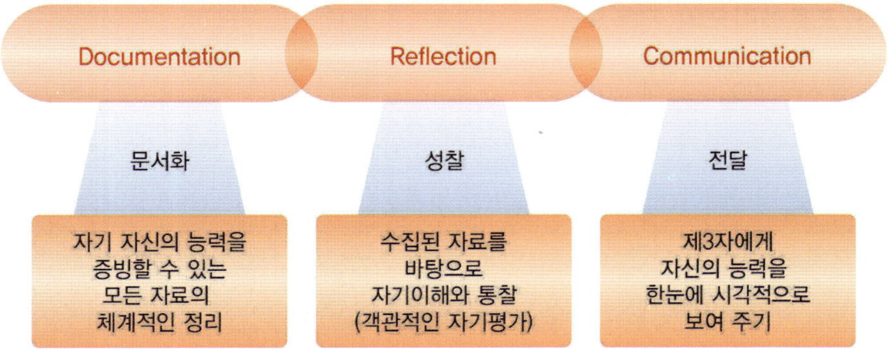

[그림 12-2] 포트폴리오의 기본요소

(3) 포트폴리오 구성

커리어포트폴리오의 항목 구성은 정형화되어 있지 않다. 자신의 경험을 바탕으로 진로목표에 맞게 항목을 구성하면 된다. 대학생활 동안 진로목표를 실현하기 위해 자신이 한 노력의 과정과 그 결과를 효과적으로 보여 주는 방식은 전공에 따라 다르고 같은 전공이라도 진로목표에 따라 다르다. 일반적으로 커리어포트폴리오는 목차, 개인정보, 자기이해, 교과과정 이수현황, 교내활동, 교외활동, 자격증 및 외국어성적 등을 포함하며 자신의 진로목표에 따라 내용을 추가할 수 있다.

① 표지

자신의 사진을 활용하거나 포트폴리오 성격을 고려한 표지 디자인을 추천한다. 자신의 지원 분야나 장점을 염두에 두고 제목을 붙이는 것도 좋다.

② 목차

목차는 맨 처음 구상하는 것이 좋으나 실제 포트폴리오를 작성하면서 수정할 수 있다. 목차를 구성할 때는 꼭 들어가야 하는 내용을 먼저 작성한 후 세부 항목은 마지막에 점검을 통해 최종단계에 작성하는 것도 무방하다.

③ 기본정보

- 사진, 학번, 이름, 생년월일, 전공, 이메일, 전화번호
- 이력서: 제목, 출력양식, 지원구분, 병력, 학력, 경력, 자격사항 등

- 자기소개서: 성장배경, 학창시절, 성격의 장단점, 지원동기 및 입사 후 포부 등

④ 자기분석

- 자기진단: 성격유형검사, 직업흥미검사, 직업가치관검사, 학습유형검사 등 결과지
- 자기분석: 나의 목표, SWOT 분석, 자기 분석 및 성찰
- 장기목표, 단기목표, 세부목표, 세부목표 관리

⑤ 능력증빙

능력증빙은 단순히 증명서를 출력하여 스크랩하는 것을 말하는 것이 아니다. 해당 능력을 기르기 위해 자신이 한 노력을 구체적 행동으로 서술하고 그 과정에서 어려웠던 점을 어떻게 해결하고 결과를 성취했는지를 글로 작성하여 정리하는 것이 좋다.

- 학점이수현황, 성적증명서, 장학증서
- 어학자격증, 각종 자격증
- 각종 수상내역

⑥ 활동증빙

활동증빙의 경우 활동한 기간과 활동내용을 활동기관에 대한 간략한 설명과 함께 작성한다. 활동현장 사진, 포스터, 참가기념품, 자신의 활동 결과물 등을 사진으로 첨부하고 자신이 담당했던 역할과 활동 내용을 요약 보고서 형식으로 작성한다.

- 교내 봉사활동, 교환학생, 학생회활동, 동아리활동, 근로장학생
- 공모전 참가, 프로젝트 참여
- 인턴십, 현장실습 경력
- 연수참가, 서포터즈, 대학생 기자단 활동 등

2) 커리어포트폴리오 활용법

(1) 이력관리

대학생활을 하면서 자신의 학업과 교내 활동, 외부 활동 등을 관리하고 기록하는 학생들은 그리 많지 않다. 열심히 하루하루 생활하지만 진로목표에 초점을 두고 장기계획과 단기계획을 세우고 목표를 실현하기 위한 세부 전략을 세워 실천하는 것이 필요하다. 그러기 위해서는 자신에 대한 자료를 수합하고 주요 사건들을 기록하는 습관을 들여야 한다.

커리어포트폴리오는 대학생활 동안 자신의 활동 전반에 대하여 기록하여 문서화할 수 있다. 또한 자신의 진로목표에 초점을 두고 기업과 직업에 대한 정보를 수집하면서 취업시장의 변화를 이해하고 직무수행에 필요한 지식, 기술, 태도에 근거하여 자신의 강점분석을 할 수 있다. 포트폴리오는 진로목표를 실현하기 위한 계획에 맞추어 자신이 행동으로 실천하고 있는지 점검하는 도구의 역할을 한다. 즉, 자신의 이력을 스스로 관리할 수 있는 도구로 활용할 수 있다.

(2) 진로상담 자료

커리어포트폴리오는 진로상담을 할 때 자신에 대한 정보를 제공하는 자료로 활용할 수 있다. 학과 교수님과 상담할 때도 막연히 자신의 꿈이나 학교생활에 대해 이야기하는 것보다는 자신이 관심 있는 진로분야에 대한 자료, 학점이수 현황, 교내 활동과 각종 외부 활동 경험을 제시하면서 이야기한다면 현실적인 조언을 받을 수 있다.

교수자의 입장에서는 평소 수업시간을 통해 보여 주는 모습 외에 다른 학교생활이나 외부 활동 등을 어떻게 하고 있는지 알 수 있고, 새로운 정보를 통해 학생의 장점과 가능성을 찾는 기회가 될 수 있다.

(3) 입사지원 자료

커리어포트폴리오는 자기진단 및 분석을 통한 자기이해를 기반으로 진로목표를 설정하고 목표관리를 실행해 나갈 수 있다. 그 과정에서 학업계획, 경력개발 등 졸업 후 취·창업, 진학 및 유학 등에 필요한 역량을 키워 나가게 된다. 커리어포트폴리오는 이러한 과정과 결과를 동시에 보여 주는 역할을 한다. 특히 입사지원을 위한 이력서와 자기소개서를 작성하는 데 있어 자신만의 스토리를 만들 수 있는 좋은 소재가 된다. 대기업과 달리 입사지원 서류가 정형화되어 있지 않은 중소기업이나 기타 전문분야의 경우 커리어포트폴리오는 준비된 인재로 평가받는 데 기여할 수 있다. 즉, 커리어포트폴리오 내용을 기반으로 자신의 학습과정과 다양한 활동에 대한 성과와 발전과정을 보여 줌으로써 학습역량과 취업역량을 모두 보여 줄 수 있다.

준비된 지원자로서 외적으로 직업에 대한 진정성을 보여 주는 것은 말끔한 외모와 멋진 말솜씨가 아니다. 직무를 수행하는 데 필요한 지식, 기술, 태도를 보유하고 있는지가 중요하다. 이를 외적으로 증명하기 위해 기록하고 문서화한 것이 커리어포트폴리오인 것이다.

3. 커리어포트폴리오 활용법

1) 자기관리

외환위기 이후 기업들은 규모를 줄여 경영상의 효율성을 극대화하는 추세이다. 조직의 형태는 보다 작아지고 운영은 유연하게 하기 위해 인적자원을 관리하고 있다. 과거보다 적은 선발인원과 구조조정을 통한 인원감축 등이 일반적이다. 정년을 보장하는 직장은 점점 사라지고 있는 반면, 100세 시대에 진입하면서 일을 하고자 하는 욕구와 필요성은 점점 더 늘어나고 있다. 평생직장은 사라졌지만 평생직업인으로서 살아야 하는 시대에 들어선 것이다. 결혼은 선택이라는 생각이 확산되고 있지만, 직업인으로서의 삶은 남녀 모두에게 필수적인 것으로 인식되고 있다. 개인의 입장에서 '행복한 삶'과 조직의 구성원으로서 '능력 있는 삶', 그리고 사회의 구성원으로 '좋은 삶'을 살아가기 위해 자신이 원하는 직업을 갖는다는 것은 대단히 중요하다.

이러한 시대적 흐름에 속에서 개인은 자신의 다양한 여건들을 효과적으로 관리하고, 변화된 상황에 대응하기 위해 끊임없이 자신을 개발할 수 있는 능력이 강조되고 있다. 즉, 자신을 스스로 관리하고 개발하는 자기관리능력이 이 시대를 살아가는 데 있어 필수적인 요건이 되고 있다. 요즘은 대학 입학과 동시에 진로에 대한 수업을 듣고 취업에 관한 정보에 접하게 된다. 저학년 시기부터 잘 준비하여 졸업할 무렵에는 자신이 원하는 분야에 진출할 수 있는 준비를 갖추도록 학교에서도 지원하고 있다.

자기관리는 자신의 비전과 목표를 수립하고, 자신에게 주어진 역할과 능력을 분석하여 실천해야 할 과제를 발견하며, 이에 따른 일정을 계획하고 실천하는 절차로 이루어진다. 그리고 그 결과를 지속적으로 성찰하고 피드백하는 과정을 거친다.

단계	내용	세부
1단계	비전 및 목표 수립	• 자신에게 중요한 것 파악 • 가치관, 원칙, 삶의 목적 • 삶의 의미
2단계	실천 과제 발견	• 현재 주어진 역할 및 능력 • 역할에 따른 실천 목표 • 우선순위 설정
3단계	일정 수립	• 연간 계획 • 월간 계획 • 주간 계획
4단계	실천	• 실천과 관련된 요소 분석 • 수행방법 찾기
5단계	성찰 및 피드백	• 수행결과 분석 • 피드백

출처: 김경진 외(2017). NCS 직업기초능력 자기개발능력.

[그림 12-3] 자기관리 5단계

커리어포트폴리오는 자기관리를 위한 도구이며 동시에 자기관리의 결과물이기도 하다. 초기 커리어포트폴리오 작업을 시작할 때는 진로목표를 설정하기 위한 자기이해의 과정과 진로에 관한 정보를 수집하는 자료 수집활동을 중점적으로 한다. 진로목표 설정이 완료되면 이를 기반으로 장기계획과 단기계획을 수립하여 이를 실현할 수 있는 방안을 모색하고 이를 실천하게 된다. 커리어포트폴리오는 진로목표 달성에 필요한 역량을 어떻게 개발해야 하는지를 그리는 지도와 같다. 이 지도를 따라 각 단계를 실천하면서 얻어 낸 결과물들을 기록하여 문서화한 후 자신이 본래 계획했던 대로 커리어를 만들어 가고 있는지 스스로 검토하고 수정 · 보완하는 작업이 이루어진다. 즉, 자기관리의 결과물을 토대로 다시 자기관리를 하는 것이다. 이러한 자기관리의 과정은 자신의 진로목표를 성취할 때까지 반복적으로 이루어진다.

2) 경력개발

경력개발은 한 개인이 일생에 걸쳐 일과 관련하여 얻게 되는 경험을 통해 직무관련 태도, 능력, 성과를 향상시켜 나가는 과정을 의미한다. 평생직장이 사라지고 평생직업인으로 살아가는 시대에 자신의 진로에 대하여 단계적 목표를 설정하고 목표성취에 필요한 역량을 개발해 나가는 것이 중요하다. 경력개발은 특정 전문직업인에만 해당되는 것이 아니라 일을 하고자 하는 사람이라면 누구나 추구해야 할 활동이다.

〈전통적 경력발달 모형〉

단계		
1단계 (0~25세)	직업 선택	
	주요 과업	직업 관련 자아 이미지 개발, 다양한 직업대안의 고려 및 평가, 초기 직업의 선택, 필요 교육의 이수
2단계 (18~25세)	조직 입사	
	주요 과업	희망 직장 입사, 정확한 정보에 근거한 적합한 직업 선택
3단계 (25~40세)	경력 초기	
	주요 과업	일터학습, 조직 규칙학습, 선택한 직업과 조직에 적용, 역량의 개선 '꿈'의 실현을 위한 노력
4단계 (40~55세)	경력 중기	
	주요 과업	초기 성인기 및 초기 경력의 재평가, '꿈'의 재확인 혹은 수정, 중기 성인기에 적합한 경력 선택, 생산적 직업생활 유지
5단계 (55~은퇴)	경력 말기	
	주요 과업	생산적 직업생활 유지, 자기 존중감 유지, 계획적인 은퇴 준비

대학생 시기는 경력발달 모형에서 첫 단계로 직업 선택을 위한 준비의 기간에 해당된다. 이 단계는 자신에게 적합한 직업이 무엇인지를 탐색하고 이를 선택한 후, 여기에 필요한 능력을 키우는 과정이다. 이를 위해서 자신의 장단점, 흥미, 적성, 가치관 등 자신에 대한 탐색과 자신이 원하는 직업에서 요구하는 능력, 환경, 가능성, 보상 등 직업에 대한 탐색이 동시에 이루어져야 한다. 이를 고려하여 자신에게 적합한 직업을 선택하고, 교육을 이수하거나 관련 자격증을 취득하는 등 진로 목표와 연관된 능력을 키워야 한다.

경력개발은 직무정보 탐색 → 자신과 환경 이해 → 경력목표 설정 → 경력개발 전략수립 → 실행 및 평가의 단계를 통해 이루어진다. 각 단계별로 탐색한 정보를 커리어포트폴리오에 정리하고 목표를 설정한 후 실행 전략을 수립하고 실행한다. 이 과정에서 커리어포트폴리오는 경력개발을 위한 실행계획서이며 동시에 실행의 결과물이기도 하다.

출처: 한국산업인력공단(2015). 자기개발능력: 학습자용 워크북.

[그림 12-4] 경력개발 5단계

대학 시기는 직업 선택을 위한 시기이지만 졸업과 동시에 진로목표를 달성하는 학생들의 비율은 그리 높지 않다. 졸업 후에 흔히 말하는 취업 준비생이 되는 것이다. 대학생활 동안 최선을 다해 자신의 진로목표를 준비하여 졸업과 동시에 원하는 분야에 진출하는 것이 가장 바람직하다. 하지만 많은 학생들의 바람과 달리 현실은 그리 쉽지만은 않다.

한국고용정보원에 따르면, 청년층의 취업과 독립은 과거에 비해 점차 늦어지는 경향을 보이고 있다. 대학을 졸업하는 데에는 평균적으로 5년 10개월이 걸리는데, 군대 복무를 해야 하는 남성들은 이보다 길어 7년 정도가 걸리는 것으로 나타난다. 결혼은 남성은 평균 32세, 여성은 평균 29세 정도에 하는 것으로 나타나고 있다. 여성들의 첫 출산 평균 연령은 30.5세이다. 약 20여 년 전인 1990년 평균 결혼 연령이 남성 27.8세, 여성 24.8세인 것과 비교하면 매우 늦은 셈이다. 이제까지의 경향으로 볼 때 이러한 추세는 앞으로 더 심화될 것으로 예상된다. 취업과 관련해 보면 졸업 후 일자리를 잡는 데 평균적으로 10~11개월이 걸린다. 그러나 첫 직장에 취업한 후 4년 이후에도 그 직장에 계속 다니는 비율은 절반 이하(40.5%)에 불과하다. 독립과 관련된 주요 생애사건, 즉 대학졸업, 취업, 결혼은 점차 늦어지는 데 비해서 일자리 잡기는 어렵고 고용상태는 변동이 잦고 안정성이 떨어지는 것이 현재 20대가 처한 상황이다.

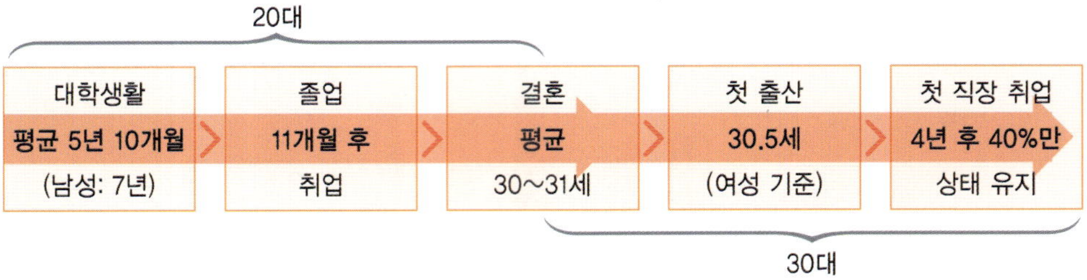

출처: 한국고용정보원(2014). 대학생을 위한 취업교육.

[그림 12-5] 20대와 생애 사건들

이런 상황에서 커리어포트폴리오는 졸업 이후의 구직활동과 경력개발에 내비게이션 역할을 해 준다. 특히 학교를 졸업한 후에는 학교의 취업지원을 받을 수가 없기 때문에 혼자서 준비를 해야 한다. 재학시절부터 커리어포트폴리오 작업을 하면서 취업준비를 한다면 졸업 후에도 그 연속선상에서 체계적으로 구직활동을 할 수 있다.

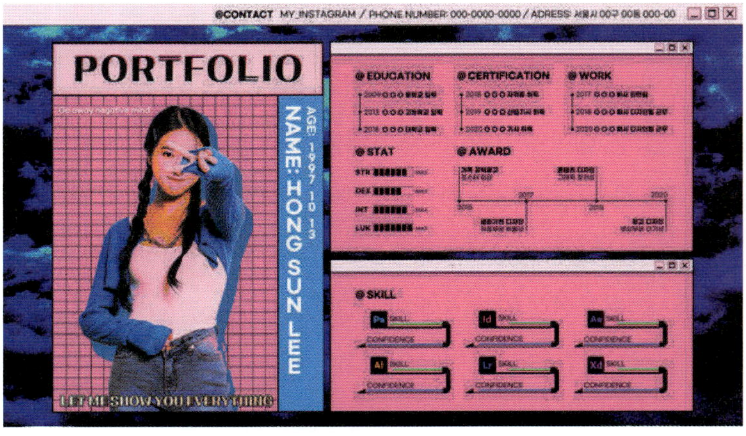

참/고/문/헌

1. 단행본 및 논문

국가기록원(2023). 4차 산업혁명과 일자리.

김경진, 금진호, 김유진, 서순해, 임영수(2019). **자기개발능력**. 경기: 양성원.

김대규, 서현경, 김선애(2023). **취업과 스타트업**. 경기: 양성원.

김영빈. 선혜연, 황매향(2017). **직업진로설계**. 서울: 한국방송통신대학교출판문화원.

김운형, 김진혁(2017). **취업을 방해하는 10가지**. 경기: 좋은땅.

김웅태(2015). **역량중심의 진로개발**. 서울: (주)씨비에스컨설팅.

김정택, 심혜숙(2007). **16가지 성격유형의 특성**. 서울: 어세스타.

리상섭, 김인숙, 박제일, 최손환, 김창환(2014). **최신직업진로설계**. 경기: 양서원.

미래창조과학부(2017). **미래의 직업세계**.

박계홍, 김종술(2013). **(변화와 혁신을 위한) 리더십**. 경기: 학현사.

박상진(1998). 면접자 · 지원자 특성과 면접양식에 관한 실증연구. 성균관대학교 대학원 박사학위논문.

박상진, 황규대(2001). 면접양식과 면접자 · 지원자 행동유형이 면접결과에 미치는 영향에 관한 연구. **산업관계연구**, 11(2), 107-132.

세계경제포럼(WEF)(2020). 미래 유망 직업보고서.

윤성은, 정은희, 한상희, 허현자(2017). **NCS기반의 자기개발**. 경기: 양서원.

이명진(2001). 선발면접의 형태와 평정요소. **한국인간관계학보**, 6(1), 135-161.

이종원(2015). **청년대학생 취업 Cheer up!**. 서울: 서강대학교출판부.

이주진(2019). **진로와 취업전략**. 서울: 한올.

정보현(2023). **인공지능과 미래사회**. 서울: 동문사.

조성진(2015). **진로설계와 코칭리더십**. 경기: 정민사.

조성진, 홍윤성, 양승호(2021). **4차 산업혁명시대의 진로탐색과 취업전략**. 경기: 양성원.

취업포털 사이트 잡코리아(2019). 신입사원 보고서 기사 발췌.

통계청(2021). 2021년 1월 고용동향.

한국경제(2023.01.30.). 달라진 기업인재상.

한국고용정보원(2014). 대학생을 위한 취업교육.

한국산업인력공단(2015). 자기개발능력: 학습자용 워크북.

한국산업인력공단(2021). 산업혁명 시대의 산업구조 변화 방향과 정책 과제.

한국산업인력공단(2021). 진로교육 4차 산업혁명 시대 미래 직업 체험.

한양대학교 교양국어교육위원회 편(2017). **말이 힘이다**. 서울: 한양대학교출판부.

Flavell, J. H. (1971). Stage-related properties of cognitive development. *Cognitive Psychology, 2*, 421-453.

Flavell, J. H., Friedrich, A. H., & Hoyt, J. D. (1970). Developmental changes in memorization process. *Cognitive Psychology, 1*, 324-340.

Manz, C. C., & Sims, H. P., Jr. (2001). *New superleadership: Leading others to lead Themselves.* San Francisco, CA: Berrett-Koehler.

2. 인터넷 자료

고용노동부, 공공기관 블라인드 채용 가이드.
(https://www.moel.go.kr/policy/policydata/view.do?bbs_seq=20180900662)

고용노동부, 산업인력공단, 공감채용 가이드북.

교육부 공식블로그, 대학새내기를 위한 레포트 작성가이드.
(https://blog.naver.com/moeblog/221989720864)

기업별 채용전형 기사검색 및 홈페이지 검색(카카오, 전자공시시스템).

매거진한경, 대학생 레포트 참고자료 표기법(2018.10.10.).
(https://magazine.hankyung.com/job-joy/article/202102166125d)

사이버진로교육센터, 성인용 직업적성검사 실시요람.
(https://www.work.go.kr/cyberedu/cyb/board/job/psychology/retrieveJobPsychologyDetail.do?pageIndex=1&pageUnit=10&brdItmCdVal=&srchWord=%EC%A0%81%EC%84%B1%EA%B2%80%EC%82%AC&srchKey=1&brdItmNo=55366)

연합뉴스(2023.03.02.). MZ세대 직업가치 변화.

워크투데이(2022.12.09.). 첫 직장 유지 · 퇴사 이유 1위.

조선닷컴(2018.05.14.). 면접장에서 심장박동까지 스캔당했다.

한국장학재단, 대학생 새내기 꿀팁 기본 레포트 양식과 레포트 작성하는 방법(2022.03.30.).
(https://post.naver.com/viewer/postView.naver?volumeNo=33537919&memberNo=487943)

3. 참고사이트

NCS 국가직무능력표준(www.ncs.go.kr).

고용노동부(www.moel.go.kr).

대학생 핵심역량 진단 시스템(www.kcesa.re.kr).

사이버진로교육센터(www.work.go.kr/cyberedu/main.do).
워크넷(www.work.go.kr).
워크투데이(http://www.worktoday.co.kr).
정보통신기술진흥센터(https://www.iitp.kr).
한국MBTI연구소(www.mbti.co.kr).
한국고용정보원(https://www.keis.or.kr).
한국심리연구소(http://www.kpti.com).
한국직업능력연구원(www.krivet.re.kr).

찾/아/보/기

저 / 자 / 소 / 개

■ 김경진

숙명여자대학교 일반대학원 교육학박사 수료

현) 라이프디자인랩101 대표

한국폴리텍대학교 대전 교양교육원 강사

저서) 조직이해, 취업과 창업전략, 대인관계능력과 의사소통능력, 자기개발능력, 직업윤리, 대인관계, 의사소통, 조직이해능력

■ 정은희

백석대학교 대학원 교육학박사

현) 한국평생교육HRD학회 편집위원회 부위원장

대진대학교 외래교수, 청운대학교 외래교수, 대림대학교 외래교수

저서) 글로벌 인재 역량 평생교육사 현장실습 이론과 실제, 문제해결능력, 대인관계능력, 의사소통능력, 대학생활과 진로설계, 한 권의 책으로 본 평생교육 현장실습, 자기계발능력

■ 허현자

세종대학교 대학원 교육학박사

현) 경복대학교 간호학과 겸임교수

국제경영기술연구원 교육본부 이사

저서) 아이의 행복플로리시, 한 권의 책으로 보는 평생교육 현장실습, 의사소통능력, 대인관계능력, 문제해결능력, 긍정심성

■ 한상희

광운대학교 교육대학원 코칭심리학석사

현) CND코칭연구소 대표

서일대학교 스마트경영학과 겸임교수

저서) 대인관계능력, 문제해결능력, 의사소통능력, 긍정심성과 자기개발능력

대학생활과 진로탐색

1판 1쇄 인쇄 — 2024년 1월 10일
1판 1쇄 발행 — 2024년 1월 15일

저　　자 - 김경진 정은희 허현자 한상희
발 행 인 - 강철원
발 행 처 - 양성원
주　　소 - 경기도 파주시 검산로 173번길 29-12
전　　화 - 031-946-3861(代)
팩　　스 - 031-946-3864
이 메 일 - tnwpub@naver.com
홈페이지 - tnwpub.co.kr
출판등록 - 2015년 8월 31일 제 2015-000211 호

ISBN 979-11-6126-561-2

정가 21,000원